新时代高等教育国际化发展研究

任新红 主 编
许炜萍 李 海 陆 霞 副主编

西南交通大学出版社
·成 都·

图书在版编目（CIP）数据

新时代高等教育国际化发展研究 / 任新红主编. —
成都：西南交通大学出版社，2022.6
ISBN 978-7-5643-8751-8

Ⅰ. ①新… Ⅱ. ①任… Ⅲ. ①高等教育－国际化－研究－中国 Ⅳ. ①G649.2

中国版本图书馆 CIP 数据核字（2022）第 110074 号

Xinshidai Gaodeng Jiaoyu Guojihua Fazhan Yanjiu

新时代高等教育国际化发展研究

任新红 **主编**

责 任 编 辑	罗爱林
助 理 编 辑	周媛媛
封 面 设 计	墨创文化
出 版 发 行	西南交通大学出版社 （四川省成都市金牛区二环路北一段 111 号 西南交通大学创新大厦 21 楼）
发行部电话	028-87600564 028-87600533
邮 政 编 码	610031
网 址	http://www.xnjdcbs.com
印 刷	四川森林印务有限责任公司
成 品 尺 寸	170 mm × 230 mm
印 张	17.5
字 数	258 千
版 次	2022 年 6 月第 1 版
印 次	2022 年 6 月第 1 次
书 号	ISBN 978-7-5643-8751-8
定 价	68.00 元

PREFACE 前言

在中华民族伟大复兴的关键时期，面对百年变局和世纪疫情相互交织，我国高等教育国际化发展出现诸多新特点。总结高校近年来国际化发展过程中积累的宝贵经验，反思新时代高校国际化发展面临的挑战，探索符合新时代特点的高校国际化发展路径，不只是学界的责任，更是高校国际合作交流一线工作人员的使命。正是怀揣这样的初心，便有了这本书。

国际政治经济形势素来对高等教育发展有直接而巨大的影响，近几年我们感受颇深。逆全球化思潮及民粹主义泛起，并扩散到高等教育领域，一些国家甚至出台对华不利政策，直指与我们在高端技术、国际中文教育等领域的国际交流与合作，导致正常的合作项目推进受阻。而突如其来的新冠肺炎疫情全球大流行，更使全球范围内的高等教育国际合作蒙上一层阴影。

然而，不容置疑的一个事实是，无论美国和部分西方国家政府如何阻拦，经济全球化的浪潮势不可挡，与之相伴的全球高等教育合作交流的大势亦不可阻挡。无论是从高等教育的外部视角看，还是从高等教育本身看，国际化的态势不仅不会停滞，反而更加需要超常规的国际交流合作，以增进人类福祉。我们正在经历并将持续经历国际交流的新形态，而国际合作也正呈现出新的全球图景，带来新的流动、新的互动，出现新的繁荣。长期在高等教育国际合作一线工作的同仁，在这一场域中，不仅仅是见证者，更是参与者、推动者。本书就是西南交通大学部分同仁对新时代国际交流合作的实践与反思。

回顾中国现代大学发展的一个世纪，从清末到民国，虽然有一批具有国际视野的大师和人才涌现，但国际化带有较强的全盘移植和被动模仿的局限性，且不具规模。中华人民共和国成立后的十几年，高等教育国际化更多的是全盘学习和模仿苏联，虽然专业人才培养更有利于直接服务社会主义建设事业，但其局限性难以超越特定的时空背景。二十世纪七八十年代后，随着改革开放的快速推进，落后的教育科技和生产力水平促使我国高校向美西方及较发达国家开放。当然，刚开始不乏迎来送往和较为简单的国际合作，在满怀向西方学习的渴望与冲动的同时，有时也伴随不自信，甚至出现了“全盘西化”和“资产积极自由化”思潮。

走过这些亦步亦趋的“学步”、艰难的“起步”，我们逐渐迎来了教育对外开放的“大踏步”。而这一时代的到来，受益于40年改革开放带来的红利。随着我国综合实力和经济总量的不断增长，特别是“四个自信”的不断增强，中国在全球治理中的影响力和话语权不断提升，习近平总书记倡议的构建人类命运共同体的思想深得人心。

当中国发展进入新的历史方位，我们必然要思考我国高等教育国际化发展的新时代特征。习近平总书记指出，“我们要认真吸收世界上先进的办学治学经验，更要遵循教育规律，扎根中国大地办大学”。这一重要指示精神为我们扎根中国大地建设世界一流大学指明了前进方向，也道出了新时代高等教育国际化发展的应有之义，那就是——吸收世界上先进的办学治学经验，扎根中国大地办世界一流大学。

自从中国加入世界贸易组织，承诺的国际服务贸易相对应的出国留学教育和来华留学教育、中外合作办学机构及项目的举办、外籍专家及教师来华工作以及外派教师等，都已深入推进并取得举世瞩目的成就。当然，不同类型和不同层次的高校，其国际化发展有所差异。高水平综合型研究型大学、行业特色鲜明的高水平研究型大学、地方特色高水平大学、普通院校以及职业技术学院等，其本身的属性与禀赋使其国际化发展自然体现出差异性特征。

西南交通大学作为轨道交通特色鲜明的高水平研究型大学，其国际合作与交流带有独特的学科特色。通过近年的努力与探索，取得较好成绩。比如：依托交通运输工程一流学科优势开展高水平国际合作交流。相关学科团队通过建立国际一流学科伙伴、搭建国际交流合作平台、共建国际合作实验室、主办高水平国际会议、办好国际学术期刊、鼓励师生前往世界一流大学进行交流合作、吸引欧美优秀留学生来华学习交流等途径，走出了一条高水平国际化的特色之路，备受该领域世界顶尖高校和科研机构知名学者关注。再如：依托西南交通大学和世界百强名校英国利兹大学两校优势学科强强联合设立的中外合作办学机构——西南交通大学-利兹学院，是高水平人才培养内涵发展的有益探索。正如时任英国首相卡梅伦在学院成立时写给西南交大校长的贺信中所说，学院将成为“中英高等教育合作的典范”。利兹学院办学以来，始终坚持高标准定位、高起点建设，坚持“以我为主”与“引进消化”相结合，在有效融合了利兹大学优质教育资源和管理经验的同时，发挥了交大学科优势，不仅注重知识传授、能力培养，同时强化价值引领，“五育”并举，以培养德才兼备、面向未来的高素质工程类创新人才。

当然，西南交大想进一步加快、扩大与世界一流大学和顶尖科研机构实质性高水平合作交流，还需从多方面发力。比如，第一，通过轨道交通学科优势和国际声誉带动其他学科与世界一流大学及科研机构开展高水平的国际合作交流，吸引海外高水平专家来校工作交流，并借助国际铁路联盟（UIC）和铁路合作组织（OSJD）两大全球有影响力的铁路国际组织和“高铁走出去”国家战略，扩大学校在国际铁路行业的影响；同时，牵头国内大学和职业院校，面向“一带一路”沿线国家开展教育合作，办好铁路行业中外人文交流研究院。第二，大力发展中外合作办学。中外合作办学作为高校国际合作与交流最重要的模式和途径之一，成为高校加强与一流大学和科研机构合作、引进国外优质教育资源及先进的教育管理经验、提升人才培养质量、促进师生流动、推动科研合作及进行高校内部治理的有效模式。西南交大除了办好现有中外合作办学机构和项目，把人才培养质量放在最重要的位置上外，要更加重视新举办的机构和项目的开拓，明确要始终聚焦高水平合作伙伴——具有优质资源、具有学科优势，具备前期合作基础。这其中，认真界定优质资源，研究论证引进吸收的可行性尤为重要。第三，大力推进学生联合培养及学生出国（境）交流，特别是基础性、交叉性学科专业。我们深知我们与世界一流大学相比还有一定的差距，因此通过各种途径，加大资源投入，推动开展本科生联合培养，同时特别注重研究生中外双导师制的联合培养，加大培养过程的监控，增加学生出国（境）交流的获益面。即便面对疫情影响，也可通过推出暑期国际课程等方式，加大在地国际化，帮助学生拓展国际视野。第四，更加规范来华留学生的招收、培养、管理和服务。学校要严格把好入口关，加大入学考核、面试及心理测试力度，既要重学术，也要重品德。第五，聚焦教师国际化水平提升，既要加大招聘国（境）外优秀人才力度，也要注重现有师资队伍的建设发展。第六，重视中外人文交流，包括国际中文教育、铁路行业人文交流、国际组织人才培养以及境外办学等。

新冠肺炎疫情爆发以来，中外合作办学机构和项目的外籍教师来华授课受到限制，不得不开展线上授课；学生出国（境）留学、游学、访学受到疫情阻碍，签证也受到较大影响，学生出国（境）交流的积极性明显减弱；教师出国（境）学术活动大幅减少，必要的学术会议和学术活动转为线上；部分来华留学生滞留海外，转为线上学习，时差、网络、设备、实验条件等对其学习效果带来不利影响。如此种种，高校国际合作与交流面临突如其来、前所未有的挑战。但我们必须坚定信心，相信疫情一定会过去，高校国际化在“双一流”建设中仍将继续发挥重要作用。

可喜的是，学校领导层高度重视国际合作与交流事业，历任分管外事工作的校领导积极谋划顶层设计，并带领大家狠抓落实，将其转化为细致入微的实践。在这一过程中，我们也尝试从业务入手探索路径，从现象入手进行理论反思。这样的思考与写作，反过来又推动了具体工作的开展。完成本书论文写作的同事，平日里都承担着较为繁重的事务性工作，但出于对高等教育国际化的激情，他们也在不断反思日常实践，并付诸学术探索与写作。我们期待本书抵达更广泛的读者群体，期待读者与我们对话，共同关照所处时代的高等教育国际化问题、全球性议题。

国际形势瞬息万变，新冠疫情前景未明，“双一流”建设任重道远，学校相关的研究也刚刚开始，期盼在不远的将来有更多的同仁加入国际化队伍，以更多优秀的研究成果指导国际化实践，以更加丰富的探索共同推动中国高校国际化的发展。

衷心感谢西南交通大学出版社为本书付出的心血和努力，衷心感谢为本书提供帮助的各位同仁。

因编者水平有限，书中难免存在不足和错误之处，恳请批评指正。

任新红[①]

2021年11月

① 任新红，工学博士，副教授。西南交通大学党委组织部正处级组织员，曾担任西南交通大学国际合作与交流处（港澳台事务办公室）处长（主任），国际教育学院院长，利兹学院直属党支部书记。发表论文30余篇，主持或参与多个省部级科研项目。社会兼职包括中国教育国际交流协会“一带一路”教育国际交流分会理事，副秘书长；中国高等教育学会外国留学生教育管理分会第六届理事会常务理事；中国高等教育学会引进国外智力工作分会第五届理事会理事；四川省高等教育学会外国留学生工作专业委员会秘书长等。

CONTENTS **目 录**

国别区域

治 理 体 系

新时代全球化背景下中国高校国际化发展反思

● 任　军

【摘　要】进入新时代，“一带一路”倡议的深入推进，教育对外开放事业的蓬勃发展以及“双一流”建设的带动引领，都为高校的国际交流合作在新的历史时期赋予了新机遇。国际交流合作作为高校的五大使命之一，其理念的转换更迭、内涵的丰富完善和路径的改革创新都呼之欲出。从国内大局出发，高校的国际交流合作应当契合国家发展战略，从全球高等教育市场集聚力量，为我所用；从国际大局出发，高校的国际交流合作应当服务我国参与全球治理，为共建人类命运共同体贡献力量。

【关键词】新时代；全球化；中国高校；国际化

Reflections on the Internationalization Development of Chinese Universities under the Background of Globalization in the New Era

● Ren Jun

Abstract: Entering the new era, international exchanges and cooperation are one of the five missions of Chinese universities. The transformation of such an idea, the enrichment and improvement of its connotations, and the reform and innovation of paths are all emerging. Proceeding from the overall domestic situation, the

---

基金项目：中国教育国际交流协会“一带一路”教育国际交流分会 2021 年度“一带一路”教育国际交流研究专项课题（际协研 2021-002）；西南交通大学 2021 年课程思政建设项目（SZ20211042）

作者简介：任军，西南交通大学国际合作与交流处综合与合作推进办公室主任，助理研究员，主要从事高等教育国际化、中外合作办学、中外人文交流研究。

international exchanges and cooperation of universities should serve the national development needs, and utilize strengths from the global higher education market. Proceeding from the overall international perspective, the international exchanges and cooperation of universities should serve the country to participate in global governance and contribute to the building of a community with a shared future for mankind. The in-depth advancement of the "Belt and Road" initiative, the vigorous development of education opening up, and the driving and guidance of the "double first-class" construction have all provided new opportunities for international exchanges and cooperation of universities in the new historical period.

Keywords: new era; globalization; chinese universities; internationalization

"一个时代有一个时代的主题，一代人有一代人的使命。"对于中国高校而言，在新的历史方位下，国际交流合作成为重要的使命之一。这就意味着高校应当对国际化进行反思，再重新进行符合新时代特征的顶层设计、系统谋划和统筹推进，并使之转化为细致入微的工作实践。笔者认为，这一反思首先应从时空背景入手，反思国际化的初心、理念、路径，并聚焦大学的人才培养主业，继而反思如何开展全球合作。

一、准确把握国际化的时空背景

全球化一般是指经济全球化。理解当前的全球化，必须从新一轮科技革命和产业革命之变、国际政治格局之变、全球治理秩序之变和多元文明激荡之变的多维视角去反思。全球化带来的大变革、大变动、大变局形塑了我国大学国际化发展的外部空间。从我国自身来看，理解大学国际化要放在中国特色社会主义进入新时代的历史方位中去看，要放在实现中华民族伟大复兴的中国梦的背景下去看。习近平总书记多次重要讲话指出，要加快对外开放工作。这正是我们反思新时代全球化背景下如何做好大学国际化发展的时空背景。

二、国际化初心之反思

2019 年夏天，山东大学留学生“学伴”事件成为舆论焦点，引发社会对外国留学生群体的广泛关注。从暴露出的问题来看，国内有些大学盲目扩大留学生规模，不惜重金、设较低门槛，发展来华留学生工作。然而数量上去了，质量究竟如何，是否真如我国来华留学事业所期待的那样培养“知华友华”的国际人士，要打上一个问号。发展怎样的来华留学、怎样发展来华留学、为什么发展来华留学依然值得高校深思。

2019 年 4 月教育部公布的数据显示，2018 年共有来自 196 个国家和地区的 49.21 万名各类外国留学人员在我国 31 个省（区、市）的 1004 所高等院校学习，而与此同时，同年度我国出国留学人员总数为 66.21 万人。[①]两组数据对比发现，流出高于流入 17 万人。反观美国，2017—2018 学年美国出国留学人数为 34.17 万人，而留学美国的国际学生人数达到 109.53 万人（连续 10 年增长，较之上一年度增长率为 0.05%）[②]，流入为流出的近 3 倍。不难看出，我们在学生国际双向流动中的差距。这背后反映出的一个方面的原因自然是高等教育质量的问题。THE 世界大学排名前 200 名的高校中，美国高校占 60 所，而我国内地高校仅为 7 所（我国香港地区高校为 5 所）。从这一数据我们不难做出这样的判断——世界一流大学的多少与这个国家吸引国际学生的能力成正比。因此，归根结底，“打铁还得自身硬”，只有提高教育质量，才能在全球高等教育中有一席之地，方能聚天下之才而育之。

三、国际化理念之反思

理念是一所大学的传统、文化和愿景最直接的反映。随着国际交流合作成为大学的五大使命之一[③]，加之国际交流合作是“双一流”建设的重要内容，

---

① 2018 年度我国出国留学人员情况统计。http://www.moe.gov.cn/jyb_xwfb/gzdt_gzdt/s5987/201903/t20190327_375704.html。

② 美国国际教育协会（Institute of International Education）统计数据。https://www.iie.org/en/Research-and-Insights/Open-Doors/Fact-Sheets-and-Infographics/Fast-Facts。

③ 中共中央、国务院在 2017 年 2 月印发的《关于加强和改进新形势下高校思想政治工作的意见》强调，高校肩负着人才培养、科学研究、社会服务、文化传承创新、国际交流合作的重要使命。

且是 QS 世界大学排名[①]、THE 世界大学排名[②]的重要观测点，“国际化”近年来成为我国诸多大学的发展战略。

笔者认为是否具有清晰、准确的国际化理念首先是检视一所大学国际化发展水平的重要指针。以笔者就职的西南交通大学为例，其于几年前提出“国际化战略”，并出台配套文件，“国际化”从无到有，并在短时间内成为校园内迅速爆红的热词。然而值得反思的是，对“国际化”到底是什么的探究似乎缺乏，这并非一所大学的独有现象。大学作为生产知识、传播思想的机构，在提出一个关乎学校长远发展的理念之时，理应从学理上阐释清楚，否则就是盲目跟风，为了“国际化”而“国际化”。笔者认为，首先要明确这几个问题：国际化绝不是欧美化、西方化，中国高校的国际化必须是扎根于中国文化的国际化，应当是能够整合全球资源的，以我为主、为我所用的国际化，应当是注重全球思维、本土理解和国际化行动的国际化，应当是服务于人才培养和科学研究的国际化，应当是持续反思和不断改进的国际化。笔者观察到，从国内外很多一流名校公布的“国际化战略”[③]中都已经形成了比较好的案例[④]，值得更多中国高校反思。高校应当挖掘自身文化内涵、评估自身发展情况和发展愿景，提出自己国际化发展的理念。在这一理念的建构中，要倾听老师、学生的体验、反馈与期待，而非坐在办公室里“拍脑袋”。站在全新的历史方位，面对机遇与挑战并存的全球高等教育竞争，我国高校应当敏锐地嗅到并抓住其中蕴藏的巨大机遇，实现在新时代的新发展。早在 2016 年，清华大学就制订了“全球战略”。在 2018 年，浙江大学也制订了“全球开放

---

① QS 世界大学排名（QS World University Rankings）是由英国一家国际教育市场咨询公司 Quacquarelli Symonds（简称 QS，中文名夸夸雷利・西蒙兹公司）所发表的年度世界大学排名。

② 泰晤士高等教育世界大学排名（Times Higher Education World University Ranking），又译 THE 世界大学排名，是由英国《泰晤士高等教育》（*Times Higher Education*，简称 THE）发布的世界大学排名。

③ 多数大学称为 international strategy，有的大学称为 global strategy。

④ 例如清华大学明确提出“全球战略”，明确了培养具有“全球胜任力”的人才。根据笔者的观察，旗帜鲜明提出这一表述并作为学校战略的，清华大学是首例。清华大学同时也成立了“学生全球胜任力发展指导中心”，以提升学生全球胜任力为中心开展各方面活动。

发展战略”。我们看到，我国高校特别是高水平大学，紧跟国家发展需要和全球发展大势，在开展国际交流合作中不断更新理念，丰富内涵，创新路径。站在新时代的潮头，面向全球发展，在竞争中寻求合作，参与并引领全球高等教育发展，应当是新时代赋予我国高校新的历史使命，也应当是高校的自觉选择。

对标世界顶尖高校，不难发现国际化工作“去中心化”（decentralized）的特点，即并非由国际处这类行政部门一手包办一所学校的国际化，院系、教授才是国际化的主体、主角、主力。国际处的主要职责是为国际学生学者提供服务、签署合作协议这类行政事务。我国绝大多数高校的国际化工作尚属起步阶段，因而国际处自然成了主导国际化工作的部门。“去中心化”意味着将更多权力下放到院系，向院系赋权、向教授赋权，这必然要求改革体制机制，重塑大学国际化发展的氛围。

纵观全球范围内一流大学的发展战略，都将国际前沿研究作为必然选择，将应对全球挑战、解决全球性问题为己任。国家出台的“双一流”建设系列指导性文件对推进国际学术交流合作做了明确要求。我们看到，与国外高水平大学、顶尖科研机构开展实质性学术交流与科研合作，不仅能提升我国高校的科技创新能力，同时也为世界科技发展贡献着中国智慧。以西南交通大学为例，该校联合我国轨道交通领域的几家龙头企业以及巴西、阿根廷等拉美知名高校，共建了“中国—拉共体轨道交通联合实验室”，将开展中拉间共性关键技术、前沿引领技术、现代工程技术的攻关创新，特别是巴西—秘鲁“两洋铁路”、阿根廷—智利“两洋隧道”等项目的可行性、前瞻性基础研究。此外，西南交通大学作为铁路合作组织（OSJD）加入企业，鼓励学校相关领域专家积极参与铁路合作组织专委会有关工作。

四、国际化路径之反思

国际化的传统路径无非“走出去”“引进来”，然而在当前的背景下，必须重新反思国际化发展路径。全国教育大会上，习近平总书记指出，要扩大教育开放，同世界一流资源开展高水平合作办学。[①]这为新时代开展中外合作办学提供了遵循。近年来，高水平中外合作办学，特别是不具有法人资格的中外合作办学机构不断涌现，为所在高校系统性、实质性引进外国优质教育资源，融合中外高等教育的特色与优势，推动教育教学创新和治理与管理体系的改革带来新的有益实践。

浙江大学的两个中外合作办学机构——浙江大学-伊利诺伊大学厄巴纳香槟校区联合学院和浙江大学-爱丁堡大学联合学院因其卓越的国际化办学软硬件环境以及外方合作高校的全球声誉，吸引了国际上一批高水平师资加盟。美国工程院院士菲利普·克林教授目前担任浙江大学-伊利诺伊大学厄巴纳香槟校区联合学院执行院长。对于来中国的原因，他解释说："全球化时代，人类面临的能源、环境等共同问题并无国界之别。解决这些问题，需要东西方高校的强强联合，共同探索新教育模式，培养融会贯通的杰出人才。这是我愿意做的事业。"上海交通大学密西根学院因其卓越的办学成绩，在 2014 年获得美国国际教育协会颁发的"海斯克尔国际教育革新奖"，成为全球国际教育领域内的典范。西南交通大学-利兹学院开设的 4 个专业均以强强联合为特点，而交通土建专业则在引进利兹大学土木工程学科优质教育资源的同时，更加聚焦西南交通大学交通运输工程一流学科的特色和优势，高度契合并服务于西南交通大学建设轨道交通领域世界第一的大学这一目标。

我国的中外合作办学制度本身是全球跨境教育领域中非常重要的一种形式，而近年来高水平中外合作办学实践也为全球范围内跨境教育贡献着中国范式。厦门大学中外合作办学研究中心、中国高等教育学会中外合作办学研究会秘书长林金辉教授认为："中国教育要走向世界教育中心，中外合作办学应该贡献中国智慧、中国方案和中国标准。"教育部学位中心副主任林梦泉认为，中外合作办学评估会积极在国际舞台上发出中国声音，争取主导权，并制定具备中国特色和国际影响的中国评估标准。随着当前"双一流"建设的

① 新华社. 习近平出席全国教育大会并发表重要讲话[EB/OL].（2018-09-10）[2021-10-07]. http://www.gov.cn/xinwen/2018-09/10/content_5320835.thm?tdsourcetag=s.pctim-aiomsg.

深入推进，中外合作办学将必然为助推世界一流大学和一流学科提供重要推动力。

除此之外，中外人文交流也应当作为高校国际化发展的重要路径。2017年中办、国办印发《关于加强和改进中外人文交流工作的若干意见》，同年，教育部设立了“教育部中外人文交流中心”这一教育部直属事业单位。这充分表明国家对中外人文交流工作的重视。作为夯实中外关系社会民意基础、提高我国对外开放水平的重要途径，中外人文交流事业自然也为我国高校国际化提供了新的思路与平台。“人文交流”官方的英文翻译为“people-to-people exchange”，即“人与人之间的交流”。事实上，所有的国际化归根结底都是人与人之间的交流。在加拿大 2019 年 8 月出台的最新国际教育战略（2019—2024）中将“加强人与人之间的纽带”（fostering people-to-people ties）作为一个重要路径。可见通过人文交流推动教育国际化并非中国独创。做好人文交流，就是要“以文化人”。如何充分发挥人文交流在大学国际化中的红利，鉴于本文篇幅，笔者仅强调一点——强调中国特色话语对外传播的重要性。我们都知道要讲好中国故事，然而讲什么、怎么讲却成为大学国际化中的一大难题。这背后绝不仅仅是语言层面翻译得好不好的问题，而是异质文化之间文化认知、接受的问题，甚至还存在意识形态的问题。

五、国际化人才培养之反思

当今中国日益走近世界舞台中央，在全球治理中扮演着愈加重要的角色。习近平总书记在庆祝改革开放 40 周年大会上的讲话中指出：“我们要发挥负责任大国作用，支持广大发展中国家发展，积极参与全球治理体系改革和建设，共同为建设持久和平、普遍安全、共同繁荣、开放包容、清洁美丽的世界而奋斗。”[①]参与全球治理就需要具有全球胜任力的人才，承担人才培养重任的高校理应担负起提升学生全球胜任力的重任。提升学生海外学习经历是高校国际交流合作的重要内容之一，面对新时代要求，如何培养能胜任参与

① 新华网. 习近平：在庆祝改革开放 40 周年大会上的讲话[EB/OL].（2018-12-18）[2021-10-10]. http://www.xinhuanet.com/politics/leaders/2018-12-18/c_1123872025.htm.

国际事务的人才，是新时代高校国际交流合作中的要点之一。

上海纽约大学校长俞立中认为，这涉及全球胜任力的培养，并且是全球高等教育都必须思考的问题。事实上，一些国家和国际组织对“全球胜任力”已经进行过较为系统、深入的研究。对于我国高校而言，提升学生的全球胜任力，除了夯实外语基础、提升跨文化沟通技能之外，还应当提升学生与其他国家文化的人士进行有效而得体交流并和谐共处的能力。这也自然要求学生对待不同国家的文化要带着“和而不同”“美美与共”的眼光，并在分析特定问题时要跳出时空局限，具有国际比较视角和全球视野。除此之外，学生还需要能够为解决全球性问题和人类面临的共同挑战付诸行动。

事实上，国内少数高校已经开始关注并进行了探索实践。例如，清华大学的《全球战略》中就提出了培养具有“全球胜任力”的人才，并设立了“学生全球胜任力发展指导中心”，开展了一系列提升学生全球胜任力的工作坊和海外实践活动；上海交通大学推出“全球挑战计划”，培养学生“‘人类命运共同体’的责任意识和家国担当……思考并解决人类命运发展共同面临的问题，培养学生的全球胜任能力”；西南交通大学实施了学生全球胜任力提升项目，致力于提升学生“国际学术话语权的意识、多元文化背景下沟通与协作的能力和对全球发展的责任与道德感”。此外，随着国家出国留学政策的不断优化，特别是近年来各类国际组织实习项目的深入实施，我们相信，提升学生的全球胜任力必然会成为更多高校的共识，一方面提升学生的全球竞争力，另一方面为我国参与全球治理做好人才储备。

六、全球合作伙伴之反思

当前，中美关系处在一个关键当口，中美教育交流合作在一定程度上受到了影响。尽管如此，我们必须认识到，经济全球化、教育国际化是不可阻挡的趋势。一方面，我们要反思如何改进中美人文交流；另一方面，在合作伙伴的选择上要布局全球。例如，与金砖国家、“一带一路”沿线国家、非洲、拉美的教育合作极具潜力，而英国脱欧也为我国高校开展与英国高校合作创造了机遇。[①]在具体的实施路径上，成立大学国际联盟是近几年来兴起的一种创新模式。我国高校通过发起或加入行业领域（如农业、航空、电力、铁路等）的跨国大学联盟或综合性跨国大学联盟，特别是当前中美关系背景下，与美国之外的国家和区域成立跨国大学联盟，是扩大“朋友圈”、开拓合作共赢空间的有效途径。[②]

“一带一路”倡议的提出和实施，为我国高校推进跨境大学联盟的成立提供了前所未有的机遇。2016 年《关于做好新时期教育对外开放工作的若干意见》出台，明确提出促进教育领域合作共赢，增进次区域教育合作交流，推动大学联盟建设。这一要求又为新时期高校推动建设跨境大学联盟创造了良好的政策环境。我们看到，近几年来由我国高校发起成立的跨境大学联盟吸引了全球知名高校的加入。例如，“丝绸之路大学联盟”的成员包括意大利米兰理工大学、利物浦大学、新加坡国立大学等；“21 世纪海上丝绸之路大学联盟”的成员包括法国索邦大学、澳大利亚墨尔本大学、新西兰惠灵顿维多利亚大学等；“中英高等教育人文联盟”的成员包括牛津大学、剑桥李约瑟研究所、伦敦大学亚非学院、伦敦国王学院、曼彻斯特大学和华威大学等；“中英大学工程教育与研究联盟”的成员包括剑桥大学、利兹大学、贝尔法斯特女王大学、伯明翰大学等。不一而足。

毋庸置疑，这些跨境高校联盟的成立，为我国高校搭建了深化交流的桥梁，拓宽了合作共赢的空间，更为提升我国高校在全球范围内的凝聚力、影响力提供了平台。随着我国对外开放的不断深入，特别是“一带一路”倡议的不断推进，可以预见，未来由我国高校为主导的跨境大学联盟还会更多。这不仅是我国高校在教育对外开放中的重要使命，也必将为自身发展赢得更多先机。

---

① 2019 年 3 月英国发布的《国际教育战略：全球潜力、全球增长》中明确提出，要大力发展高等教育的跨境教育，同时明确中国为英国全球教育的“高价值”（high-value）地区之一。https://www.gov.uk/government/publications/international-education-strategy-global-potential-global-growth。

② 近年来我国高校发起的跨国大学联盟有：“一带一路”高校联盟、丝绸之路大学联盟、中俄工程大学联盟、中欧工程教育联盟、中国-西班牙大学联盟、中国-印尼大学高校联盟、全球能源互联网大学联盟等。

结语

2019 年 12 月 12 日至 13 日，全国教育外事工作会议在北京召开。这是本世纪以来第三次全国教育外事工作会议，上一次还是在 10 年之前的 2009 年。正如教育部副部长指出的，“这是一次标定方位、绘制蓝图、明确要求的会议，凸显了教育对外开放在我国教育事业和全面开放新格局中的地位和作用”。这也标志着在当前新时代全球化的背景下，我国大学的国际化工作必将迎来新的发展阶段。2020 年，《教育部等八部门关于加快和扩大新时代教育对外开放的意见》出台，对新时代教育对外开放进行了重点部署。这一文件为大变革时代我国高校国际化发展提供了宏观指引。然而，如何落实到各个学校的办学实践中，需要学校与时俱进地不断审视国际化在学校发展中的地位，并对国际化的历史与现状进行全面系统的评价，同时将自身高校置于全球化的时空之中，规划国际化发展的未来。

高等教育全球化背景下"学生观"的实然审视与应然回归
——基于"成长需求"的视角

●郑　淳　杨　帆

【摘　要】全球化与信息化这两股推动人类社会变革的力量正深入改变着实施高等教育的理念、思维、方式与内容，也为生存于这个时代的高校学生提出了新的要求与挑战。在全球化业已内化为高等教育发展基本特征的现实境遇下，作为推动高等教育朝全球化纵深迈进的实践推力，高等教育国际化已成为提高人才培养质量的不可或缺的要素条件。满足高校学生的"成长需求"并提升其生存能力作为人才培养质量高低的外显要素之一，应成为高等教育国际化实践的内在价值取向。无论是顶层设计还是实践向度，高等教育国际化均应聚焦如何引导高校学生形塑获取知识的主动意识与复合能力，在形成"全球公民思维"的同时保持对全球化的"警惕思维"，不断强化内在的精神力量之基与道德风貌之质，为高校学生在全球化环境下习得更高的生存能力提供必要的信念指引与资源支撑。

【关键词】学生观；全球化；信息化；高等教育国际化；价值取向

作者简介：郑淳，西南交通大学历史文化研究院，助理研究员，主要从事国际高等教育政策比较、国际科技组织研究。
杨帆，西南交通大学国际合作与交流处外专与引才引智办公室主任，助理研究员，主要从事高等教育国际化、外国人才政策比较研究。

The Actual Inspection and Return of the "Student View" under the Background of Globalization of Higher Education-based on the Perspective of "Growth Demand"

● Zheng Chun Yang Fan

Abstract: The two forces, globalization and informatization, are promoting the transformation of human society and are deeply changing the concept, thinking, method and content of implementing higher education, which have also raised new requirements and challenges for college students living in this era. At present, with globalization being internalized as a basic feature of higher education development, internationalization of higher education, the practical impetus to promote higher education toward globalization, has become a necessary way to improve the quality of student cultivation. Based on this premise, meeting the "growth needs" of college students and improving their survivability should be the intrinsic value orientation of China's higher education internationalization practice. Whether it is the top-level design or the practical dimension of the internationalization of higher education, it should focus on how to guide college students to form the active awareness and compound ability to acquire knowledge and maintain a "vigilant thinking" against globalization while forming a "global citizen" thinking model. It should constantly strengthen the foundation of inner spiritual strength and moral character by providing necessary conceptual guidance and resource support for college students to acquire higher survival ability in a globalized environment.

Keywords: student view; globalization; informatization; internationalization of higher education; value orientation

全球化进程已经不可避免，它开启了前所未有的沟通与交流，国家之间的相互依存日益加深。[①]高等教育国际化已成为各国深化高等教育改革、提升

① 李军，段世飞，胡科. 高等教育国际化的阶段特征与挑战[J]. 高教发展与评估，2020，36（1）：81-91，116.

综合国力的关键途径。自中华人民共和国成立以来，我国高等教育国际化发展经历了从“东学”向“西学”的历史转向。从整建制“移植”苏联模式到向欧美发达高等教育体的“比较性”借鉴，国际交流合作的宽度与深度均得到了极大提升。在这个过程中，高等教育国际交流合作的价值取向也随着我国政治、经济、文化的发展而发生了嬗变。然而需要注意的是，各高校在建构国际化价值观念体系的过程中出现了些许偏差，如片面追求表层形式的多样化、对西方高等教育范式的路径依赖等。高等教育国际化的“工具理性”表现较为突出。本文认为，高等教育国际化作为一种教育现象或教育实践，其根本任务或核心价值取向仍应扎根于教育的核心使命——人才培养，即应将“满足学生的成长需求”作为国际交流合作的核心价值取向。正如穆迪（Mundy K）所指出的那样，当今大多数教育者和教育家对影响他们工作的全球力量的运作有了相当高的认识，包括为儿童和国家迎接全球经济的激烈竞争做好准备。[①]本文所提出的基于“学生观”的高等教育国际化实践的价值取向侧重于如何以促进个体生命的发展为视角，充分利用高等教育国际化实践所创造各类新要素、新理念、新方法，提升学生在全球化背景下的生存状态及满足学生的成长需求。

一、全球化背景下透视“学生观”的基本内涵

“学生观”是指关于学生的本质属性和特征的基本观念体系，包括教育工作者对学生的本质、特征、成长发展过程等每一方面的基本看法，受到一定的社会的政治经济制度、文化传统、教育传统的制约，以及受到教育工作者自身世界观和对学生身份发展规律的认识水平的影响。[②]现代“学生观”则呈现出师生地位观、学生发展观、学生学习观、学生利益观和学生评价观五大维度。[③]“学生观”的形成应从学生这一独特生命存在形态的角度进行理

① MUNDY K. Education Multilateralism and World (Dis) Order[J]. Comparative Education Review, 1998, 42(4): 448-478.

② 顾明远. 教育大辞典（简编版）[M]. 上海：上海教育出版社，1999.

③ 李青合. 构建现代大学生管理制度[J]. 复旦教育论坛，2011，9（2）：35-37.

解。[①②]

“学生观”的基本内涵主要体现在三大基本关系范畴。一是学生与教师关系的重塑。复杂信息交互网络和先进的交通工具加速了知识的传播与更迭，知识源、信息源广泛存在于人类生活的普遍时空里。知识获取的途径愈发广泛。传统的知识传播链正经历着解构与重组。在这一现实背景下，学生、教师的角色正发生着深刻的重塑。面对知识和信息体量的几何式增长，基于知识传授的师生关系将彻底转向知识创造的协作关系。知识的“上下级”关系将被弱化，教师的权威也将愈加让位于知识与信息的权威，学生与教师将全面形成共生互助的新型关系。二是学生对高校发展的参与性及其影响将会更加突出。就高等教育发展史来看，从博洛尼亚大学到巴黎大学，无论是学生的“民族团”治校还是教师团治校，均充分说明学生和教师这两大主体在推动大学变革的过程中发挥了重要作用。形式多样的大学发展水平评价体系和综合实力排名表明高等教育作为公共产品的属性正在不断加强，尤其随着我国社会主义市场经济体系的不断完善，市场对高等教育发展的杠杆效应将愈加突出，高校教育将被迫参加市场条件下的资源竞夺，这其中就包括对优质生源的吸引。因此，各高校在制定长远期发展规划或作出重要决策时，将更多地考虑学生群体的具体需求及意见，学生作为高等教育重要的利益相关者对高校发展的参与性将变得更加突出。三是以“学生为中心”体现了高校深度推动整体改革的价值遵循。教育人类学认为教育存在于特定的文化情境，知识的创造也是包裹于特定的文化外壳中；教育社会学则认为教育受到特定的政治意识形态和经济社会结构等上层建筑要素的影响，服务于一定历史时期下的社会发展需求和统治阶级要求。无论是文化传承与创新，还是服务于社会的民主化和国民经济的发展，“人”都是最本质的要素。人才培养作为高校的第一使命和存在要义，应贯穿于高等教育理论建构与实践创新的全过程，这是以“人”的这一特殊生命存在与发展的促进作为的最基本的出发点和落脚点。

---

① 李政涛. 在表演和观看中生成的生命——表演视角下的学生观[J]. 教育科学，2004，20（2）：22-25.

② 程斯辉，明庆华. 关于学生观的新视野[J]. 教育理论与实践，2001，21（2）：22-27.

二、全球化背景下审视高校学生的生存状态：成长与需求

吉登斯（Giddens A）认为，现代性内在就是全球化的，因而全球化可以被定义为“世界范围内的社会关系的强化”。[①]扎根于不同文化基质的人类群体之间的联系与互动比人类以往任何一个历史时期都要频繁。可以说，基于不同目的的跨国、跨区域人际网络的形成成为全球化背景下人类生存状态和方式的基本特征。联合国教科文组织（UNESCO）在《学会生存——教育世界的今天和明天》中提出，在当前的时代，人类发展的目的在于使人日臻完善。[②]联合国教科文组织还在《教育：财富蕴含其中》中发出了关于促进学生“学会生存”的号召，即教育应当促进每个人，尤其借助青年时代所受的教育，形成一种独立自主的、富有批判精神的思想意识，培养自己的判断能力，以便由他自己确定在人生的各种不同境遇中做他认为应该做的事情。[③]

（一）知识碎片化导致知识摄取的难度不断增大

经合组织（OECD）于 1996 年在《以知识为基础的经济》的报告中，首先明确提出了“知识经济”的概念，并把它定义为建立在知识和信息的生产、分配和使用（消费）之上的经济。[④]在知识经济社会背景下，知识已成为每个人促进其生命价值的实现和生命能力发展的关键要素。现代信息技术的高度发达不仅提升了人类之间开展知识创新的协作能力和效率，打破了知识保存与传承的时空限制，但也同时也造成了知识的碎片化与分散化，导致知识门类之间内在跨学科性的断层。卡尔（Kaul I）等人认为如果只将知识视为一项全球公益，那么知识的获取往往会受到限制。[⑤]由此可见，知识的存在形态、性质、获取方式均发生较为明显的变化。高校学生所应具有的主动摄取知识

---

① 安东尼·吉登斯. 现代性的后果[M]. 田禾，译. 北京：译林出版社，2000.

② 联合国教育、科学及文化组织. 学会生存——教育世界的今天和明天[M]. 华东师范大学比较教育研究所，译. 北京：教育科学出版社，1996.

③ 联合国教育、科学及文化组织. 教育——财富蕴藏其中[M]. 联合国教科文组织总部中文科，译. 北京：教育科学出版社，1997.

④ 胡德海. 教育学原理[M]. 北京：人民教育出版社，2013.

⑤ Kaul I & Goulven K. Providing Global Public Goods: Managing Globalization[M]. Oxford: Oxford University Press, 2003: 99-100.

的意识与能力、分类并组合知识的能力将是立足于这一时代的基本的生存能力。同时，终身教育理念与学习型社会的广泛兴起，也对高校学生提升获取知识的主动意识提出了更高的要求。

（二）时空意识的无限放大与错位

联合国教科文组织在《反思教育：向“全球共同利益”的理念转变》提出，数字媒体创造出了新的空间、关系和动态，由此产生的影响给正规教育在公民和政治社会化方面的作用带来了挑战。[①]奈斯比特（Naisbitt J）曾指出，人类能够向未来学习，就如同人类从现在向过去学习一样。[②]信息技术的飞速发展及其所形成的信息化社会，使生活在其中的人的时空意识发生了深刻的变化，再加之全球经济一体化的推力促成了资本、人力等物质性资源，与文化、信息等精神性资源的全球多向流动，使生活在这个背景下的群体体验到了独特的“跨时空感”。对于已经积累了一定的生存经验并努力探寻生命成长动力的高校学生群体来讲，这样一种体悟尤为明显。对未来的科学规划、对过去的反思学习、对当下的精确把握成为高校学生适应这种无限放大的时空感并实现自身成长的基本需求。

（三）面临更加复杂的族群竞争

正如阿特巴赫（Altbach P G）所言，没有一所亚洲大学是真正的亚洲出身。[③]少数发达国家的学术和科研范式成为世界准则，发展中国家为了与国际通行的制度接轨，不断对本国教育进行改造，有意无意地细化。[④]从某种意义上讲，高等教育全球化的实质是欧美发达国家对其教育教学价值观、技术、

---

① 联合国教育、科学及文化组织. 反思教育：向“全球共同利益”的理念转变？[M]. 巴黎：联合国教育、科学及文化组织，2015.

② 约翰·奈斯比特. 大趋势——改变我们生活的十个新方向[M]. 姚琮，译. 北京：科学普及出版社，1985：415.

③ Altbach P G. Asian University: Historical Perspective and Contemporary Challenges[M]. Umakoshi T. (eds.) London: Johns Hopkins University Press, 2004: 15.

④ 蒋玉梅，陆小兵. 美国高等教育国际化的发展趋势及中国的应对[J]. 江苏高教，2020（3）：109-119.

人力资源的全球输出，形成了以欧美发达国家高等教育体系为核心的高等教育场域。这造成了世界各国高校在人才培养规格与标准方面的趋同性，促成了事实意义上的国际劳动力市场的出现及其人才评价观的形成。各国高校毕业生均将直接或间接进入国际劳动力市场参与全球竞争。同时，全球化发展在促进资源实现全球配置的同时，也间接导致了生存于不同文化情境下的群体为维护并拓展自身的生存利益而实现"抱团式"发展。知识储备与能力塑造已不再是高校毕业生胜任全球化工作环境的基础性条件，而文化适应能力、跨文化交际能力、跨文化认同感的形塑成为竞夺自身生存条件的核心能力维度。简而言之，处于特定文化情境下的高校毕业生将置身于另一个完全不同文化群体的竞争中，面对的是一股特定文化能量的冲击与挑战。

（四）现实的无助感与孤独的个人存在感

虚拟空间的出现打破了人类对现实时空环境的传统依赖，为个人脱离传统社交范式创造了基本前提，衍生出个人的社会存在的新的形式。高校学生群体是一个敏感的群体，对时代变革敏感、对生存资源变化敏感、对人际关系样态变迁敏感。但也正是在这个关键的生命成长期，高校学生完成了对自身价值观念体系的构建，形成了对社会生活和生命发展价值意义的自我认知。在全球化背景下，内嵌于不同文化体系的价值要素组合成了多元杂合的价值形态，被处于生命成长关键期的高校学生所接受与吸纳，并内化成自身的价值认知模式。当现实境遇与自身认知图示发生对立时，会导致强烈的挫败感与无助感，从而失去对自身生命价值理解的重心。而虚拟空间的存在恰好又为释放这样一种无助的情绪提供了必要的通道，使高校学生形成了对脱离现实时空的冲动和对虚拟空间的依赖感。长期与社会交往的脱节将强化孤独感，"精神独居"成为当代高校学生生存的一种典型特征。

（五）全球化的不确定性所带来的生存状态的不稳定性

全球化渗透至社会发展的各个细分领域，成为社会生产活动与"人"这一特殊生命体延续其社会性存在的基本特征。全球化在促进人类寻求共同利益契合点、形成“超国家”价值视角的同时[①]，也造成了思维模式、价值理念、行为规范的趋同性。由于经济上、社会上的高度一体化，导致人类群体在面临人类重大危机时，出现了危机处置能力与视野的僵化，导致人类面临重大变化时多呈现出弹性不够与应对能力不足的状况。以新冠肺炎疫情为例。新冠病毒在西方国家的爆发造成了西方发达经济体的措手不及，连带着全球经济呈现衰退，乃至萧条迹象，新一轮金融危机爆发的潜在危机日益突出。此外，肆虐于西欧和美国的“新民族主义”（nationalist populist）思潮也为全球化蒙上了阴影。阿特巴赫（Altbach P G）和德维特（De Wit H）认为，新民族主义是笼罩在高等教育国际化之上的“幽灵”，其实质是“排外”的民粹主义，在形式上表现为反全球化、反欧洲一体化、反移民化。[②]由此可见，在全球化与“逆全球化”思维这两种相对立的思潮同时涌现的时代背景下，其所呈现出的“时代的大变局”与“不确定性”导致高校学生对这个时代理解的模糊性，生存环境不容乐观。

三、高等教育全球化背景下塑造“学生观”所面临的潜在阻隔

人力资本是21世纪最为核心的战略性资源，人力资本的质量、数量和可持续性增长将是各国提升核心竞争力和全球治理话语能力的决定性要素。高等教育全球化背景下“学生观”的重塑是高校与学生之间相互建构的一个过程，需要高校和学生的协同参与。然而，这个过程的实现面临着诸多潜在阻隔，主要体现在对传统发展路径的依赖、传统价值失范与文化认同缺失、外部环境的压力等方面。

（一）传统发展路径的依赖

我国教育是一个舶来品，是一个蕴含着东西方教育基因的现实存在。我

---

① Rawlings F A. Abstract of doctoral thesis: Globalization, Curriculum and International Communities: A Case Study of the United World College of the Atlantic[J]. International Journal of Education Development, 2000, 20(4): 365-366.

② Altbach P G, De wit H. The New Nationalism and Internationalization of He [EB/OL]（2017-09-15）（2021-06-03）. https://www.universityworldnews.com/post.php? story=20170914073027157.

国高等教育起步相对较晚，为迎赶欧美发达国家高等教育发展的步伐，我国不仅广泛吸收来自世界先进高等教育体的办学经验与方法，也积极致力于对高等教育的本土化改造。高校成为资金、人力和物力等各种社会资源的集聚体。在各类资源的聚力托举下，我国高等教育实现了跨越式发展，中国品牌的全球影响力正在逐渐显现。在这样一个过程中，高质量论文、高级别国际科研合作项目、高端外国智力的延揽、学生和教师跨境流动频率等显性指标要素成为我国高等教育拓展全球影响力的主要支撑点，已演化为我国高校争夺高等教育全球话语权的主要发力点，形成了一定意义上的路径依赖，尤其是在当前高等教育国际评价日渐流行的背景下。而对高校学生的生存状况的研判、对如何提升高校学生的存在体验及其生命的发展则成为高校在全球化背景下制定一系列规划的隐性要素，通常被置于后端考虑的范畴。可以判断，在我国从高等教育场域的边缘向中心位置愈发靠拢的过程中，我国高等教育对这种发展路径的依赖还将继续持续。

（二）传统价值失范与文化认知缺失

全球化已成为当今各国社会存在样态的内生属性。教育是存在于特定文化情境中的一种社会现象，学校教育是一种传承人类文化知识的社会组织形式，受到特定的社会价值观等上层建筑因素的影响。发达国家对发展中国家实施的高等教育输出，无不包含着对其价值观念、思想与行为规范的输出。对于发展中国家来讲，这种外来价值体系潜移默化地影响着高校学生的意志、精神等，使学生原有的内生于其特定文化情境中的价值观与外来的价值观产生对立与冲突，甚至造成对原有文化传统的认知缺失。以信息技术的电子化传播机制为基础，以数字化、计算机为主要手段的教育，会造成破裂的时间观念、对持续学习的缺乏耐心、风俗习惯的深度破坏、对地理位置及社区本土性感知强度降低等认知缺失。[①]全球化意识形态使许多国家特别是发展中国家在价值观念等意识形态上失去了正确的方向。[②]对于高校学生来讲，面对文

① 庞红卫，方凌雁．略论全球化教育的陷阱[J]．教育发展研究，2001（3）：65-67.
② 陈安国．论”全球化”意识形态的陷阱[J]．社会科学，2000（10）：41-50.

化的多元性，选择排斥或吸收，抑或建构出基于自身文化情境和本民族人民利益的全球人类文化观，成为其适应全球化浪潮的决定性力量，同时也是学生作为学生观变革的主体性力量是否发挥作用的症结所在。

（三）复杂外部环境的阻隔与压力

当前我国高等教育国际交流合作实践之所以偏离“以学生为中心”的价值主线，还在于我国高等教育价值观念体系中的要素错位。党的十九大报告中指出，现阶段我国的主要矛盾为人民日益增长的美好生活需要与不平衡不充分的发展之间的矛盾。就高等教育领域来看，随着我国经济的高速发展而创造出的良好的社会物质条件，推动我国自 2012 年便成为全球海外留学生人数最多的国家。[①]国内和国外教育资源和质量的差异性在一定程度上造成了我国优质生源的外流。为打破这个不平衡的状态，我国高等教育以一种不平等的姿态，被动地、提前地参与到高等教育的全球竞争中，以获取更为良好的外部资源供给。而这种竞争是根植于西方新自由主义思想的。面对这样一种外部压力，高校的功利主义价值取向将变得突出，更多地选择在相对短时期内能提升学校品牌效应的举措。

四、高等教育国际化实践的价值形塑的应然向度

价值是认识主体对客体功能性存在的主观判断，是建构于其自身需求条件下的意义判断，而价值取向则是认识主体对客体价值的选择性认识，是引导主体行为规范与方向策略的决定性要素。正如前文所述，我国高校所持有的对高等教育国际化的价值取向决定了我国高校在开展国际交流合作的过程中所表现出的态度、观念、行为，更为重要的是直接决定了对相关资源的有效配置。在全球化背景下，以促进高校学生的全面成长并适应全球化、信息化的时代要求，从而实现对学生生命价值意义的提升，应成为高校开展国际

① 新华社. 我国已成为世界上最大的留学生生源国[EB/OL]（2013-08-02）[2021-06-03]. http://www.gov.cn/jrzg/2013-08/02/content_2460399.htm.

交流合作实践的根本价值取向。这既是提升生命存在形式的现实使然，更是高等教育的使命使然。

（一）成长需求与生命价值提升的自然契合：知识摄取、创生与认知能力延展

精神科学创始人狄尔泰（Dilthey W）认为，人是有意志、有情感、有想象的存在物；从教育对象观的角度看，最重要的是确认生命的整体性和人的发展能动性。[①]高校学生作为一个完整意义上的生命体，作为社会生命存在的“雏形”，只有满足其社会性发展的需求才能促成其发生区别于自然物理条件下的“主动成长”，即在精神上和心理上的成熟，从而实现对生命价值的提升。在知识与信息全球自由流动的背景下，在知识成为社会生产力发展和社会生产关系变革的最根本要素的前提下，知识成为满足高校学生各类社会需求的“金钥匙”。布雷克维尔（Breakwell G M）认为，高等教育国际化是知识增长与传播的重要渠道——知识的价值超越任何形式的资产——特别是对新知识的需求。[②]德兰迪（Delanty G）在其专著《知识社会中的大学》中指出，现代大学本质上是科学知识与文化知识的生产者和改革者，是使学术知识与文化中原有的、清晰的认知结构相融合的重要机构。[③]从这个意义上讲，高等教育国际化实践应致力于或服务于知识的增长、融合与传播，为广大高校学生习得更新的知识，融入特定学科场域的前沿区域以及其所创立的社会工作环境创造基本条件。同时，高校还应致力于与各合作伙伴之间搭建知识共享的平台，鼓励师生广泛参与到知识的创造过程中。

认识活动是人类一切活动中存在的一种活动，认识能力是人类适应社会和实现个体生存发展的基本能力。当代高校学生应塑造符合这个时代特征的

① 叶澜. 时代精神与新教育理想的构建——关于我国基础教育改革的跨世纪思考[J]. 教育研究，1994（10）：3-8.

② 格林尼斯·布雷克维尔. 高等教育国际化的价值与挑战[J]. 朱雪莉，曹露编，译. 世界教育信息，2017（24）：11-14.

③ 杰勒德·德兰迪. 知识社会中的大学[M]. 黄建如，译. 北京：北京大学出版社，2019.

认知能力，包括基于自身实际情况善于认识自己各种需求的能力，善于捕捉、组合和研判在全球范围内具有各种信息价值的能力，以及善于自我反思、在精神和心理层面实现自我建构的能力。归根结底，这一切的实现都在于思维模式与能力的提升，即以全球化的思维审视自身的生存条件与外部环境。因此，高等教育国际化实践的设计与规划应着眼于如何促进高校学生以全球化的视角思考自身存在及其与外部环境的深度关联，包括深化传统文化教育与构建跨文化校园环境，持续推进课程改革以树立人类命运共同体意识，加强与国际组织的互通渠道以增强全球道德责任感等。

（二）全球公民意识与民族认同感的二元思维：多元文化观与警惕思维

20 世纪 80 年代以来，伴随着全球化时代的“全球公民教育”逐渐兴起。德希特（Heater D）认为，两次世界大战所造成的可怕后果、核威胁、环境危机使每一个有责任感的人应当反思如何让世界公民意识教育再次复兴。①家庭和社区的自愿迁移或由于自然灾害和战争等因素而导致的民族文化群体的大规模移动，导致了不同文化之间的同化现象。②世界各地之间日益紧密的联系为我们提供了发展全球认同的机会和义务。③全球公民教育秉持一种“后国家的”的价值视角，致力于培养摆脱狭隘的民族主义，提倡忠诚于全人类的全球公民。④全球公民教育随着全球化进程逐渐成为西方国家高等教育的重要议程。正如克拉克（Clark D）所言，拥有全球公民身份及拥抱国际视野和生活方式将是大多数专业人士获取信息、融入社会和取得成功的关键。⑤全球公民意识教育不仅是促进全球和谐共生，创生更多人类共同利益的必要保障，也

---

① Derek H. What is Citizenship[M]. Cambridge: Polity Press, 1999.

② Cesario SK. What Does It Mean to Be a Global Citizen?[J]. Nursing for Women’s Health, 2017, 21(1): 59-63.

③ Reysen S, Katzarska-Miller I. A model of global citizenship: Antecedents and outcomes[J]. International Journal of Psychology, 2013, 48(5): 858-870.

④ 王熙，陈晓晓. 国际教育的全球化陷阱[J]. 教育学报，2015，11（5）：19-26.

⑤ Clark D. What does it mean to be a global citizen?[EB/OL]（2014-10-13）[2021-06-03]. https://www.weforum.org/agenda/2014/10/global-citizen/.

是确保高校学生能够更好地适应全球生存环境，获得更广泛外部生存资源的核心能力维度。高校应通过必要的课程改革和必要的实践项目，依托充足的资源配置，引导我校学生实现全球公民意识的自我建构及形成“人类命运共同体”的思维认同。

全球化的纵深发展在不断冲击着民族国家的传统思维。全球化给发展中国家创造了参与全球竞争以及解决人类共同面临的发展难题的机遇，促进人类形成共生共存的生存思维，甚至是降低战争发生的风险。但全球化发展是否粉饰了发达国家对发展中国家的文化霸权和经济霸权的企图，是仍然值得关注的。应清楚地认识到，全球化是通过发生于现有国际权力格局下的人类经济交往和文化互动活动而生成的一种人类社会状态，其受到国际权力格局的内在力量的支配，是一国国内政治和经济关系的“外溢”现象。正如俞可平教授所言，资本主义全球化是一个借助国家的支持才得以发生的过程。[①]因此，相对于全球公民意识的塑造，对传统价值观念和民族信仰的强化也不可忽视，尤其要筑牢高校学生的民族文化和国家政治体制认同感。这是高校通过高等教育国际化促进其民族参与全球化进程，并同时保持其民族对全球化的警惕感的重要举措。

（三）精神力量之基与道德风貌之质的横纵连贯：全球化时代的立足之本

正如前文所述，全球化浪潮冲击了传统的民族国家树立的价值、观念和文化界限，促成了某种意义上的“超国家”时代雏形的出现。但经由特定民族历史所锻造出的内嵌于民族文化之中的民族精神仍然是一个民族立足全球化时代的根本基础。应该认识到，面对当今环境、资源、反恐等涉及人类可持续利益的重大发展问题，正是通过根植于多元文化情境下的不同的思维认知模式之间的相互协作、相互补充，才能够源源不断创生出新的知识，才促成了这些重大发展问题的顺利解决。文化的多元性发挥着决定性作用。如果

---

① 俞可平. 论全球化与国家主权[J]. 马克思主义与现实，2004（1）：4-21.

文化上无法形成互动互补的良性格局，任何一个国家都无法真正融入经济全球化的世界浪潮之中。[①]作为民族文化的传承体，高校学生理应习得并强化这种文化的多元性。这与高等教育的根本任务或本质功能，即传承并发展人类文化，是一以贯之的。

保持并强化这种文化的多元性的途径主要有两种，分别是民族精神与道德风貌。在全球化语境下，笔者认为民族精神是一个民族在特定地理区域内通过改造生存环境，并将诸多社会生产实践的经验内化为一种族群内部的价值取向遵循，具有潜在的规范权效与激励权效，是世界各民族之间坚守“价值底线”的意识界线。在面对系统性的重大人类生存挑战时，这种民族精神力量是显性的、不可替代的，是民族得以存续的决定性力量。高等教育国际化实践应促成这种特有的民族精神在全球化语境下的再构，前提在于要加强高校学生对自身的身份自信、文化自信与价值自信，深刻理解自己所生成的这个文化的独特存在性，将这种特有的民族精神切实转化为与其他民族交流的“身份名片”，筑牢民族文化在人类文化系谱中的位置。

道德风貌是指以维护全人类共同利益为核心的价值观，涉及责任意识、义务意识与权利意识等，将直接支配个人在参与全球化进程中的态度、决策与行为。需要注意的是，从整个社会层面来看，道德风貌的塑造是一个继承与更新、抉择与整合的过程，而对于个人来讲，则是内部选择与外在价值观发生冲突并融合的过程，主要在于个人的自我建构。无论是社会层面还是个人层面，唯有建构出与国际社会主流价值取向相一致的价值观，才能和谐地融入全球化的生存环境中。但值得注意的是，形成外部层面的影响情境，即形成社会层面的以人类共同利益为内核的价值观取向是实现个人对这一价值观建构的基本前提，而个人在这样一种价值观内化为个人价值观体系的过程中，需要获得充分的体悟，形成必要的认知。简言之，个人须沉浸于这样一种道德氛围感当中。就高校教育国际化实践来看，应充分发挥其在跨文化环

---

① 朱以财，刘志民. 从”共建”到”共鸣”:”一带一路”高校战略联盟的价值取向[J]. 教育学报，2019，15（5）：70-79.

境下促进人与人之间相互感悟、相互理解的核心作用，通过这样一种人与人之间的直接交流，相互感悟对方民族群体所面临的困难，形成互助共生的价值取向，形成一种在观念和文化价值上的共鸣。

西南交通大学-利兹学院坚持"四个突出"加强党建工作

● 任新红　刘耀谦

【摘　要】西南交通大学-利兹学院（以下简称利兹学院）是西南交通大学和英国利兹大学强强联合举办的非独立法人的中外合作办学机构。自 2014 年 10 月成立以来，学校对利兹学院始终坚持党的建设同步谋划、党的组织同步设置、党的工作同步开展。利兹学院在办学过程中，坚持党建工作与教育教学等中心工作同谋划、同部署、同落实、同保障，经过七年的不懈努力，利兹学院不仅在人才培养质量上取得优异成绩，得到中国社会和利兹大学的充分肯定，而且党建工作在全校二级党组织考评中历年全优。

【关键词】中外合作办学机构；党建；组织建设；思政工作；统战工作；作风建设

SWJTU-Leeds Joint School Insists on "Four Highlights" to Strengthen Party Building

● Ren Xinhong, Liu Yaoqian

Abstract: Southwest Jiaotong University-Leeds Joint School (hereinafter referred to as the Joint School) is a non-independent legal person Sino-foreign cooperative education institution jointly established by Southwest Jiaotong University and the University of Leeds. Since its establishment in October 2014, the school has always

作者简介：刘耀谦，西南交通大学-利兹学院教学教师事务中心主任，助理研究员，主要从事高等教育国际化、中外合作办学研究。

adhered to the simultaneous planning of party building, the simultaneous establishment of party organizations, and the simultaneous development of party work for the Joint School. In the process of running the school, the Joint School follows the principle of integration of planning, arrangement, implementation, and assurance of party building with education and teaching. After seven years of efforts, high quality of students graduate from the Joint School, and this also earns wide reputation in both China and in the University of Leeds. The party building work has been excellent in the evaluation of the secondary party organization in Southwest Jiaotong University.

Keywords: chinese-foreign cooperation in running schools; party building; organizational work; ideological and political work; united front work; style building

西南交通大学-利兹学院党建工作的主要做法是“四个突出”：

一、突出强化党的组织建设

在中外合作办学机构加强党的领导，事关培养什么人、怎样培养人和为谁培养人的问题。利兹学院成立的同时，学校党委即成立了西南交通大学-利兹学院直属党支部（现升格为党委）。学院首任院长由校党委副书记兼任，直属党支部书记定位正处级岗位，并代表党组织作为联合管理委员会成员，参与中英双方有关利兹学院重大事务的最高决策，确保学院贯彻国家教育方针，坚持社会主义办学方向，培养中国特色社会主义建设者和接班人。校党委书记安排专门时间与学院党政主要负责人谈话，特别强调了中外合作办学机构党建工作的重要性，并嘱咐一定把学院的党建工作作为重中之重抓实抓好。在加强班子建设的基础上，学院直属党支部坚持把方向、谋全局、议大事，以党政联席会议为沟通平台和决策机制，把好“三重一大”关口，根据工作需要及时组建工作小组，在办学中充分发挥政治核心作用。建院七年来，学院党政联席会平均每两周召开一次；学院成立的各种领导小组，均实行书记院长双组长制。学院直属党支部严格执行“三会一课”制度和民主生活会、组织生活会制度，全体党员佩戴党徽上岗，设立党员示范岗、学习提示牌，在组织生活会和民主生活会上，真正做到了批评和自我批评。学院领导班子把办好利兹学院真正作为共同的事业，学院领导班子中的海外归国人士，每次都主动要求和党员干部一样列席参加组织生活会和民主生活会，并深刻剖析自己，为班子成员提意见，诚恳接受批评意见，上行下效，整个学院充满正气。

二、突出抓好思政工作

学院直属党支部充分认识到，中外合作办学机构因外籍教师加盟、国外教材引进、国外教育模式借鉴、师生视野特殊等因素，学院在防宗教传播、防文化渗透等方面，较其他专业学院面临着更大的挑战。为此，学院坚持按照立德树人的总要求，从以下四个方面抓紧抓好思想政治工作。一是坚持正面引导。办学过程中，学院直属党支部坚持弘扬社会主义核心价值观，与学校马克思主义学院共同开展思政课程教学改革并推广至全校，设立专门基金支持思政理论课教师从事针对中外合作办学的教学研究，利用学生赴利兹大学参加暑期学校的机会，组织学生赴伦敦大英博物馆、马克思纪念馆，参观革命导师马克思工作的地方，进行马克思主义正面教育，结合学院办学特点和实际情况，安排中英文双语学习习近平关于加强和改进国际传播工作、习近平在联合国全球可持续交通大会开幕式上的主旨讲话精神和《十九届六中全会公报》；摘选《党史学习教育简报》部分内容、《习近平：扎实推动共同富裕》、学校党委常委会会议新闻进行学习。组织师生学习英文版的党章党规、习近平总书记系列讲话和新理念新思想新战略及十九大和十九届二中、三中、四中、五中、六中全会精神，为马克思主义中国化的国际传播及中国方案的对外宣传担当起自己的使命；及时传达校党委书记和校长对做好中外合作办学思政工作的指示，配合校领导和知名专家在学生入学后为他们比较系统地讲思政课、人生规划课、校史校训课、外交礼仪课、中国传统文化课等；组织师生学习毕业于利兹大学放弃国外优厚待遇回国报效祖国的优秀共产党员黄大年教授的事迹，用身边的故事做好思政工作。二是坚持“以我为主、为我所用”的原则，牢牢把握意识形态领域的领导权和话语权。对外籍教师充分尊重、热情帮助但严格要求。直属党支部编写了教师手册，组织利兹大学教师学习中国法律法规，明确告知其不能在中国的大学校园从事传教等与教学无关的活动。本着扎根中国办学的理念，利用合适机会，向利兹大学宣传中国国情，宣传党和国家的方针政策，说明引进不是照搬，合作不是紧跟，取得他们的理解和信任。这些沟通取得了积极效果。比如，我国的高校辅导员制度得到合作方英国利兹大学的高度称赞。三是加强宣传阵地建设。提升学院中英文网站、“西南交大-利兹学院”、“交大栗子”公众号新媒体建设与管理质量，做到及时审核、及时更新、及时推送、及时总结，把好政治关，坚持以学生喜闻乐见的方式积极传播党的路线、方针和政策，传播正能量。四是坚持全员育人、全程育人和全方位育人。学院直属党支部和相关单位举行党组织共建活动。比如，与统战部联合开展“留学报国 复兴交大”归国留学人员分享会；与教工部联合举办中外合作办学课程思政工作坊；成立外国语学院利兹学院工程英语教学团队党小组，参与学生思政工作；相关专业学院教师团队依托利兹大学的导师制平台，通过个人导师一对一辅导的机会，关心学生政治思想的成长；直属党支部根据学生特点，在积极分子培养过程中，发挥党校、团校、领导干部、教学小组、社团的作用，做到润物细无声；学院经过探索和实践，形成任课教师、辅导员、行政管理人员、学生个人导师、博士生助教、高年级朋辈等共同参与的育人团队。

三、突出做好统战工作

利兹学院的教师由三部分组成，西南交大教师、利兹大学教师和全球公开招聘教师。在西南交大教师中，有不少是海外归国人士。在这种背景下，学院直属党支部高度重视新时代的统战工作，并从关心、培养、沟通等角度开展了一系列工作。一是对利兹大学的外籍教师重在关心。学院帮助他们顺利融入学院大家庭。每年开学，学院领导都自费为利兹大学教师举办欢迎派对。同时，西南交大教师会与利兹大学教师保持多联系多沟通，消除其孤独感；学院定期发放调查问卷，掌握他们的思想动态和个人关切，切实为他们解决工作和生活中的困难。二是对全球招聘教师和归国教师重在培养。学院关心他们的职业规划和个人成长，在关键节点上给予有力的帮助，引导归国人员中的积极分子向党组织靠拢。三是对利兹学院领导班子提供多种沟通渠道。在学院领导班子中，有党员、非党员和外籍人士。学院直属党支部主动沟通，通过做好统战工作，使得党政团结、中外融合、荣辱与共。其中海外归国人员在办学过程中表现出了让人感动的爱国、爱党、爱校、爱生的情怀。

四、突出抓好作风建设

学院直属党支部充分认识到，中外办学机构作为我校与国外大学合作的平台，是国外高校深度了解我国、我校的一个窗口，学院的工作作风不仅事关工作成效，而且还事关国格荣辱。因此，必须抓好作风建设，营造风清气正、催人奋进的文化氛围。一是在工作状态上讲奉献。在“两学一做”和“党史学习”实践中，学院特别强调“关键在做”。凡有急难险重的任务，均是党员冲锋在前，并结合党史学习，办好事，办实事。学院三个中心的主任，均由优秀共产党员担任。他们具有丰富的行政管理经验、学生工作经验和无私奉献精神，团结中心其他党员同志一起，展现了优良的工作状态，得到利兹大学的充分肯定，他们多次表示共产党员是最优秀的标志，并且养成了为师生办好事、办实事的习惯。二是在制度执行上讲较真。学院领导班子签订了廉政责任书；一般的外事接待采取 AA 制或由学院领导私人支付；咖啡饮料 AA 制购买，自助服务；办公用房低标准，把有限的空间留给师生和实验室。这些做法，得到了以简朴办学著称的利兹大学的充分认同。三是在文化建设上讲融合。学院直属党支部高度重视文化建设，坚持弘扬中华优秀传统文化，传承西南交大文化，尊重利兹大学文化，形成利兹学院独特文化。目前，一种以“勤政、高效、节俭、清廉、求是、担当、奉献、友善”为主要特质的学院文化已经形成，并在办学、育人中发挥了重要作用。

中国海外办学模式现状、机遇及挑战

● 李　海

【摘　要】海外办学是教育对外开放的重要内容，但相比发展较为成熟的中外合作办学，我国海外办学在政策制定、发展规模、资源保障、管理体制方面仍处在探索和完善阶段，因此加快和深化对海外办学的研究非常必要。本文将综述我国海外办学现状，聚焦海外办学模式，归纳各类海外办学模式运行特点，总结当前海外办学面临的机遇与挑战，为后期的运营、经费与保障机制研究提供必要的参考信息。

【关键词】海外办学；办学模式；机遇；挑战

The Status Quo, Opportunities and Challenges of China's Overseas School-running Model

● Li Hai

Abstract: Overseas education is an important part of the opening up of education. However, compared with the more mature Sino-foreign cooperative education, China's overseas education is still at the stage of exploration and improvement in terms of policy formulation, development scale, resource guarantee, and management system. Therefore, research on running schools overseas is very necessary. This article will review the status quo of overseas education in China, focusing on overseas education models, summarizing the operating characteristics of various overseas education

基金项目：中国教育国际交流协会“一带一路”教育国际交流分会 2021 年度“一带一路”教育国际交流研究专项课题（际协研 2021-002）

作者简介：李海，西南交通大学国际教育学院副院长，副教授，主要从事国际汉语推广、中外人文交流、来华留学生管理研究。

models, and the current opportunities and challenges faced by overseas education, so as to provide necessary reference information for later research on operations, funding and guarantee mechanisms.

Keywords: overseas school; school model; opportunity; challenge

一、中国海外办学背景及现状

2016 年 4 月，中共中央办公厅、国务院办公厅印发《关于做好新时期教育对外开放工作的若干意见》，就新时期教育对外开放工作进行了重点部署；2020 年 6 月，教育部等八部门正式印发《教育部等八部门关于加快和扩大新时代教育对外开放的意见》（下称“两个《意见》”）指出，教育对外开放是教育现代化的鲜明特征和重要推动力，要以习近平新时代中国特色社会主义思想为指导，坚持教育对外开放不动摇，主动加强同世界各国的互鉴、互容、互通，形成更全方位、更宽领域、更多层次、更加主动的教育对外开放局面。

教育对外开放已经成为我国改革开放事业的重要组成部分，也是我国教育强国的重要方针政策。作为教育对外开放的重要内容，中外合作办学与海外办学因受外部条件、政策支持等因素影响，在发展上已出现较大差距。以高等教育为例，截至 2020 年，经教育部批准和备案的各层次中外合作办学机构和项目近 2300 个，其中本科以上机构和项目近 1200 个，而同期我国高校在近 50 个国家仅举办了 100 多个不同类型和层次的海外办学机构和项目。[①]与已经进入“提质增效”阶段的中外合作办学相比，海外办学在政策制定、发展规模、资源保障、管理体制方面仍处在探索和完善阶段，呈现出规模较小、发展速度缓慢，办学方式多样但特色不鲜明，“双一流”建设高校参与较少的特点，同时也面临政策保障措施缺乏、高校自身国际竞争优势不彰、人才培养模式滞后、学历学位认证的国际合作有待加强等问题。[②]这样的发展现状与

① 中国教育在线. 目前我国各层次中外合作办学机构和项目近 2300 个[EB/OL].（2020-06-18）. https://www.sohu.com/a/402645666_100226214.

② 李淑艳. 我国高校境外办学：特点、问题与推进策略[J]. 高校教育管理，2019（1）：98-103+124.

我国当前在世界上的政治、经济地位是不相匹配的，也不符合新时代教育对外开放的发展格局和提升整体教育质量的发展目标。因此，加快和深化对海外办学的研究显得尤为紧迫。本文将聚集海外办学模式，归纳各类海外办学模式的运行特点，总结当前海外办学面临的机遇与挑战，为后期的运营、经费与保障机制研究提供必要的参考信息。

二、文献回顾

在国别研究中，英语海外办学史几乎与其海外殖民史同步，时间跨度长，在办学模式上也算得上是最丰富的，极具借鉴意义。根据张湘洛《英国大学海外办学实践及启示》[①]，英国海外办学主要模式有以下几种：

① 考教分离模式：由本土高校认证符合条件的海外附属学院，海外学生按入学条件向海外附属学院提出攻读学位申请，获得资格后以全日或非全日制等教学方式参加相应课程的学习，最后若在校外考试中心参加学位考试合格，即颁发相应学位。这样的例子有尼日利亚的伊巴丹学院。

② 合办大学模式：这类模式大家比较熟悉，由英国某大学与海外某大学共同创建一所具有独立法人资格的国际大学，教学标准和教学要求须达到两国高等教育的质量认证，学生成绩合格则颁发双方学业证书和学位，如：西交利物浦大学。

③ 海外分校：英国本土大学独立或与当地教育机构联合在海外建立分校，直接招收海外学生，分校的设置参照英国本土大学标准。

④ 教学中心：英国本土大学与海外当地机构结成伙伴关系，在当地设置教学中心，定期向教学中心派遣教师为学生面授，以适应小规模课程学习、辅导的需求。

⑤ A+B 模式：该模式在国内通常被称为中外联合培养项目，其呈现形式一般有 2+2、3+1、1+2+1 等。国内合作大学须按照英方标准设置课程，学生分阶段在签约双方大学学习，成绩合格可获得联合办学文凭。

---

① 张湘洛. 英国大学海外办学实践及启示[J]. 高等教育研究，2008（5）：99-103.

⑥ 远程教学模式：利用传统手段或现代教育技术为海外学生提供教学支持，常见的形式有：传统函授教学、广播电视教学和远程网络教学。

其他国别研究的代表性成果有《美国高校境外办学的政策和实践研究》①、《美国境外办学的历史及现状——对“一带一路”建设中我国教育合作的启示》②、《德国在阿拉伯国家海外办学模式研究》③、《澳大利亚高校提升境外办学质量的背景、策略与启示》④、《21 世纪俄罗斯高校海外办学：动因、现状与特征》⑤、《印度阿米提大学海外办学模式及特色研究》⑥。综合上述研究，海外分校、教育项目合作（即：A+B 模式）是各国最常见的海外办学模式，美国、德国、澳大利亚、俄罗斯、印度都有采用。此外，美国盈利性公司还在海外通过合作办学、设立海外分校、收购国外学校等方式拓展海外教育市场⑦。

国内对海外办学的研究主要聚焦于以下两类：

以具体案例或某类办学模式来研究海外办学路径，如：王璐、邱武霞的《“一带一路”背景下我国高职院校海外办学路径探索研究——以联合申办海外大学模式为例》⑧、王馥的《“一带一路”背景下职业教育鲁班工坊海外办学模式探究——以海外孔子学院发展模式为借鉴》⑨、周李俐和张慧彦的《“一带

---

① 孙珂. 美国高校境外办学的政策和实践研究[J]. 世界教育信息，2017（1）：50-56.

② 王春玲. 美国境外办学的历史及现状——对“一带一路”建设中我国教育合作的启示[J]. 河北师范大学学报：教育科学版，2018（5）：74-79.

③ 肖军，王婷钰. 德国在阿拉伯国家海外办学模式研究[J]. 比较教育研究，2020（1）：97-104.

④ 吴雪萍，袁李兰. 澳大利亚高校提升境外办学质量的背景、策略与启示[J]. 高等教育研究，2020：91-100.

⑤ 肖甦，王玥. 21 世纪俄罗斯高校海外办学：动因、现状与特征[J]. 比较教育研究，2020（4）：90-96.

⑥ 曾晓洁，王小栋. 印度阿米提大学海外办学模式及特色研究[J]. 比较教育研究，2020（4）：97-105.

⑦ 王春玲. 美国境外办学的历史及现状——对“一带一路”建设中我国教育合作的启示[J]. 河北师范大学学报：教育科学版，2018（5）：74-79.

⑧ 王璐，邱武霞. “一带一路”背景下我国高职院校海外办学路径探索研究——以联合申办海外大学模式为例[J]. 职业技术，2021：1-7.

⑨ 王馥. “一带一路”背景下职业教育鲁班工坊海外办学模式探究——以海外孔子学院发展模式为借鉴[J]. 高等职业教育—天津职业大学学报，2019：8-13.

一路”倡议下旅游类高职院校境外办学模式的实践探索——以浙江旅游职业学院为例》[①]等；从某类境外办学案例分析其特点、问题及对策，如：刘征伍的《“一带一路”视阈下高职院校境外办学的问题及对策》[②]、薄云和陈武元的《高校境外办学特点、趋势与推进策略》[③]、吴婷的《基于 SWOT 分析的高职院校境外办学策略研究》[④]等。

三、中国海外办学模式

海外中国学校办学参与力量多样，包括各级政府、各类型院校、教育集团等，办学类型与层次也覆盖广泛，从学前教育到高等教育，从职业培训到学历教育都有涉及。以下梳理了海外中国学校办学模式的几种类型：

（一）合作举办

受制于现有的国有资产管理模式，以及有限的海外办学实践和经验，目前海外中国学校办学模式通常采用与外方院校、机构合作的办学模式，从而达到缩短建设周期、合理规避政策风险、快速扩大影响等目的。从合作模式上来归纳，海外合作办学大致包括以下几种类型：

1. 中方院校+外方院校或机构+项目办学

为积极传播中国文化，促进人文交流，增进国际理解，为推动世界多元文明交流互鉴、共同构建人类命运共同体，各级教育主管部门倡导并推动国内院校与海外合作，在当地合作办学，为当地人民提供语言、文化、职业教育等教育服务。这样的办学模式最突出的特点是中、外双方参与并推动相关办学，双方共同运营，通常采用外方提供教学场所，中方派遣师资、提供教

① 周李俐，张慧彦.“一带一路”倡议下旅游类高职院校境外办学模式的实践探索——以浙江旅游职业学院为例[J]. 职业技术教育，2020（17）：6-10.

② 刘征伍.“一带一路”视阈下高职院校境外办学的问题及对策[J]. 人文天下，2019（16）：128-130.

③ 薄云，陈武元. 高校境外办学特点、趋势与推进策略[J]. 中国高等教育，2019（9）：47-49.

④ 吴婷. 基于 SWOT 分析的高职院校境外办学策略研究[J]. 教育与职业，2020（20）：45-50.

材等教学资源的方式实现合作共赢。这类合作办学具有标杆性，有很强的品牌和国际影响力，最典型的案例就是孔子学院和“鲁班工坊”①。

2. 中资企业+中方院校

一般由中资企业投资，中方院校提供教育资源，根据海外当地教育或职业培训需求，在当地联合建立培训中心或学校，为当地产业培养相关人才。此类项目通常是中资企业在海外（多为发展中国家）拓展业务时，遇到相关产业对人才的巨大需求，或发现当地较大的教育供给缺口，由此联合国内有实力的院校在当地共同建设海外培训中心或学校，其办学模式通常为院校运营，企业投资。比如2012年，红豆集团与无锡商业职业技术学院在柬埔寨组建的西哈努克港工商学院。

3. 中方院校+外方国立或民间学校

为促进中国文化在海外华人世界传承并为海外中国人接受汉语教育、子女学习中国文化、中国历史文化提供便利，同时也有外国地方政府或教育主管部门希望引进中方优质教育资源的情况，从而促成中方院校与外方院校合作在当地办学。这样的办学模式最突出的特点是中、外方政府或教育主管部门在前期积极参与，并推动相关办学，后期还可能提供相关的支持与服务。合作办学一般由双方院校共同运营，企业投资，中方院校通常负责师资选派、课程设置、教学管理等工作。此类典型案例有巴西里约中国国际学校，这是中国在海外第一所在基础教育阶段采用中国教学大纲的全日制海外中国国际学校。

（二）独立举办

除上述合作型办学外，国内的院校、机构（公司）也走出国门，在海外设立校区或学校，相对独立运作，招收当地学生，服务当地教育。当然，这类办学也并非完全由中方院校或机构绝对独立完成，在整个办学过程中同样会得到政府、教育主管部门、海外中资企业或外方机构的支持和帮助，但总

① 王湘蓉，李富.“一带一路”职业教育海外办学的增长与推进[J]. 现代企业，2020（10）：136-137.

体来说，这类办学中方在运营上占主导地位。根据运营主体不同，可分为以下两类：

1. 公办模式

国内高等院校和有实力品牌的中、小学校，响应国家战略，或根据自身发展需要，在海外设立校区或分校，相对独立办学。通常来说，如果是在发展中国家办学的，这类办学一般带有援助性质，主要是为了推动和促进当地教育发展；在发达国家办学的，一般是为了给中方学生营造更好的国际教育环境，利用当地优质教育资源，培养具有国际视野和全球胜任能力的人才。此类办学的主要特征为中方院校主导运营，资金来源主要为中资国企投资或民间募资，典型的案例有迪拜中国国际学校①、苏州大学老挝校区②等。

2. 私立模式

随着我国综合国力和国际影响力的不断提升，国内教育机构（公司）出于自身发展的需要，也瞄准海外市场对中国教育资源、海外华人对中文教育的需求，开始投资海外办学或收购海外学校办学。这类办学通常缺乏政府引导，具有较强的市场导向性，主要是商业性投资行为，是国内教育机构（公司）为拓展海外市场而进行的海外办学，资金来源为主要股东投资。此类案例有汇佳教育机构在新加坡设立的汉合国际学校[Chinese International School (Singapore)]、加拿大新东方国际学院等。

四、当前海外办学模式面临的机遇与挑战

随着国家综合实力的不断增强，中资企业海外投资持续增长，海外办学不仅是服务国家对外开放战略的需求，也是各相关部门、院校及教育机构自身发展的内在诉求。“国之交在于民相亲，民相亲在于心相通”，海外办学正是“民相亲”“心相通”的重要途径，健康发展的海外办学势必促进中国与世

① Guo Cong. 2020 迪拜中国国际学校招生指南[EB/OL].（2021-06-04）. http://www.dubairen.com/67960.html.

② 阿黎. 教育部明确海外中国国际学校办学模式及课程体系，海外办学将成为大趋势?[EB/OL].（2020-01-13）. https://www.sohu.com/a/362968945_494598.

界各国的相交与相通，也将迎来蓬勃发展的机遇。

国家方针和政策层面积极鼓励海外办学。2016 年，教育部印发的《推进共建“一带一路”教育行动》提出教育参与“一带一路”建设的战略构想，“力争做到经贸走到哪里，教育的民心工程就延伸到哪里，教育的人才培养就覆盖到哪里”。此外，“两个《意见》”也充分体现了国家教育对外开放的决心。

此外，伴随对外经济、文化交流的增多，我国驻外人员也日益增长，为各类驻外人员、海外经商、务工人员子女提供中文教育也显得日渐迫切。习近平总书记在 2018 年全国教育大会指出，“要加快建设中国特色海外国际学校，解决各类驻外机构、海外中资机构工作人员以及赴海外经商、务工人员随居子女在国外接受汉语教育问题，同时为海外华侨华人子女学习中文、学习中国历史文化提供便利”；中办、国办《关于改革对外工作队伍建设的实施意见》（36 号文）提出，“由教育部会同外交部等部门研究启动在海外建立中国国际学校工作”；《中国教育现代化 2035》指出，“要加快建设中国特色海外中国国际学校”。目前，孔子学院、少数已建成的中国国际学校正在担负着这样的使命。

随着我国与世界各国经济往来的日益频繁，以及国力强盛对世界各国人民产生的巨大吸引力，一些国家和地区对我国到当地办学的需求也日渐旺盛，他们希望通过我国在当地的办学，引进中国优质教育资源，为其培养相关语言和专业技术人才，同时促进本国教育的规范化、专业化发展，促进本国就业，繁荣当地经济，比如上文提到的鲁班工坊、华东理工大学锡比乌中欧国际商学院、中俄旅游学院、西哈努克港工商学院、苏州大学老挝校区等就是很好的例证。

除了为他国提供教育服务外，海外办学，尤其是在发达国家的海外办学对吸收国外先进教育资源、培养全球胜任力人才是一条事半功倍的途径。它可让中方院校在海外教育发达地区拥有一个长期稳定的培养基地，充分利用合作双方资源，降低国际人才培养成本，促进中外交流。同济大学佛罗伦萨校区、全球创新学院、北大汇丰商学院英国校区等都是这样的成功案例。

最后，对于教育机构（公司）来说，海外办学是其拓展市场的重要途径。

当国内教育市场进入竞争白热化阶段后，开拓海外市场将是实力雄厚的教育机构（公司）的不二之选。汇佳教育机构、枫叶教育集团，通过海外办学，不仅扩大了市场规模，还通过收购国外老牌国际学校吸收了丰富的国际办学经验。

当然，海外办学也非即想即做即成的易事，走出国门办学同样面临很多困境和挑战。

2015 年 11 月，教育部发布了《关于废除和修改部分规章的决定》（下称《决定》），废除了包括《高等学校境外办学暂行管理办法》等 3 部规章。该《决定》意在下放办学自主权，降低高校海外办学审批成本，鼓励高校海外办学，但客观上却让国内高校申请海外办学失去了必要的法律法规及政策指导，海外办学面临无章可循的窘境。[①]

在政策上，根据“政府全资事业单位的资金不能用于投资”的相关规定，我国公办高校不可对海外办学进行投资，因此，高校在进行海外办学时将承担较高的财务风险。高校海外办学经费仅能通过吸引民间资本参与的方式解决，如果资金不到位，将面临关门歇业的结局。[②]

海外办学，尤其是独立海外办学的院校、机构，需要对当地法律法规、办事流程、民风民俗有非常充分的了解，否则将面临很大的法律和投资风险，轻则项目搁置，进度延后，重则遭受重大损失，甚至失败。从这一角度看，中外联合办学是较为可靠、高效的操作途径。

海外办学还可能存在教育需求信息不对称的问题。中方院校或机构只能凭自身优势或国内有限的信息来判断海外办学地的教育和人才培训需求信息，这其实是远远不够的。教育需求信息的不足，往往导致办学定位偏差或办学目标不明确等方向性问题，从而影响办学效果。与外方合作，或依托当地中资企业是解决此类问题的有效办法。

---

① 吴鹏，汪解先. 我国高校境外办学的现状、问题与设想——基于老挝苏州大学的个案分析[J]. 世界教育信息，2018（24）：20-25.

② 刘征伍.“一带一路”视阈下高职院校境外办学的问题及对策[J]. 人文天下，2019（16）：128-130.

最后，海外办学还面临运营过程中的师资、教学、管理等具体问题。师资是办学的基础，但国内各院校总体来说“双语”师资不足，也缺乏类似于孔子学院那样的广泛、系统、专业的师资选拔和培训体系，很多院校的“双语”师资连满足国内教学需求都显得捉襟见肘，对于派遣驻外师资更显力不从心；在教学上，英文或目标国语言课程开发数量少、课程质量参差不齐，在实际教学中往往是“赶鸭子上架”的状态，严重影响教学效果发挥，导致教学质量不高；在管理上，海外办学面临本土化问题，包括在与当地教育主管部门的互动、对本地员工、师资的管理及办学经费等问题上都面临诸多挑战。

总体来说，当前海外办学既面临历史上最好的发展机遇，同时也需要面对各类风险和挑战。相关从业人员应重视对海外办学的研究，多调研分析海外办学案例，从方针政策、具体操作各层面，为海外办学提供必要的支持、建议、指南或参考。

生成逻辑、运行特点与应对策略：新时代的高水平中外合作办学

● 任 军 夏 夏

【摘　要】本文从历史、现实和理论三个维度，分析了高水平中外合作办学的生成逻辑。随后提出新时代高水平中外合作办学的八个主要特点，即党建工作的引领性、办学过程的规范性、资源引进的系统性、人才培养的卓越性、办学效益的示范性、办学特征的国际性、办学特色的显著性和良性发展的可持续性。最后，以西南交通大学-利兹学院为例，阐述新时代高水平中外合作办学的对策，高质量的党建工作、高起点的合作基础、高远的办学目标、高水平的师资队伍、创新融合的学生学业支持体系和完善高效的管理体制机制。
【关键词】新时代；高水平；中外合作办学

Generative Logic, Operation Characteristics and Coping Strategies: High-level Chinese-foreign Cooperation in Running Schools in the New Era

● Ren Jun, Xia Xia

Abstract: This paper analyzes the generative logic of high-level Chinese-foreign cooperation in running schools from the three dimensions of history, reality and theory.

基金项目：西南交通大学 2021 年课程思政建设项目（SZ20211042）；西南交通大学 2019 年本科教育教学研究与改革项目（1911001）
作者简介：夏夏，西南交通大学智慧城市与交通学院学生管理办公室主任，原西南交通大学-利兹学院综合事务中心主任，助理研究员，主要从事高等教育国际化、中外合作办学、在地国际化研究。

Subsequently, the eight main characteristics in the new era are put forward, namely, party building leading, the standardization of the operating process, the systematic resource introduction, education excellence, the model role of school-running benefits, the international nature of school-running, the distinctiveness of characteristics and the sustainability of sound development. Finally, take Southwest Jiaotong University-Leeds Joint School as an example to illustrate the strategies of high-level Chinese-foreign cooperation in running schools in the new era: high-quality party building work, cooperation foundation, great school goals, quality faculty, and innovative and integrated student supporting system and efficient management system mechanism.

Keywords: new era; high level; Sino-foreign cooperation in running schools

2018 年 9 月，习近平总书记出席全国教育大会并发表重要讲话，指出“要扩大教育开放，同世界一流资源开展高水平合作办学”①。这为中外合作办学发展提供了根本遵循。2019 年 12 月 12 日至 13 日，教育部召开全国教育外事工作会议，对加快和扩大新时代教育对外开放工作进行动员部署。分析高水平中外合作办学，需要回答三个核心问题，即逻辑、特点与实现路径。

一、高水平中外合作办学的三维逻辑

（一）历史逻辑

根据熊建辉、陈慧荣②的研究，中外合作办学的发展经历了四个阶段：1978 年至 1994 年是“起步探索”阶段，1995 年至 2002 年是“快速发展”阶段，2003 年至 2009 年是“调试发展”阶段，2010 年至今是“内涵发展”阶段。根据这一划分，梳理国家中外合作办学的政策变迁，检视中外合作办学的发展历程，不难发现高水平是中外合作办学发展的必经之路。

---

① 新华社. 习近平出席全国教育大会并发表重要讲话[EB/OL].(2018-09-10)[2021-10-10]. http:///www.gov.cn/xinwen/2018-09/10/content_5320835.htm?tdsourcetag=s_pctim_aiomsg.

② 熊建辉，陈慧荣. 同世界一流资源开展高水平合作办学——改革开放 40 年中外合作办学之路[J]. 神州学人，2018（0）: 8-13.

在“调试发展”阶段，教育部就明确提出了防止低水平重复和提高办学质量的要求。例如，2004 年印发的《教育部关于做好中外合作办学机构和项目复核工作的通知》(教外综〔2004〕37 号）指出，“确保中外合作办学正确的办学方向，防止低水平重复”[①]。2005 年印发的《教育部关于当前中外合作办学若干问题的意见》(教外综〔2006〕5 号）指出，“防止盲目攀比、一哄而起和低水平重复的现象”“为全面提高学校的整体水平和综合实力服务”。[②]同时，也正是在这份文件中，提出了中外合作办学引进外国教育机构教育资源的四个“三分之一”，为发展高水平中外合作办学明确了具体量化指标，成为高水平中外合作办学的基本要求。2007 年印发的《教育部关于进一步规范中外合作办学秩序的通知》(教外综〔2007〕14 号）明确提出了“各高校应该把工作重点放在提高办学质量上”[③]。

到了“内涵发展”阶段，国家对中外合作办学高水平发展的要求已经非常明确。2010 年 7 月，国家中长期教育改革和发展规划纲要工作小组办公室印发的《国家中长期教育改革和发展规划纲要（2010—2020 年）》指出，“办好若干所示范性中外合作学校和一批中外合作办学项目”[④]。2013 年印发的《教育部关于进一步加强高等学校中外合作办学质量保障工作的意见》(教外办学〔2013〕91 号）明确“高等学校中外合作办学质量保障建设总的目标是：高水平、示范性中外合作办学机构逐步增多，品牌专业和示范课程初具规模”[⑤]。2016 年印发的《关于做好新时期教育对外开放工作的若干意见》指出，“重点围绕国家急需的自然科学与工程科学类专业建设，引进国外优质资源，全面

---

① 教育部．教育部关于做好中外合作办学机构和项目复核工作的通知[EB/OL].（2004-08-12）. https://www.crs.jsj.edu.cn/news/index/11, 2020-01-20.

② 教育部．教育部关于当前中外合作办学若干问题的意见[EB/OL].（2006-02-07）. https://www.crs.jsj.edu.cn/news/index/1.

③ 教育部．教育部关于进一步规范中外合作办学秩序的通知[EB/OL].（2007-04-06）. https://www.crs.jsj.edu.cn/news/index/18.

④ 国家中长期教育改革和发展规划纲要工作小组办公室．国家中长期教育改革和发展规划纲要（2010-2020 年）[EB/OL].（2010-07-29）. http://www.moe.gov. cn/srcsite/A01/s7048/201007/t20100729_171904.html.

⑤ 教育部．教育部关于进一步加强高等学校中外合作办学质量保障工作的意见[Z]. 2012-12-18.

提升合作办学质量”[1]，同年教育部《推进共建“一带一路”教育行动》指出，“倡议沿线国家之间开展高水平合作办学”[2]。2019 年 2 月，中共中央、国务院印发的《中国教育现代化 2035》指出，“提升中外合作办学质量”[3]，同时中共中央办公厅、国务院办公厅印发的《加快推进教育现代化实施方案（2018—2022 年）》明确，“提高中外合作办学质量，完善中外合作办学准入和退出机制”[4]。

综上，从国家有关中外合作办学的政策发展来看，高水平是中外合作办学发展到一定阶段的必然特点。

（二）现实逻辑

从中外合作办学发展的国际和国内环境的现实来看，高水平中外合作办学具有现实的必要性。

第一，从全球发展的时代背景看，第四次工业革命对全球高等教育提出了新的要求。认识中外合作办学的发展，必须将其置于全球语境下高等教育发展的背景。人工智能、虚拟现实等技术发展为核心的第四次工业革命方兴未艾，已经对高等教育的发展产生了前所未有的影响。有学者指出，“语言差异而带来的文化鸿沟将有望得到消弭，‘地球村’将可能真正实现，高等教育全球化的速度也将前所未有地加快”[5]，也有学者认为，“在第四次工业革命浪潮下，工程教育面临的最严峻的挑战是：传统工科专业的转型、改造和升级成为新型工科专业，多个不同工程学科交叉复合或由工程学科与其他学科

---

① 新华社. 中共中央办公厅、国务院办公厅印发《关于做好新时期教育对外开放工作的若干意见》[EB/OL].（2016-04-29）. http://www.gov.cn/zhengce/2016-04/29/content_5069311.htm.

② 教育部. 教育部关于印发《推进共建“一带一路”教育行动》的通知[EB/OL].（2016-07-15）. http://www.moe.gov.cn/srcsite/A20/s7068/201608/t20160811_274679.html.

③ 新华社. 中共中央、国务院印发《中国教育现代化 2035》[EB/OL].（2019-09-23）. http://www.gov.cn/zhengce/2019-02/23/content_5367987.htm.

④ 新华社. 中共中央办公厅、国务院办公厅印发《加快推进教育现代化实施方案（2018—2022 年）》[EB/OL].（2019-02-23）. http://www.gov.cn/xinwen/2019-02/23/content_5367988.htm.

⑤ 陈先哲. 新时代高等教育与高等教育新时代[J]. 教育发展研究，2018，38（Z1）: 58-66.

交叉融合形成新生工科专业，这两大类工科专业与新兴工科专业一道构成了新工科完整的学科专业结构”[①]。在这样的背景下，作为引进外国优质教育资源的中外合作办学更应当与时俱进，以高水平发展有效应对第四次工业革命带来的影响，并顺势而为，充分利用这一变革对中外合作办学带来的一系列变革。

第二，从我国对外开放的现实需求看，我国参与全球治理对中外合作办学高水平发展提供了发展机遇。十九大报告指出，“中国将继续发挥负责任大国作用，积极参与全球治理体系改革和建设，不断贡献中国智慧和力量”[②]。一方面，参与全球治理意味着对国际化人才的需求。毋庸置疑，中外合作办学是培养国际化人才的重要途径。在这样的要求下，中外合作办学只有高水平发展，方可培养高素质国际化人才，服务于我国参与全球治理。另一方面，中外合作办学是我国跨境教育的重要形式，在全球高等教育发展中扮演着重要的角色。“在全球教育治理和教育规则制定中，中外合作办学在增强我国话语权、贡献‘中国方案’方面逐步取得成效，通过中外合作院校的互学互鉴，中外合作办学成功经验反哺外方合作院校的教育教学改革的‘案例’也不断增加。”[③]这必然要求只有高水平的中外合作办学，方可在我国教育走向世界教育中心的过程中，提供贡献“中国智慧”，分享“中国经验”。

第三，高水平中外合作办学是适应我国高等教育发展的时代要求。一方面，高水平中外合作办学符合“双一流”建设的需求。中外合作办学具有引进外国优质教育资源的先天优势，通过优质教育资源的引进、消化、吸收和融合创新，进而推动我国高校学科创新发展，同时在大学治理、行政管理、教育教学等方面的改革创新中提供借鉴参考。另一方面，高水平中外合作办

---

① 林健. 第四次工业革命浪潮下的传统工科专业转型升级[J]. 高等工程教育研究，2018（4）：1-10+54.

② 习近平. 决胜全面建成小康社会 夺取新时代中国特色社会主义伟大胜利——在中国共产党第十九次全国代表大会上的报告[EB/OL].（2017-10-28）. http://cpc.people.com.cn/n1/2017/1028/c64094-29613660.html.

③ 人民政协报教育在线周刊. 中外合作办学亟待发出“中国声音”[EB/OL].（2018-09-25）. https://www.sohu.com/a/256104577_100886.

学也是加快新时代本科教育建设的需求。2018 年教育部颁布实施《教育部关于加快建设高水平本科教育全面提高人才培养能力的意见》(教高〔2018〕2 号),提出加快建设高水平本科教育、全面提高人才培养能力的意见,明确“到 2035 年,形成中国特色、世界一流的高水平本科教育,为建设高等教育强国、加快实现教育现代化提供有力支撑”①的目标。同时在“深化国际合作育人”的具体要求中明确“加快引进国外优质教育资源”②。

(三)理论逻辑

梳理近年来专家学者对中外合作办学的研究及其趋势,可以看出“高水平中外合作办学”的研究具备理论基础,在学理上符合逻辑。林金辉等认为“《教育规划纲要》颁布实施以来,中外合作办学取得了许多新进展,逐步进入了向高水平、高质量发展的新阶段”,“在中外合作办学的实践中,一切工作都应落实到提高中外合作办学质量和提高人才培养质量上,才能收到实实在在的成效”。③2016 年,林金辉提出了中外合作办学的规模、质量、效益基本关系的理论框架,认为“质量是中外合作办学效益的原发资源,质量的高低决定了中外合作办学效益的发挥程度”④。2017 年,朱兴德提出,在新的阶段,中外合作办学“发展重点从拾遗补缺向创新引领”⑤,伍宸等结合浙江大学中外合作办学的实践提出“高水平中外合作办学”的概念⑥。2018 年,林金辉提出,“在新的发展时期,中外合作办学应以提高发展质量和效益为中心,

① 教育部. 教育部关于加快建设高水平本科教育全面提高人才培养能力的意见[EB/OL].(2018-10-08). http://www.moe.gov.cn/srcsite/A08/s7056/201810/t20181017_351887.html.

② 教育部. 教育部关于加快建设高水平本科教育全面提高人才培养能力的意见[EB/OL].(2018-10-08). http://www.moe.gov.cn/srcsite/A08/s7056/201810/t20181017_351887.html.

③ 林金辉,刘梦今. 论中外合作办学的质量建设[J]. 教育研究,2013,34(10):72-78.

④ 林金辉. 中外合作办学的规模、质量、效益及其相互关系[J]. 教育研究,2016,37(7):39-43.

⑤ 朱兴德. 中外合作办学新阶段更应注重内涵建设[J]. 中国高等教育,2017(8):7-9.

⑥ 伍宸,宋永华,赵倩.“高水平中外合作办学”的理念与实践[J]. 中国高教研究,2017(2):29-31+47.

注重发展的平衡性、协调性和可持续性"①。2019 年 6 月举行的第十届全国中外合作办学年会暨中国高等教育学会中外合作办学研究分会第四届学术年会上，中国高等教育学会副会长、国家督学管培俊强调"把质量提升作为新时代中外合作办学的核心任务"②，林金辉所作的主旨报告的题目即为《将中外合作办学高水平发展落到实处》。③

二、高水平中外合作办学的特点分析

2019 年 12 月，全国教育外事工作会议召开，教育部党组书记、部长陈宝生作主旨报告强调，"牢牢把握提质增效总要求"，"进一步提升教育对外开放贡献力和影响力"。中外合作办学作为教育对外开放中重要的一项工作，在教育对外开放的新时代，应当持续把"提质增效"作为关键点，在质量上狠下功夫，不断迭代升级、提升品质。我们认为，加快和扩大教育对外开放背景下新时代高水平中外合作办学至少应当有具备以下十个方面的特征。

（一）党建工作的引领性

办好中国的事情，关键在党，关键在全面从严治党，关键在加强党的领导。新时代加快和扩大教育对外开放为中外合作办学的发展创造了历史机遇，也带来了巨大的挑战。发展高水平的中外合作办学离不开高质量党建的坚强保障。必须坚持党的领导，建设一流的党建工作，才能带动、引领中外合作办学各项工作的有序开展，为高水平中外合作办学提供坚强的保障。中外合作办学机构、项目的党员领导干部和工作人员要发挥党员的先锋模范作用，为师生员工树立标杆，党组织要发挥主体作用，把高水平的党建工作与高水平的办学活动相结合，激发办学的内生动力，促进高水平发展。

① 林金辉. 中外合作办学的政策目标及其实现条件[J]. 教育研究，2018，39（10）：70-75.

② 厦门大学中外合作办学研究中心. 聚焦落实机制！第十届全国中外合作办学年会 6 月 24 日-26 日在广州隆重召开[EB/OL].（2019-06-27）. https://cfcrs.xmu.edu.cn/2019/0627/c4035a372260/page.htm.

③ 厦门大学中外合作办学研究中心. 聚焦落实机制！第十届全国中外合作办学年会 6 月 24 日-26 日在广州隆重召开[EB/OL].（2019-06-27）. https://cfcrs.xmu.edu.cn/2019/0627/c4035a372260/page.htm.

（二）办学过程的规范性

规范办学是高水平中外合作办学的最基本要求。根据《中外合作办学发展报告（2010—2015）》，一些办学机构、项目师资建设不符合法规政策的规定。早在 2003 年，国家就出台了《中外合作办学条例》及其实施办法，此后又出台了一系列规范性文件，目的是让规范办学有法可依、有章可循。2013 年印发的《教育部关于进一步加强高等学校中外合作办学质量保障工作的意见》再一次重申“规范办学过程管理”，分别就“完善招生机制”“保障师资质量”“规范师资保障”三个方面做了明确要求。

（三）资源引进的系统性

引进外国优质教育资源是中外合作办学的初衷。对高水平中外合作办学而言，确保优质教育资源引进是最基本的前提。在优质教育资源的评判上，合作的外方大学是否为世界一流大学、合作的学科是否在全球范围具有竞争力、影响力是最基本的评价标准。在资源引进的力度上，教育部规定的四个“三分之一”是底线，而高水平中外合作办学必须高于这一基本要求，做到系统性、整体性地引进，才能体现出高水平中外合作办学的优势，真正有效促进教育教学改革，促进学科专业发展，培养高水平的人才。在具体执行中，有关要求要以可量化的指标写入办学协议，明确课程、师资引进的数量，明确教师来华授课的时长，并坚决履行双方协议义务，确保将资源引进落到实处。

（四）人才培养的卓越性

高水平中外合作办学必然意味着要培养出卓越的人才，至少在四个方面要体现出卓越性：首先是具有国际视野和跨文化交际能力。中外合作办学能引进和利用国外优质教育资源，特别是大量外方教师参与教学，对于提升学生在思考问题、解决问题中的国际视野以及与外国人士进行跨语际、跨文化交流等方面都创造了得天独厚的条件。其次是掌握学科前沿发展的能力。高水平中外合作办学通过引进合作院校和国际上先进的教育教学资源，特别是英文原版的教材，让学生有机会了解学科的最新发展。再次是学习的能力。

高水平中外办学的学生面临严格管理，特别是要满足合作双方毕业和授位要求的，更需要根据双方的培养方案完成各门课程的学习。最后是外国教师对专业核心课的参与，学生们要提升外语能力的同时，更要提升使用专业外语完成学业的能力。

（五）办学效益的示范性

高水平中外合作办学的效益应当有明显的辐射效应、“溢出”效应。

一是在学校内部产生示范效应。不具有法人资格的中外合作办学机构、中外合作办学项目的高水平办学实践，应当能够在国际化人才培养、国际化师资队伍建设、国际化的管理与服务等方面对校内非中外合作办学的学院产生带动引领作用。在办学中形成的有益经验应当对学校整体的教育教学改革产生示范效应，推动教学模式的改革与创新发展。

二是在全国范围内产生示范效应。高水平中外合作办学的成功经验可通过各类大会、论坛、研讨会等形式进行分享，也可通过进行相关的研究形成理论成果以丰富相关研究，为中外合作办学实践提供理论指导和现实借鉴。

三是在全球范围内的示范效用。中外合作办学作为全球范围内跨境教育的一种形式，其高水平的办学成果应当进行积极宣传，在国际上产生影响，为全球高等教育的国际化提供“中国模式”。

（六）办学特征的国际性

高水平中外合作办学必定是国际性的，这就意味着课程的国际性、师资队伍的国际性、办学氛围的国际性、管理队伍的国际性、合作平台的国际性。课程的国际性是高水平中外合作办学的核心，不论是教材，还是培养方案，都具有国际性的特征，意味着课程不仅适用于我国学生，同时也适用于培养国际学生。师资队伍的国际性意味着师资的国别构成、学缘构成具有显著的国际特征，能够讲授国际性的课程。办学氛围的国际性指高水平中外合作办学需创造出融合中外合作大学元素的办公环境、教学环境，让外方教师和国际招聘教师在这样有舒适感、亲切感的环境中工作。管理队伍的国际性意味着工作队伍应具有跨文化交流的能力，能够参与中外方的工作会谈甚至谈判，掌握国际规则和国际惯例，能够得体地与不同文化背景的人士处理公事。合作平台的国际性意味着由中外合作高校乃至更多国际高校、机构开创更多的国际合作项目。

（七）办学特色的显著性

衡量一个项目或一个机构是否为高水平，还要看是否形成了自己独有的特色和独特的竞争力。事实上，由于合作高校的历史、文化传统、政策环境、发展战略不用，因而必然造就各具特色的中外合作办学模式。然而，所谓高水平就是要在人才培养、教育教学管理、学科专业发展、师资发展、科学研究、社会服务等方面既有成效，又体现出创新性。

（八）良性发展的可持续性

根据林金辉所言，“在几轮中外合作办学评估中，全国共有 1000 多个机构项目参加；评估结果不合格或在评估时自动申请退出的共计有 100 多个，约占本科及以上层次中外合作办学机构、项目总数的 10%”[①]，因此足见能否保持可持续发展是制约中外合作办学的一大难题。高水平中外合作办学一定具备可持续发展的能力，这就意味着其具备保证办学持久运行的良性循环的机制。

三、西南交通大学-利兹学院高水平中外合作办学的实践

西南交通大学-利兹学院（SWJTU-Leeds Joint School，以下简称利兹学院）是 2014 年获得教育部批准设立的不具有法人资格的中外合作办学机构，由西南交通大学和英国利兹大学（University of Leeds）合作设立。学院目前开展本科高等学历教育，学生修业合格，将被授予西南交通大学毕业证书、学士学位证书及利兹大学学士学位证书，目前设有土木工程、机械设计制造及其自动化、电子信息工程和计算机科学与技术四个专业。

---

① 林金辉. 新时代中外合作办学的新特点、新问题、新趋势[J]. 中国高教研究，2017（12）：35-37+55.

（一）高质量的党建工作

在 2016 年 12 月 7 日至 8 日召开的全国高校思想政治工作会议上，中共中央总书记、国家主席、中央军委主席习近平在讲话中强调，高校思想政治工作关系高校培养什么样的人、如何培养人以及为谁培养人这个根本问题。要坚持把立德树人作为中心环节，把思想政治工作贯穿教育教学全过程，实现全程育人、全方位育人，努力开创我国高等教育事业发展新局面。2017 年 7 月，中共中央组织部、中共教育部党组印发了《关于加强高校中外合作办学党的建设工作的通知》，要求确保合作办学党的建设同步谋划、党的组织同步设置、党的工作同步开展。利兹学院从办学之处就奠定了坚实的党建工作基础。学院首任院长由学校党委副书记担任，从办学伊始就把握政治站位。此后，学院设立直属党支部，支部书记进入联合管理委员会。目前，学院已建立起一套较为完善的党建工作体系，构建起“大思政”教育体系，以习近平新时代中国特色社会主义思想为根本遵循，全面贯彻党的教育方针，坚持社会主义办学方向，落实立德树人根本任务，将社会主义核心价值观融入中外合作办学全过程，全面提高人才培养质量和办学水平。建院短短几年，利兹学院的党建工作就取得了一定成果。例如，“两学一做”工作案例被教育部评为特色作品，在教育部网站展示；基层党组织工作案例被《党领导下的新时代中外合作大学》党建专刊收录，直属党支部书记也受邀在国内多个教育论坛上分享党建工作经验。

（二）高起点的合作基础

瞄准世界一流高校的一流学科，开展“强强联合”是高水平中外合作办学的基础。以西南交通大学-利兹学院为例，中方为西南交通大学，外方为英国利兹大学。西南交通大学是教育部直属全国重点大学，国家首批“双一流”研究型大学，而英国利兹大学是全球百强名校。在利兹学院开设的四个专业都是围绕西南交通大学交通运输工程世界一流学科建设，而对应的利兹大学的四个专业同样也是英方的强项。这为携手一流名校开展合作奠定了高起点的基础。在学院揭牌成立时，时任英国首相卡梅伦致信祝贺学院成立，由此表明英国政府对这一中外合作项目的重视。

（三）高远的办学目标

办学目标直接体现一所中外合作办学机构的战略、定位和方向，凝聚着合作大学对办学的共识、共同的价值观，同时为全体工作人员和学生确立了行动指南，激发合作大学精诚合作，激发师生员工共同努力。利兹学院从地区、国家和全球三个层面确立了其办学目标：从服务地区来讲，是“对我国西部地区的教育、科技和经济社会发展产生显著的联动效应和深远影响”；从服务国家来讲，是“培养德智体美劳全面发展的社会主义建设者接班人”“提升中国高校国际影响力”“服务国家‘高铁外交’”“助力中英科技人文交流”；从服务全球来讲，是“根据全球经济和社会发展需要，依托双方优质教育教学资源，在工程相关领域建立的一所高水平的高等教育机构”“Engineering a better world”（构筑更加美好的世界）。①三个层面高远的办学目标自然决定了高水平的办学路径。

（四）高水平的师资队伍

高水平师资队伍是高水平中外合作办学的基本保证。利兹学院充分认识到高水平师资队伍对学院发展的重要性，自办学以来，严格按照教育部四个“三分之一”的要求配备高水平教师开展教育教学。为了确保师资队伍建设，特别是建立一支高素质国际化的中方教师队伍，利兹学院建立起完善的选拔、培养机制，从英语水平、授课能力等方面进行评估。通过遴选的教师逐年派往利兹大学参加“职业发展继续教育”（Continuing Professional Development）的培训，获得利兹大学的认证后，方可参与授课。这样严谨的师资选培机制从根本上确保了高水平的师资队伍。

① 西南交通大学-利兹学院．学院简介[EB/OL]. [2020-01-20]. https://leeds.swjtu.edu.cn/xygk1/xyjj. htm.

（五）完善的教学质量监督体系

教学质量监督是保障高水平中外合作办学的关键机制，其目的在于维持中外合作高校的学术标准，让学生接受高水平的教育，实现高层次人才培养的目标。是否具备科学、完备的教学质量监督体系是衡量中外合作办学水平的关键指标。利兹学院重视教学质量监督体系，通过教学质量和教学运行委员会、利兹大学分数审核和确认委员会、师生联席会等机制对各环节的教学质量进行监督、反馈，进而总结问题、改进问题，确保高水平的教学质量。与此同时，利兹学院出台了思想政治工作与师德师风建设相关文件，落实意识形态责任制。

（六）严格的人才培养体系

利兹学院同时融合了西南交通大学“严谨治学、严格要求”的双严传统和利兹大学“外观莫如实质”的校训，培养方案融合双方优势与特色，以培养具有国际视野的未来行业领军式的人才。双方联合制定各专业的办学协议，并严格履行协议条款，确保各项工作落实到位。同时，制订实施了一系列管理规定，如《西南交通大学-利兹学院学生学术不端行为处理办法》。

（七）创新融合的学生学业支持体系

利兹学院充分发挥两校在学生支持体系方面的卓越之处，并创新、融合，形成了独具特色的“TAFSS 五位一体”学生学业支持体系——“TAFSS”分别代表 Personal Tutor（个人导师）、Teaching Assistant（博士生助教）、Fudaoyuan（辅导员）、Administrative Staff（行政人员）和 Peer Student（朋辈导生）。个人导师制度以利兹大学个人导师制为基础，结合利兹学院的学生特点，实施基础课学习阶段和专业课学习阶段相结合的个人导师制。博士生助教制度指每门课程配备 1～2 名博士生助教，辅助教师做好实验指导、作业批改和课后辅导，指导学生参与相关学术科技竞赛。辅导员以班级、团支部、园区为依托，开展思想政治教育、党团建设、学风建设、心理健康教育、跨文化交流、海外实践、职业规划、留学指导、日常管理等工作。行政人员通过担任个人导师、入党介绍人、社团指导老师等多种途径帮助学生学习和成长。朋辈导生从高年级优秀学生中产生，与辅导员一同深入学生宿舍，了解学生思想动态，指导班团建设及活动开展，引导学生参加学术科技与文化体育竞赛活动。①

（八）完善高效的管理体制机制

高效的管理体制机制能够有效解决办学过程中出现的任何问题，创造良好的办学环境。在利兹学院建设中，通过校际、校内和院内三个层面的举措，建立了高水平的管理体制机制。一是两校建立起畅通的沟通机制，确保有关事项决策的顺畅解决。首先，利兹学院的发展离不开两校领导层的重视，因此两校领导层互访频繁，增进了两校互信，巩固了两校友谊，能及时研究学院发展大计。其次，定期召开联合管理委员会，对学院的重大事项作出决策，确保机构良好、顺利运行。最后，利兹大学选派专职副院长常驻利兹学院，负责双方之间的事务的沟通协调。二是校内多部门协调工作顺畅开展，确保各项工作没有阻力、只有助力。作为西南交通大学国际化战略的“旗舰”项目，利兹学院的高水平发展必然要得到校内多个部门的支持。学校的国际合作与交流处、党委学生工作部、教务处、计划财务处、招生就业处、资产与实验室管理处等相关职能部门、土木工程学院、机械工程学院、电气工程学院、信息科学与技术学院等四个母体学院以及数学学院、物理科学与技术学院、马克思主义学院、体育工作部、党委保卫部等基础教学单位，建立起畅通的协作机制，确保利兹学院各项工作顺利运行。三是利兹学院内部建立了高效的管理机制，确保高效的执行力。学院党政联席会负责学院重要事务的决策部署，学院建立了综合事务中心、教学教师事务中心和学生支持中心，分别承担着日常管理与对外联络、日常教学活动安排、为学生成长成才提供一站式服务的职能。

---

① 夏夏.【光彩 2018】以本为本，以生为本，构建 TAFSS 五位一体学生学业支持体系 [EB/OL].（2018-12-13）[2020-01-20]. https://news.swjtu.edu.cn/shownews-17655.shtml.

结语

2020年，《教育部等八部门关于加快和扩大新时代教育对外开放的意见》出台。文件指出，加大中外合作办学改革力度。而中共中央、国务院印发的《深化新时代教育评价改革总体方案》更是为中外合作办学评价机制的改革提供了总体性指引。在这样的时代背景下，高水平中外合作办学如何界定、如何组织、如何评价，如何在国家、地方、高校三个层面建立有效的机制，中方学校、外方学校如何互动，诸如此类的问题亟待学界关注。本文在一定程度上回应了这些问题，但限于主客观条件所限，依然存在诸多不足，也因此，需要更多办学实践者进行凝练总结，在推动学理反思促进知识生产的同时，也为政府政策制定提供借鉴参考。

人 才 培 养

来华留学生管理中传受互动方格理论应用

● 任新红　赖小燕

【摘　要】来华留学生在非母语环境下学习生活，容易遇到语言误读、文化差异、心理障碍等突出问题，影响对所传播信息接收的准确度，进而对其顺利完成学业具有较大影响。本文应用传受互动方格理论分析了来华留学生管理中传受双方的信息传播现状及存在问题，并提出了相应的对策建议。

【关键词】来华留学生；传受互动方格理论；信息传播；服务意识

The Application of Interaction Grid Theory in the Management of International Students in China

● Ren Xinhong, Lai Xiaoyan

Abstract: International students studying and living in a non-native language environment usually encounter problems such as language misunderstanding, cultural differences, and psychological barriers. This affects the accuracy of their received information, having impact on completion of their studies. This paper uses the interactive grid theory to analyze the status quo and existing problems of both communicator and audience in the management of international students in China, and then puts forward corresponding solutions and suggestions.

Keywords: international students in China; transmission and reception interactive grid theory; information dissemination; service consciousness

---

作者简介：赖小燕，西南交通大学原留学生辅导员，现为自由职业者。

来华留学生（以下简称留学生）在非母语环境下学习生活，容易遇到语言误读、文化差异、心理障碍等突出问题，影响对所传播信息接收的准确度，进而对其顺利完成学业具有较大影响。此时，高校留学生管理需要认真研究有效的信息传播方式，使得留学生产生认同，从而使得他们从心理上接受和适应在中国的学习和生活，提高学习效率和生活适应力。作为各种信息的传播者，学校在传播过程中，要充分考虑到留学生对信息的接收程度，针对各种实际情况采取更为有效的信息传播方式，选择合适的传播内容。

一、传受互动方格理论

"'传受互动方格'理论的基本前提是把大众传播媒介中传通关系的建立理解为传播者与受传者互动作用的结果，传—受双方均是传通关系得以确立的施控者。"[①]该理论把受者的角色描绘成积极主动的，集中表现为受者的传播行为具有明确的目标，"传播行为是有目标指引的，有目的的。人们通常从各种各样的传播方式中参与并选择适合他们期待和欲望的媒介或讯息"[②]，并且能根据传者的信息传播状态进行相应的信息反馈。在信息需求上，他们期望传播者能及时提供相关信息，尤其是遇到困难时，受者对传者的心理期待会更加强烈。而传者如能及时准确地传播受者最关心的信息，那么受者会因为自己的心理期待得到满足而更加信任传者，且会积极地进行信息反馈。受者的反馈将在很大程度上改变、调整传者的传播方式和传播内容，使传者的信息传播朝着更有效的方向不断发展，传播效果也会达到更好的状态。如果传者视而不见，听而不闻，受者会因为巨大的心理期待没有得到满足产生强烈的失落感，进而影响到受者对传者的忠诚度和信赖度，传者无法从受者那里获得所需的相关反馈，造成传播活动的漂浮。

要形成"传者有效传播—受者积极反馈"的互动方格，首先取决于双方关系的建构程度，而在建构过程中，双方信息的相互透露和获知及其程度是

① 刘兵."传—受互动方格"效应与期刊版面编辑[J]. 中国出版，1997（5）：61.
② 艾丽莎. 使用与满足——传受互动的内在需求[J]. 东南传播，2005（12）：26.

制约关系建构的必要条件。所以，如果在信息传播过程中，传播方式不透明，受者又处于信息传播稍微弱势的地位，受者将会因对传者之不确定因素无法递减而保持着对传者的一种怀疑和警惕，他们也不会对传者积极并大范围地展示自己的信息状态。在这样的情况下，和谐的传受关系是无法建立的，更别谈进一步的信息反馈了。

二、留学生管理中传受双方的传播现状及问题分析

（一）留学生学习初期阶段的传播现状及问题

"莎皮尔—沃夫尔"假说（Sapir-Whorf Hypothesis）认为，一个人的思维完全由母语决定，因为一个人只能根据其母语中的编码设定的范畴和区别定义来认识世界，一个人认识世界和看待事物的方式在很大程度上是由他的语言来决定的。而语言又是人际交流中最主要也最重要的方式，信息传播也主要依靠语言来进行。留学生刚到中国，即使授课语言为中文，其汉语水平一般处于四级或者五级的水平，还不能适应全汉语的教学环境，与管理者沟通时，存在一定的语言障碍，特别是专业类汉语词汇还比较生疏，无法进行有效沟通。对于使用英语授课的专业，留学生的母语不一定是英语，即使是英语，和英语不是母语的中国教师和管理干部准确沟通也存在一定的问题。所以，此时传播双方各自的信息状况都无法有效地被对方完全获知，信息传播形成较为严重的堵塞，传播过程弱化、淡化甚至消失。

对于母语既不是英语，汉语水平也较差的留学生，学习的初级阶段，其沟通有时候要借助同一国别的高年级学生，传播方式显示出一定的单向性，该方式更无法保证信息传达的完整性和准确性，并且经常在传送和反馈上存在一个时间上的延迟，在信息内容上存在一定的扭曲和误解，难以形成传受双方良好的互动关系。由高年级充当间接传播主体，也会使管理者作为直接传播主体的职能受到削弱，甚至可使得直接传播主体的传播职能完全或大部分转移到间接传播主体上。这些同一国别或同一母语背景的学生因文化上的认同更能产生心理上的认同，容易学习高年级留学生的在华经验，模仿其行

为，他们之间的沟通使用自己的母语，传者很难了解他们的沟通内容，使得传播主体及其传播内容从管理方转向说自身母语的一方。

（二）留学生中后期阶段传播现状及问题

随着汉语水平的逐渐提高，或者对中国环境的逐步熟悉，高年级留学生的信息接受来源越来越多样化。他们会通过各种方式逐步深入了解管理者的职能实施情况，形成比较稳定的态度，并给出一定的评判，对学校管理者有肯定的一面，但因文化差异，也有较为偏激的态度和看法，有时对学校管理体制和教学制度上的消极态度，甚至可以发展为激烈的冲突和仇视。

值得注意的是，部分国别的高年级学生，特别是博士研究生，在其进入论文撰写及项目研究阶段，因为不再需要修读课程，在从事研究及论文撰写的时间安排上自由度大一些，与导师的沟通可能出现不畅，再加上文化习俗、学习和生活方式不同，再加上语言仍无法达到理想水平，极易出现传者和受者之间较大的信息传播扭曲和失真，传受双方可能对传输内容有较大理解的差异，最终导致较为激烈冲突发生。

在新冠肺炎疫情泛滥期间，滞留海外的留学生，其课程的学习和接受导师的指导，变为线上进行。尽管学校通过线上加线下、实时加录播的方式，对境内外的留学生开展课程教学和导师个别指导，但仍然有部分留学生因为实验设备、网络设施、地区时差甚至灾害战乱等问题，无法有效地接受课程学习和学业指导，传播内容质量受到很大影响，导师在线指导留学生的时间和有效度也受到影响，开展学术研究的留学生，在境外可能不具备实验条件，这些都导致部分学生信息获得受阻，心理失落，有一部分不得不暂时休学。

三、对策建议

信息传送和信息反馈是传播过程不可或缺的两个方面，任何一方的缺失都会造成传播的失衡，进而造成传播双方难以达到互动的效果。而要形成良好的传受互动关系，最重要的是传者应该增强自己在传播过程中的服务意识，减少自身的控制倾向，培养受者对传者的积极心态。尽管我们强调传受双方的同等性，但在实际操作中，管理者作为传播的主控者的身份仍然没有改变，对于留学生来说，管理者掌握着主要的信息资源。如果管理者一味保持信息传播的强势地位和消极状态，留学生很容易放弃这种传受关系的建构，转向另一种游离关系。当然，受者也应保持积极主动的态度，按照教学安排和规章制度，严格要求自己，本文对此不做具体阐述。

（一）加强心理情感交流以强化服务意识

传播要达到预期效果，应该缩小传者和受者的心理距离，这样才会减弱直至消除受者对传者存在的怀疑、戒备等消极心理态度。不管是什么文化背景的学生，都有共同普遍的心理情感，留学生共同的心理情感诉求就是他们急切需要管理者对他们的“关怀意识”，关注他们的学习和日常生活状态，关心他们各方面的需求，和他们进行心理情感交流最容易引起学生的共鸣。比如：有些民族，自尊心理较强，管理者对于他们学习中出现的错误或者日常生活中的不当行为，不便当众指出，而是要单独交流，保护他们的自尊，维持他们学习的热情和兴趣，使其树立信心，这样，留学生在心理情感上与管理者更接近；有些留学生，来到中国，使用汉语交流时，因文化差异会出现理解和运用上的偏差及误会以及用词不准确的问题，这时传者要多用鼓励的眼神，甚至配以形体语言进行交流；对于不同宗教背景的学生，要尊重他们的宗教信仰，特别是对于伊斯兰教或者印度教的留学生，要特别注意尊重他们的饮食禁忌；有些留学生，来自欠发达国别，在新冠肺炎疫情肆虐的时候，急需学校的关心，这时可以通过他们国家驻华使领馆，表达对留学生生命健康的关切，并请求提供适当协助，等等。

（二）采取多样化的传播方式以强化服务意识

传播要达到理想的效果，需建立在传者对受者各种情况都比较了解的基础上。如果传者的一个信息想要被受者接受并能得到反馈，那应该在受者的兴趣范围内，能够刺激起受者的信息兴奋点。要激起受者的兴奋点，需采用不同的信息传播方式，否则，容易造成“只传无受”。比如，在教学过程中，老师应当随时了解学生的学习进度及兴趣需求，在了解的过程中，要充分发挥“意见领袖”的作用。“意见领袖”是指信息传递和人际互动过程中少数具有影响力、活动力的人，他们对于其他人的信息接收与反馈起着重要的引导作用。

留学生的个体差异较大，信息反馈方式、反馈意愿及反馈能动性也各不相同。针对这样的差异化，管理者可以建立留学生个人档案，记录他们各方面的情况，比如学生的性格特点、汉语水平、宗教信仰、家庭背景、学习态度、学习方法等。这样可以对症下药，具体问题具体分析。比如，学生的性格偏内向，一般情况下，这类学生的信息反馈都是较为被动的，可以根据学生的信息档案，具体分析，找出他们潜在的各方面的需求并有针对性地加以引导。

传播方式上的单一性和信息接收者在信息接收方式上的多元性之间的信息传播落差容易造成传播的困难。管理者日常的传播方式以口头传播为主，辅以书面的形式。口头传播虽然更亲切、自然和直观，但存在的缺陷是信息不能保持长久，特别是在有语言和文化差异的环境下。管理者应该采用更为丰富多彩的方式进行信息传播，比如利用各类媒介，辅以邮箱短信，灵活运用文字、语音以及图像等，这些方式不仅能够拉近传播者和接受者的情感距离，避免和消除直接面对面可能遇到的某些尴尬以及信息接受的不完整性，还能锻炼学生的语言应用能力，更容易被学生接受。

既然语言在信息传播中发挥着无可替代和至关重要的作用，因此，管理者的外语沟通能力，无疑是非常重要的，熟练掌握一门通用外语，甚至学习非通用语的留学生的母语文化，可以极大缩小和留学生的心理距离，减少传播过程中的文化障碍和文化冲突，培养对不同文化的包容性。

结语

“传播效果是传播活动的出发点和归宿，效果问题是整个传播活动的中心。”[①]任何传播者如果仅是制造信息或者发送信息，不论其所使用的语言风

① 童兵. 理论新闻传播导论[M]. 北京：中国人民大学出版社，2001.

格多么动人，也不论传送手段是如何精巧，都不能算是成功的传播。传播不仅要注意传播过程，更要注意传播效果。传播的效果就是要使传送的信息顺利完整传送并引起受者积极的反馈，这在很大程度上取决于传者的服务意识，这是传播的关键。因此，管理者一定要了解留学生的需求，找到双方共同的信息“诉求点”，尽量扩大双方的信息重叠部分，注重心理情感交流，丰富传播方式，这样，管理者传送的信息才能顺利达到学生并引发学生积极的反馈，传播作用才能有效发挥，和谐的传受关系才能更容易建立，留学生管理和培养工作才能逐步上一个新的台阶。

硕士以上层次中外合作办学项目现状与实践浅析

● 许炜萍　马　瑶　孙克国　李相强　李金龙

【摘　要】中外合作办学是中外人文交流和学生全球胜任力培养的重要组成部分，近年来也受到越来越多高校的关注，本文将基于教育部国际司涉外监管平台数据，重点研究硕士以上层次中外合作办学项目（以下简称“该类项目”）的发展现状，并结合西南交通大学在办硕士中外合作办学项目的实际情况，剖析存在的主要问题并提出改进措施建议。

【关键词】硕士以上层次；中外合作办学；现状；思考

Analysis on the Status Quo and Practice of Sino-foreign Cooperative Education Projects at Master's Level or Above

● Xu Weiping, Ma Yao, Sun Keguo, Li Xiangqiang & Li Jinlong

Abstract: Chinese-foreign cooperation in running schools is an important part of international people-to-people exchange and improving students' global competence. In recent years, it has also attracted more and more attention from universities. This paper, based on the data collected on the supervision platform for international education, Department of International Cooperation and Exchanges, the Ministry of Education, focusing on data of the master's and above level. The status quo of the Chinese-foreign

作者简介：许炜萍，副教授，西南交通大学国际合作与交流处副处长，主要从事高等教育国际化、中外合作办学研究。
马瑶，硕士，西南交通大学国际合作与交流处科员，主要从事高等教育国际化、中外合作办学研究。
孙克国，副教授，西南交通大学土木工程学院。
李相强，教授，西南交通大学物理科学与技术学院副院长。
李金龙，副教授，西南交通大学物理科学与技术学院副院长。

cooperatively-run programs (hereinafter referred to as the "the program of the kind"), combined with the actual situation of the Chinese-foreign cooperation in running schools of Southwest Jiaotong University at the master's degree, analyzes the main problems and proposes improvement measures.

Keywords: Master's and the above level; Chinese-foreign cooperation in running schools; current situation; reflection

一、前言

习近平总书记在中央人才工作会议上指出："要坚持长远眼光，有意识地发现和培养更多具有战略科学家潜质的高层次复合型人才，形成战略科学家成长梯队。"①中外合作办学特别是硕士以上层次中外合作办学是培养具备国际视野、通晓国际规则、兼具全球胜任能力的高层次人才的重要举措。生建学指出"把中外合作办学作为推动教育改革和发展、提高国际化水平的战略措施，纳入国家、地方和学校教育事业的整体发展规划"②。赵彦志指出"科学的引进模式是决定优质资源能否有效引进的核心因素"③。因此，中外合作办学应更加重视谋划和调研，以保证其可持续高质量发展。

二、硕士以上层次中外合作办学项目发展现状

基于教育部国际司涉外监管平台数据，我国现有硕士以上层次中外合作办学项目共计 167 个，占本科以上层次中外合作办学机构（项目）13.36%。本文将从区域分布、审批时间、学科分布和授位情况四个方面分析在办项目的具体情况。

（一）区域分布

该类项目主要集中在东南沿海地区（详见图 1），北京、上海和浙江是在办硕士以上层次中外合作办学项目最多的三个省（直辖市）；河北、山西、甘

① 光明网. 战略科学家的培养使用与梯队成长[EB/OL].（2021-10-15）[2022-01-21]. https://m.gmw.cn/baijia/2021-10/15/35233443.html.

② 生建学. 中外合作办学：成就与展望[J]. 教育发展研究，2014（1）：1.

③ 赵彦志. 中外合作办学重在引进优质教育资源——评林金辉、刘志平的《高等教育中外合作办学研究》[J]. 中国高等教育研究，2011（2）：93.

肃、青海、海南、台湾六个省，以及内蒙古、宁夏、青海、广西和西藏五个自治区目前没有该类项目。

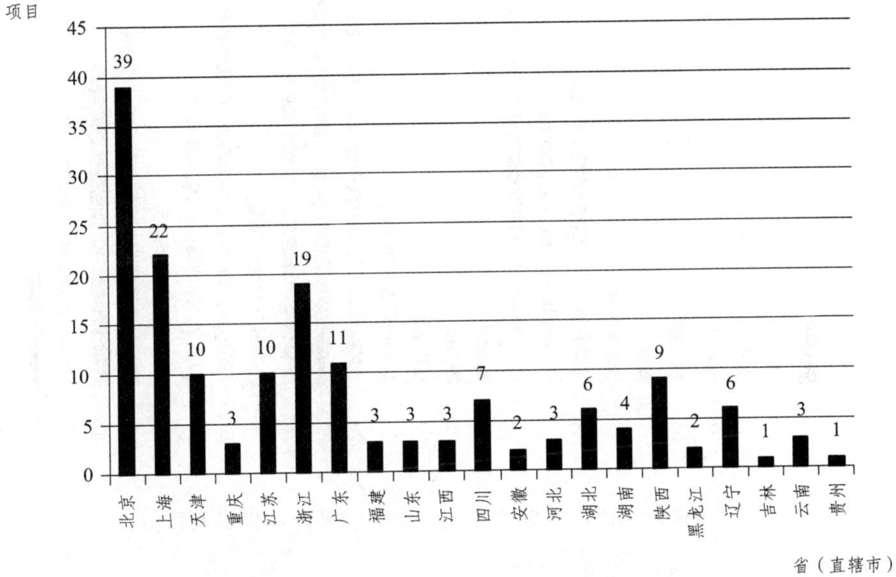

图 1　在办硕士以上层次中外合作办学项目区域分布情况

（二）审批时间

2002—2004 年是该类项目急剧增加的第一个时间段（详见图 2），同时《中华人民共和国中外合作办学条例》于 2003 年开始正式颁布实施。2006 年教育部发布《教育部关于当前中外合作办学若干问题的意见》（教外综〔2006〕5 号），在一定程度上规范和约束了该类项目的急速增加。2012 年该类项目获批共 15 项，是目前为止新增该类项目最多的一年。2013 年初，教育部国际合作与交流司设立了涉外办学管理处，进一步优化了中外合作办学的管理和工作机制，也促成了该类项目的稳定增长。

（三）学科分布

人文社会学科是目前该类项目集中的主要学科（详见图 3），特别是管理类项目，约占人文社会学科类项目的 85%左右。该类项目中仅 1 个为理科，3 个为农业学科。

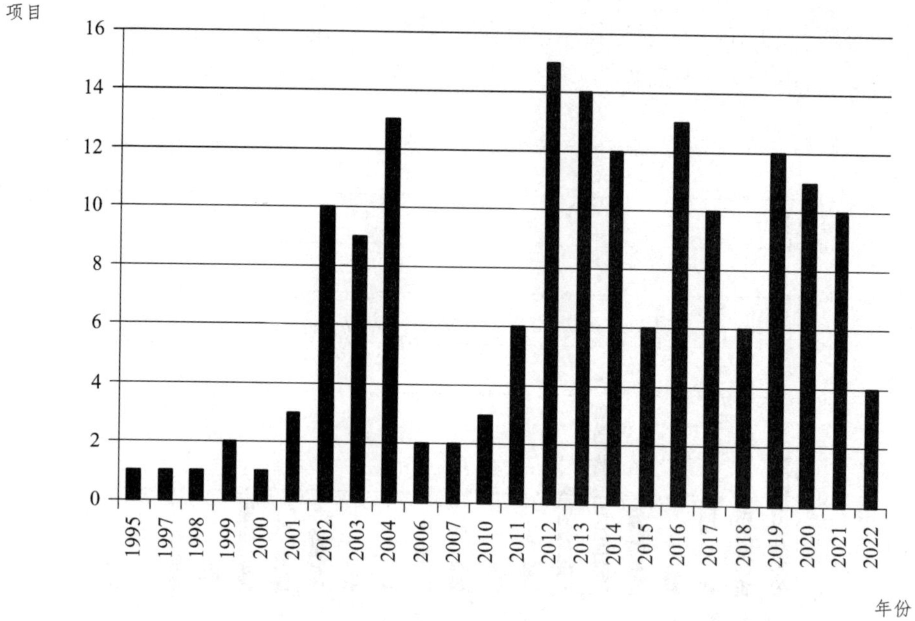

图 2　在办硕士以上层次中外合作办学项目审批时间情况

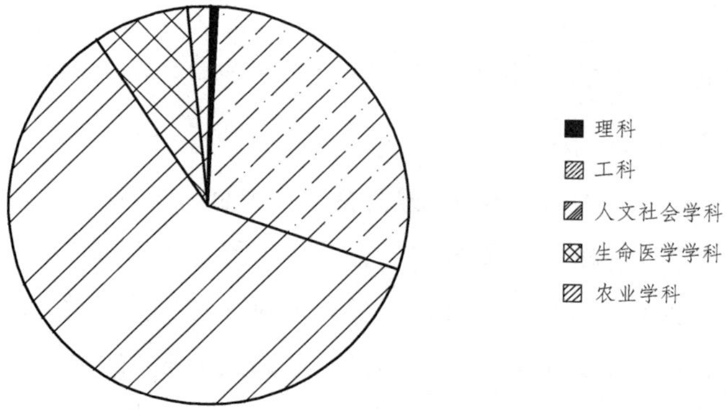

图 3　在办硕士以上层次中外合作办学项目学科分布情况

（四）授位情况

该类项目中近 70%为外方单学位项目（详见图 4），招生方式为“自主招生”，获得学位的条件部分仍需要赴外方学习一定时间；约 26%为双学位项目，招生方式为“统招”或者“统招+自主招生”；有 7 个项目只颁发中方学位，招生方式为“统招”。

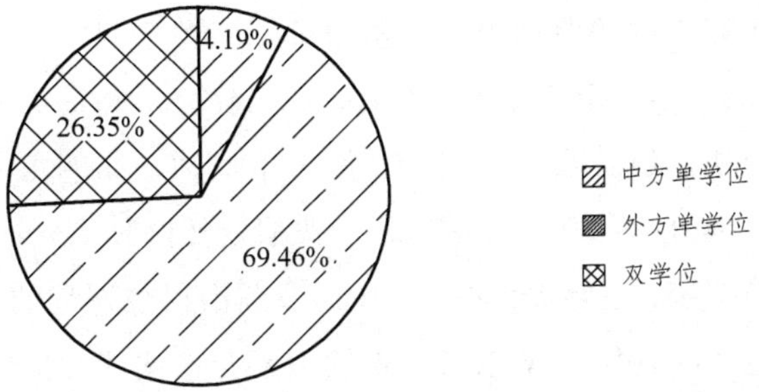

图 4　在办硕士以上层次中外合作办学项目学位授予情况

三、实践与思考

西南交通大学与德国德累斯顿国际大学合作举办无损检测专业硕士研究生教育项目 2013 年获得教育部批准，2017 年通过教育部评估，招生方式为统招，学制 2.5 年，批准招生规模为 30 人/年。到目前为止，项目共计招收六届 28 名学生，其中 4 人仅获得西南交通大学学位，2019—2021 年该项目未招收到学生。2013—2018 年招生情况详见图 5。

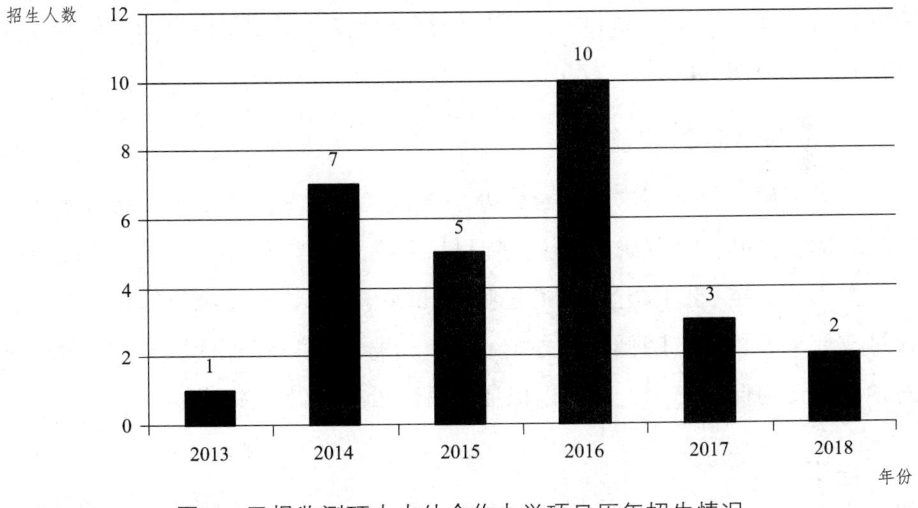

图 5　无损监测硕士中外合作办学项目历年招生情况

（一）出现招生困境的主要原因

1. 外方合作院校学科优势不足

该项目最初外方合作院校（机构）有两个，分别为德国德累斯顿国际大学和德国弗朗霍菲无损检测研究所，项目师资来源于三方，其中西南交通大学师资中文授课，在德期间主要由德累斯顿国际大学师资英文授课，弗朗霍菲无损检测研究所进行英文实习指导。因人事变动，弗朗霍菲无损检测研究所在协议到期后未再续签三方合作协议。德累斯顿国际大学成立于 2003 年，是一所私立高等院校，主要提供高级 MBA 及前沿科技课程的培训。虽然该校是德累斯顿工业大学协同大学未来计划的主要合作伙伴，但其自身的学科发展与德累斯顿工业大学相去甚远。

2. 项目所属学科自身招生体量有限

该项目所在学科“电子信息科学与技术”共有教授 8 人，副教授 7 人，每年硕士研究生招生规模约为 25 人。在有限的目标群体中遴选希望参与中外合作办学项目的学生，目标群里的数量加大了招生的难度。

3. 学生在境外学习期间仍需缴纳较高学费

项目学生在德方学费上涨过两次，由先期的 9500 欧元，上涨到 10 500 欧元，再到现在的 14 400 欧元。家庭经济条件也是限制学生选择中外合作办学项目的一项制约因素。

（二）建议改进措施

在了解硕士以上层次中外合作办学项目发展状况的基础上，结合对兄弟院校具体项目的实地调研，建议该项目培养模式调整为“2+0”模式，招生方式变更为“统招+自主招生”。通过吸引计划外生源，扩大项目的学生规模；通过改变培养模式，降低生均办学成本。这样既可以保证优质教育资源引进对学科建设的促进作用，又可以保证项目的可持续健康发展。

结语

中外合作办学项目的可持续高质量发展离不开合理培养模式的确立，本文在分析现有硕士以上层次中外合作办学项目发展现状的基础上，结合我校办学实践，提出基于现有项目的改进措施，对相近项目的规划有一定借鉴作用。

坚守立德树人初心，培养拔尖创新人才

——国家建设高水平大学公派研究生项目的实践与思考

● 廖　莉

【摘　要】国家建设高水平大学公派研究生项目是人才强国战略和培养拔尖创新高层次人才的一项重要举措，也是研究生国际教育的重要组成部分。本文介绍西南交通大学建设高水平大学公派研究生项目的实施情况，总结项目实施过程中的得失，为进一步提高研究生培养质量和留学成效、优化留学服务质量、有效推进国家建设高水平大学公派研究生项目提出参考建议。

【关键词】公派研究生；人才培养

Stick to Original Aspirations of Fostering Character and Civic Virtue and Cultivate Top-notch Innovative Talents

——Practice and Reflection on the National Construction of a High-level University Government-sponsored Postgraduate Program

● Liao Li

Abstract: The national construction of a high-level university publicly-sponsored postgraduate program is a strategy for strengthening the country with talents and an important measure for cultivating top-notch and innovative high-level talents. It is also an important part of postgraduate international education. This article introduces the implementation of the Southwest Jiaotong University's publicly-sponsored graduate

作者简介：廖莉，外国语言学与应用语言学硕士，助理研究员，西南交通大学国际合作与交流处副处长，主要从事学生跨境流动、大学国际交流合作研究。

program for a high-level university, summarizes the gains and losses in the implementation of the project, and puts forward some suggestions for further improving the quality of graduate training and the effectiveness of studying abroad, optimizing the quality of service for studying abroad, and effectively promoting the national construction of a high-level university publicly-sponsored graduate program.
Keywords: government-sponsored postgraduates; talent training

为深入贯彻落实人才强国发展战略目标，不断推进高水平大学建设，增强建设创新型国家服务的能力，国家于 2007 年启动建设高水平大学公派研究生项目（以下简称“高水平”项目），“选派一流的学生，到国外一流的院校、科研机构或学科专业，师从一流的导师”，旨在培养一批具有国际视野、通晓国际规则、能够参与国际事务和竞争的拔尖创新人才。由国家留学基金管理委员会负责项目的组织实施工作。该项目是我国建设世界一流大学及培养世界一流创新人才的重要途径，也是我国高等教育扩大开放的重要形式。

本文拟对西南交通大学“国家建设高水平大学公派研究生项目”的实施与管理做简要回顾，总结项目实施的成效和管理经验得失，为更好地促进创新人才培养、提高公派留学效益和公派留学服务质量提供参考。

一、项目实施概况

西南交通大学从 2008 年正式实施国家建设高水平大学公派研究生项目，遵循“公开、公平、公正”的原则，按照“个人申请、学院推荐、学校审核”的流程进行选拔，高水平项目一直是我校研究生国际化培养的主要方式。

（一）选派规模

截至 2020 年，我校共有 737 名学生被高水平项目录取，其中攻读博士学位学生 167 人，联合培养博士生 570 人。项目实际派出 657 人前往 22 个国家的 240 余个海外院校、科研机构交流学习，80 人未派出（因个人原因放弃留学资格 7 人，受疫情影响尚未派出 72 人）。

从图 1 可以看出，自 2008 年实施高水平项目以来，我校该项目录取人数一直处于上升趋势，2019 年处于最高峰（共申报 136 人，录取 91 人）。其中，2010 年、2011 年申报成功率最高，达 92%，2014 年申报成功率最低，仅 61%。联合培养博士生是我校高水平项目的主要类别，近年来规模稳定在 70 ~ 80 人之间，攻读博士生人数相对稳定，每年 15 人左右。

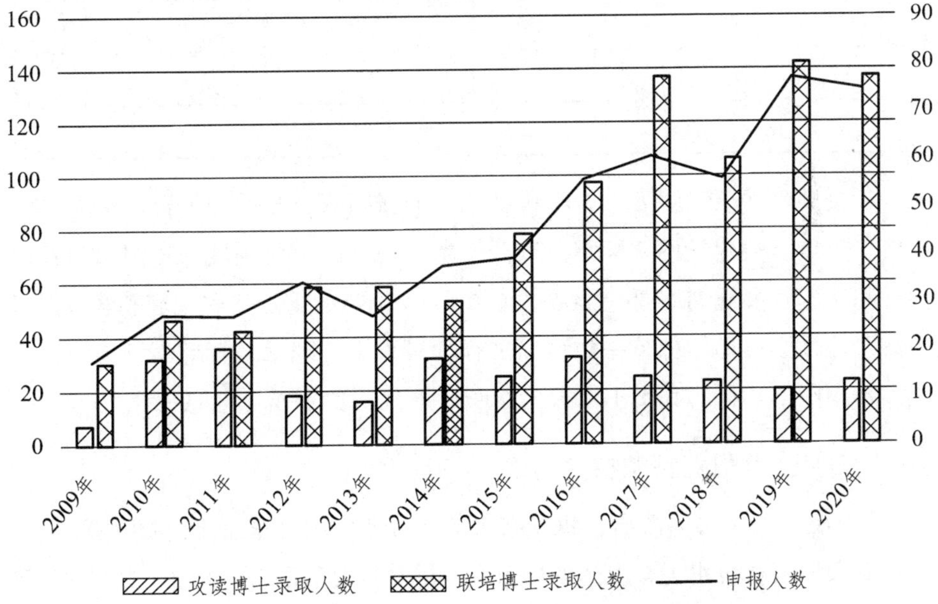

图 1　2009—2020 年我校高水平项目申报及录取人数

（二）选派学科领域

表 1　各学院录取学生人数　　单位：人

选派单位	录取数量	选派单位	录取数量
土木学院	150	电气工程学院	120
信息学院	117	交通运输与物流学院	96
机械工程学院	62	地球环境与科学学院	44
牵引动力国家重点实验室	38	材料科学与工程学院	34
经济管理学院	30	力学学院	17

续表

选派单位	录取数量	选派单位	录取数量
生命科学与工程学院	11	建筑学院	6
物理学院	5	数学学院	2
马克思主义学院	1	公共管理学院	1
人文学院	1	外国语学院	1
医学院	1		
总计	737		

我校高水平项目主要结合学科特色、创新团队、基地和平台、重大科研项目、重点学科建设的实际需要选派学生，选派的学科领域与《国家中长期科学和技术发展规划纲要（2006—2020年）》确定的重点优先领域和学校“双一流”建设学科基本保持一致，以工程学科为主，理学、管理学科为辅，兼顾人文和医学学科，其中土木占比20%、电气占比16%、信息占比15.9%。

（三）留学国别和院校

从图2、图3可以看出，我校高水平项目学生主要派往北美和欧洲国家，以及亚太地区科技水平较发达的国家和QS世界大学排名前300名的院校，契合选派学生到“国外一流院校、一流科研机构或学科专业”的项目目标。

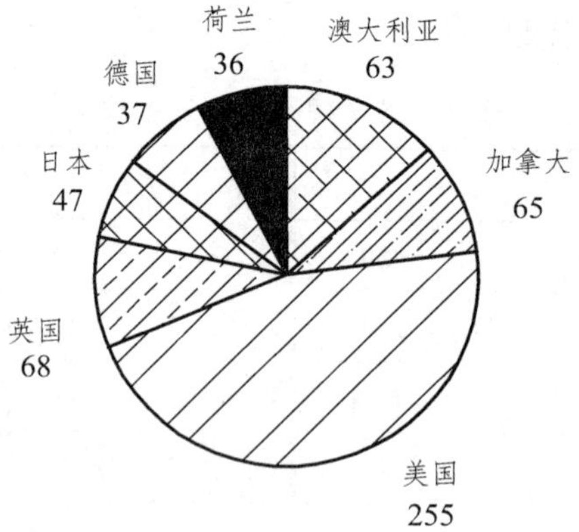

图2　留学国别分布图

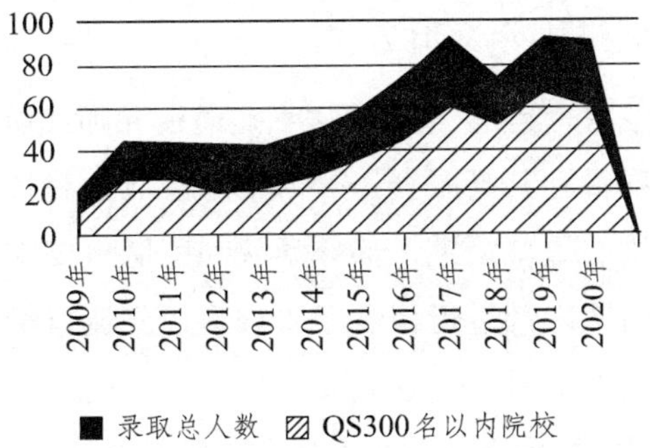

图 3　留学院校排名情况分布图

二、项目成效

经过十余年的探索和努力，西南交通大学高水平项目成效日益凸显，主要体现在以下几方面。

（一）有效提升研究生培养质量

高水平项目的实施促进了相关学院和研究生导师与国外高水平大学的交流与合作，通过对标国际一流大学，进一步提高了我校研究生，尤其是联合培养博士生类别的培养质量和水平，留学单位中 QS 世界排名前 100 位院校从最初占比不足 24%逐年上涨至 45%，说明我校人才培养能力逐步提高，学生的外语水平、学术能力、综合素质逐渐与世界名校的要求接轨。通过对不同年份项目学生随机发放的调查问卷统计结果显示，93%的学生对留学院校的学习、科研条件表示满意，96%的学生对外导水平表示满意，90%的学生表示其留学研修计划和博士论文关系紧密，93%的学生表示留学经历对其个人成长和后续职业发展有重要帮助。如 2015 年我校材料学院博士生杨倩，被录取为高水平项目学生，前往英国曼彻斯特大学联合培养，师从诺奖得主安德烈·盖姆（Andre Geim）教授，其研究成果发表在国际顶级学术期刊 *Science* 上，实现了我校“零的突破”。该案例充分证明了高水平项目在提升人才培养质量上的作用，同时也提升了学校在相关学术领域的国际知名度和影响力。

（二）进一步促进国际交流工作

根据调研结果显示，超过 50%的学生是通过导师或所在团队渠道联系的外方院校，高水平项目尤其是联合培养博士生已成为我校和世界一流院校、实验室搭建合作桥梁的重要渠道，部分学院和团队也要求项目学生留学归来后，在学院或科研团队内部进行留学经验分享或交流留学单位的科研方法，逐步实现了“一人留学、团队受益”。

通过高水平项目，我校重点和荷兰代尔夫特理工大学（22 人），新加坡国立大学（18 人），丹麦奥尔堡大学（17 人），美国佐治亚理工大学（16 人）、西北大学（15 人）、俄克拉荷马州立大学（13 人）、新西兰奥克兰大学（13 人）、日本东京大学（12 人）等一批世界知名院校建立了稳定的交流合作关系，也有利于学校后续更有针对性地与上述海外高校开展更多类别的合作。

（三）有力助推学校师资队伍建设

我校高水平项目共有 67 名学生回国后留校工作，主要活跃在电气（14 人）、土木（12 人）、交运（7 人）、信息（6 人）等学院，成为学校科研、教学和管理的中坚力量，为学校“双一流”建设和发展带来无限生机。

三、工作思路与建议

立足中华民族伟大复兴战略全局和世界百年未有之大变局的新时代，国家比以往任何时候都更加需要拔尖创新人才。我校高水平项目经过十余年的探索和实践，已形成完整的“选、派、管、回、用”全链条项目管理流程，也取得了较为明显的项目成效，但要将高水平项目打造成学校培养人才的高峰、聚集人才的高地，仍需不断探讨和优化现有工作做法。

（一）加强项目目标管理和过程管理，进一步提高留学效益

高水平项目的实施要能够“为加强中国高水平大学和重点学科建设服务，为培养一批能够提升自主创新能力、具有国际化视野的拔尖创新人才服务，为填补我国前沿学科及空白学科人才缺口服务，为打造国际人才培养及交流

平台建立国内外稳定持久的学术交流及沟通渠道服务”，在选派过程中要各司其职，从源头上选拔对学校“双一流”学科建设有利、对推进创新型国家建设有利的人才出国留学。建立学校-学院-导师三级联动管理制度，学生派出前开展更加精准的行前培训，提出明确的留学目标和要求，利用信息管理系统，加强派出学生的管理，定期沟通，提高学生在外管理的温度。多渠道、多方式激发学生的爱国情、强国志，自驱力培养和加强考核双管齐下，进一步提高留学效益。

（二）以高水平项目为抓手，辐射学校相关工作

结合国家海外青年人才引进政策和学校“双一流”学科建设发展需求，以高水平项目为抓手，通过留学人员与国际优秀人才建立联系，做好学校师资队伍建设和人才引进工作。

通过联合培养，深化和优化深度合作，建立更加科学的研究生质量评价机制，加强学位论文质量建设，推进论文海外评审与国际答辩，建立国内外双导师制培养模式。

推动导师队伍的国际流动，坚持“请进来”和“走出去”相结合，利用高水平项目配套的“优秀博士生导师短期交流项目”选派更多导师出境交流，建立和国外一流院校、一流导师稳定的合作关系，邀请海外知名学者参与我校的课程建设、学科建设等。

（三）进一步完善服务体系，提高项目申报率和派出率

根据高水平项目历年数据和项目学生随机调研结果来看，我校还可在以下几方面工作进一步优化提高：

1. 加强校内宣传

经调查统计，86%的项目学生对学校在申请过程中的指导和帮助表示满意，73%的项目学生对学院在申请过程中的指导和帮助表示满意。也就是说学校在进一步完善服务体系方面仍有提升空间。在宣传方面，学校可以通过制作“一院一册”新生入学海外项目申报指南，对各学院研究生可利用的项

目渠道进行更有针对性的宣传，同时加大对应届毕业生直接出国攻读博士学位项目类别的引导，加强对学院和导师的政策宣传。

2. 打造多渠道相结合的选派体系

在鼓励学生充分利用国家留学基金委现有的项目渠道的同时，学校要积极开拓校际合作渠道，鼓励学院结合海外一流学科伙伴行动建设计划规模化派出研究生，鼓励导师充分利用各种渠道向海外合作教授推荐优秀学生。

3. 加强研究生综合素质培养

坚持多部门协同配合，从课程建设、学术研究、专业实践等方面着重培养学生跨文化交流能力、科研创新、全球胜任力等综合素质。

4. 提高实际派出率

受新冠肺炎疫情和国际形势的双重影响，近年学生办理签证的难度相对增加，“平安留学”培训课程中可有针对性地加强对各国签证动态和注意事项的讲解，帮助学生提高签证通过率和实际派出率。同时，后疫情时代下，鼓励学生提前规划，尽早申请，以应对不能按期派出的风险，不影响正常毕业进度。

浅析留学生心理健康的问题与预防干预

● 董　洁

【摘　要】随着高校来华留学生规模的不断扩大，留学生心理问题日益凸显。留学生的教育、管理和发展工作需要充分认识和分析高校来华留学生的心理健康问题及其产生原因，采取有针对性的预防和干预措施。目前留学生群体存在的心理健康问题主要表现在：产生抑郁、焦虑等负面情绪；人际交往障碍问题；其他负面情绪如孤独感、思乡感、怨恨、敌意等情绪的积累。影响留学生心理健康的主要因素有：语言与学习障碍；文化的冲突与适应问题；各类负面生活事件的发生。对高校而言，为解决留学生产生的心理健康问题，一方面需要帮助他们减少语言障碍、加速跨文化适应过程、建立社会支持系统形成留学生跨文化适应引导体系；另一方面，紧抓新生入学教育和心理健康筛查工作，同时充分发挥辅导员的功能，进而建立完善的心理健康服务系统。

【关键词】留学生；心理健康教育；跨文化适应

Analysis on the Problems of Mental Health of International Students and Preventive Intervention

● Dong Jie

Abstract: With the continuous expansion of the scale of foreign students in colleges and universities, the psychological problems of foreign students have become increasingly prominent. The education, management and development of international students need to fully understand and analyze the mental health problems of

作者简介：董洁，副教授，西南交通大学国际合作与交流处副处长（挂职），主要从事心理健康教育研究。

international students in colleges and universities and their causes, and take targeted prevention and intervention measures. At present, the mental health problems of international students are mainly as follows: (1) negative emotions such as depression and anxiety; (2) the problem of interpersonal communication barrier; (3) other negative emotions such as loneliness, homesickness, resentment, hostility and so on. The main factors affecting the mental health of foreign students are as follows: (1) language and learning disabilities; (2) the conflict and adaptation of culture; (3) the occurrence of all kinds of negative life events. For colleges and universities, in order to solve the mental health problems of foreign students, on the one hand, we need to help them reduce language barriers, speed up the process of cross-cultural adaptation, establish a social support system, and form a guidance system for foreign students' cross-cultural adaptation. On the other hand, we should pay close attention to freshmen's entrance education and mental health screening, give full play to the function of counselors, and then establish a perfect mental health service system.

Keywords: international students; mental health education; cross cultural adaptation

当今的世界，伴随经济全球化时代的到来，各国在政治、经济、科技、文化等各领域都加强了合作，而在教育领域，派遣学生赴他国留学是各国进行交流的一项重要形式。

来华留学是我国教育的重要组成部分，也是软实力输出的切入点。在政府支持、政策扶持的大趋势下，据教育部统计数据显示，2018 年共有来自 196 个国家和地区的 492 185 名各类外国留学人员在全国 31 个省（区、市）的 1004 所高等院校学习，比 2017 年增加了 3013 人，增长比例为 0.62%（以上数据均不含港、澳、台地区）。按洲别统计：亚洲学生总数为 295 043 人，占 59.95%；非洲学生总数为 81 562 人，占 16.57%；欧洲学生总数为 73 618 人，占 14.96%；美洲学生总数为 35 733 人，占 7.26%；大洋洲学生总数为 6229 人，占 1.27%。留学生在华人数的快速增长为高校发展带来机遇的同时，也带来管理压力。随着我国留学生群体人数的不断扩大，留学生心理健康问题日益凸显，国内外大量研究表明，留学过程中的心理不适应会影响留学生的心理健康水平。在此背景下，促进留学生的心理健康水平已经成为留学生管理工作关注的热门话题。来华留学生由于文化冲击、中文水平欠佳及其国家心理咨询的普及程度不同而产生的社交焦虑与孤独感不断增加，缺少与中国学生的人际互动和社会交往，亲密关系局限于自己的族群。尤其是来华留学生的心理健康问题愈发凸显，成为留学生教育管理工作亟须解决的难题。

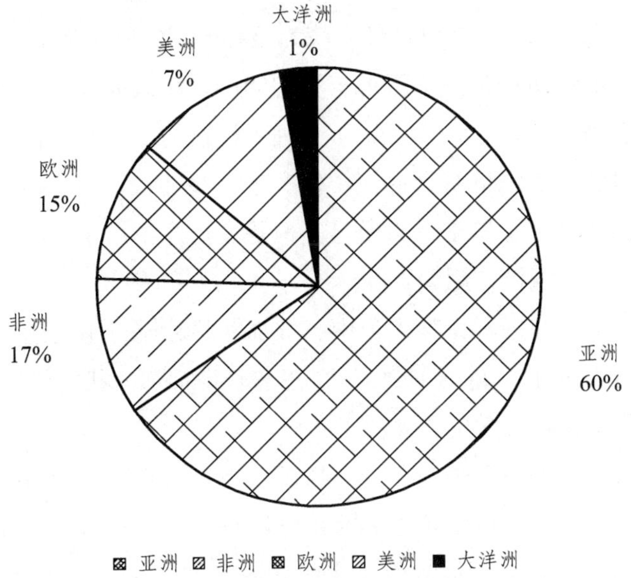

图 1　2018 年各大洲来华留学生统计

一、高校来华留学生主要心理健康问题

留学生同时也是大学生，他们需要面对如其他大学生一样的学业、情感等诸多压力。许多心理学家提出的压力理论都表明了压力与健康之间的关系。如，Selye（1956）提出的一般适应综合征认为压力本质是一种生理过程，大多数时候个体的抵抗力足以应对这些威胁，而当对个体持续的威胁超过个体抵抗力的承受范围时，压力便会导致疾病或者其他的不良结果。除此之外，留学生还要面对许多跨文化生活学习的压力，如语言障碍、饮食差异等。多重的困难和压力导致留学生比一般大学生更加容易出现心理健康问题。总的

来说，留学生的心理健康问题及主要分为以下几个方面。

（一）抑郁、焦虑等负面情绪

面对多重复杂的应激源，留学生比一般的学生更容易产生负面情绪，抑郁和焦虑情绪是留学生较为普遍存在的心理健康问题。[①]抑郁是指一种消极情绪状态，能持续较长时间，并且能够导致社会功能受损和心理功能下降。[②]抑郁倾向（depressive symptoms）是以抑郁为主的一组情感障碍或心理障碍，可由各类各样的原因引起，是以抑郁心境为核心的一组临床症群或状态。[③]除抑郁问题外，焦虑情绪也是一个不可忽视的问题。从国内外一些学者对焦虑这个概念的观点来看，首先，焦虑属于一种不愉快的复杂情绪体验，会促使个体产生不舒适感；焦虑情绪会促使个体产生一些外在行为或生理的变化：如坐立不安、胸闷气短、口干、头晕等。但是，焦虑不一定对个体都有害，适当的焦虑也有一定积极作用。

有数据表明，在国际留学生当中，抑郁症状的流行率高达 40.5%，其中有 1.2%的留学生患有严重的抑郁症状，患有轻微抑郁症状的留学生占 34.5%，中等程度的抑郁症状的学生占 4.8%。[④]

就我国留学生的情况来说，这一情况也不容乐观。我国对来华留学生焦虑的研究主要集中在一般性焦虑、汉语学习焦虑及社交焦虑方面上。对来华留学生的一般性焦虑的评估常通过症状自评量表（SCL-90）、焦虑自评量表（SAS）等自评量表。徐州某高校的调查报告表明，虽然目前学校中来华留学生的心理健康状况较为良好，但是也存在不少抑郁、焦虑的情况，其中 2.5%的学生可能存在心理健康危机。[⑤]另有长沙某大学对 68 名留学生以及 68 名中

---

① 伍志刚. 来华留学生和中国学生心理健康状况及应对方式比较[J]. 中国临床心理学杂志，2010，18（2）：252-253.

② Ward C. “Cultural fit”: A new perspective on personality and sojourner adjustment[J]. International Journal of Intercultural Relations, 1997, 21(4): 525-533.

③ Swami V. Sociocultural adjustment among sojourning Malaysian students in Britain: a replication and path analytic extension[J]. Social Psychiatry, 2010, 45(1): 57-65.

④ 高炳亮. 高校来华留学生心理健康问题的预防与危机干预机制研究[J]. 思想教育研究，2018（5）：131-134.

⑤ 王俊. 来华医学留学生心理健康状况的调查与研究[J]. 教育评论，2017（10）：102-105.

国大学生的调查研究表明，与本地大学生相比，留学生在 SCL-90 量表上的焦虑、恐惧维度得分明显更高。[①]这些现象表明，来华留学生的焦虑、抑郁、恐惧等负面情绪滋生较为明显，而微小的负面情绪的积累往往是心理疾病发展的前兆，不可小觑，因此对于这方面的情况需要多加关注。

（二）人际交往障碍

由于语言障碍，文化冲突等原因，留学生往往容易将自己封闭在同胞、同乡的小圈子里，不与他人有过多接触。这样的行为导致他们难以和新的老师、同学建立密切联系，友谊和师生情谊也无从说起。这种情况的长时间存在自然而然产生了人际交往障碍。调查研究显示，某高校来华研究生在 SCL-90 量表上的人际敏感因子得分显著高于中国大学生。[②]实际上，有研究表明，来华留学生在人际敏感因子上的得分显著高于中国青年常模。人际交往障碍是留学生生活适应困难的缩影，不但会影响其正常的学习生活，在遭遇麻烦和困难时，缺少本地同学和老师的帮助会使困难大大增加。同时，没有足够的社会支持会使留学生在遇到重大应激事件时缺少解决的途径和疏通的渠道，严重时会导致心理障碍，诱发精神疾病。因此，留学生的人际交往障碍应当引起高度重视。

（三）其他负面情绪的积累

除了较为明显的焦虑和抑郁症状以外，留学生还容易产生一些负面情绪的积累，包括孤独感、思乡感、怨恨、敌意、愤懑等。

对大学生而言，孤独感和思乡感是普遍存在的现象，对于背井离乡来到中国留学的留学生而言更是如此。离开自己所熟悉的生活学习环境和社交圈子，来到一个可能与自己家乡相差甚大的国度，很容易产生孤独和思乡之情。这样的情绪如果不及时排解，很容易产生更深层次的心理问题。

---

① 伍志刚. 来华留学生和中国学生心理健康状况及应对方式比较[J]. 中国临床心理学杂志，2010，18（02）：252-253.

② 鲁威. 国内外大学生心理健康研究现状的对比及启示[J]. 上海交通大学学报（医学版），2012，32（10）：1382-1386.

在初来新学校之时，由于面对着全新的环境，留学生难免容易变得敏感，容易对同学产生怀疑和恐惧等情绪。这种置身于另一种文化中，认知、情感及行为上的不协调的心理行为体验叫做文化冲击。在这样特殊的条件下，即使是比较微小的刺激也有可能引起他们的反应，从而对其他同学产生敌意情绪。研究表明，来华留学生的敌意、恐惧等情绪因子得分显著高于中国学生。这个现象值得我们关注。

二、来华留学生产生心理健康问题的主要原因

来华留学生离开他们舒适和熟悉的生活、学习环境来到异国他乡求学，面对政治制度和社会形态之间的差异、不同文化与民族特性、不同政治制度与宗教信仰等问题，会受到一系列心理冲击，从而产生一定程度的异文化压力。与普通大学生相比，留学生处在一个较为特殊的时期，应激源也较为复杂，其中，大体可以分为以下几个方面。

（一）语言和学习障碍

对于留学生而言，汉语无疑是一道必须越过的坎。众所周知，汉语博大精深，是世界上最古老且学习困难极大的一门语言。作为日常生活最基本和必要的要求，留学生对汉语的掌握能力直接影响到其社交生活。研究表明，人们在面对语言困难时的表现是最为无助的，会导致压力、焦虑及其他相关联的心理障碍。[①]这种语言上的困扰直接影响到了留学生的学习，大学课业并不是简单的读书写字，需要深层次的加工理解，对于普通学生来说尚有挑战性，更不必说对汉语掌握还未精通的留学生。此外，国内的教学方式、课堂模式、考试形式等可能和国外又有所不同，导致留学生本身的能力难以发挥。学习上遭遇的困难最终可能会表现为课业成绩较差，考试失败等，对留学生造成较强的挫败感，使其产生焦虑、抑郁等不良情绪。

语言不通带来的另一个问题是社交问题，如上所述，人际交往障碍是留

---

① 王俊. 跨文化环境中医学留学生心理危机的应激源探析[J]. 教育评论，2016(7)：81-83.

学生群体存在的一大问题，语言问题是造成这个问题的一大原因。留学生本身较差的汉语水平可能会导致他们在与中国人用中文交流时难以开口，产生自卑和退缩的情绪，不愿意与别人交流。一时间难以在新的环境找到可以真诚交流、倾诉烦恼的朋友，也难怪留学生会产生抑郁、孤独等情绪了。

（二）文化冲突与适应

面对全新的文化环境，留学生实际上处于一个跨文化适应的过程。奥伯格（K. Oberg）曾提出跨文化心理适应的四个阶段：蜜月期、危机期、恢复期和适应期。[①]不难看出，跨文化适应不是一个一帆风顺的过程。初来乍到时的新鲜感和憧憬不久之后就会被现实生活中的问题掩埋。

中国人的生活观念和社会价值准则在极大程度上来自于中国传统文化，在留学生的日常生活中很容易产生冲突，这些冲突往往是深层次的，源于历史传统和民族特性，很难从根本上解决。另外，许多来华留学生来自宗教信仰强烈的国家和地区，而中国整体上的宗教氛围较为淡化，这会使部分留学生产生不适应之感。同时，许多来华留学生来自不同的宗教信仰，容易导致他们互相之间关系不和谐，这也是留学生负面情绪滋生的一大原因。

（三）各类负面生活事件的发生

生活事件也叫生活压力事件，是指不仅能够改变个人的生活风格和行为方式，也要求个体去适应或应付的社会生活景象和事件。生活事件存在范围很广泛，比如各种社会文化因素，例如人们的学习和生活环境、人际关系、家庭情况、角色适应、经济压力、恋爱婚姻等。多数调查研究都表明，负性生活事件与心理健康之间有较密切的相关关系，个体经历的负性事件能引起心理健康问题，诸如心理压力、焦虑、抑郁、低生活满意度和低幸福感。[②]许多大学生处在自我同一性发展末期，很容易发生负面生活事件，对留学生而

① Oberg K. Cultural shock: Adjustment to new cultural environments[J]. Practical Anthropology, 1960(4): 177-182.

② 马莉．来华医学留学生文化适应与健康适应状况分析[J]．中华医学教育探索杂志，2011（10）：1379-1382.

言，在脆弱敏感的心理状况下发生的负面生活事件会对他们造成更严重的伤害，比如失恋等。再加上留学生与其交往对象可能成长于不同的文化环境、宗教信仰之下，更容易产生矛盾，恋爱过程也更为曲折。有的留学生已经为人父母，在学习工作的同时还需要照顾子女，多重焦虑下影响了与孩子之间的沟通，导致亲子关系出现问题。除此之外，夫妻二人一同来中国留学产生的许多不可预测的夫妻关系问题、孤身一人来中国留学导致与亲人的沟通问题等都会对留学生心理造成影响，使其感到焦虑、无奈、悲痛和愧疚。①目前，许多留学生来自亚洲和非洲的发展中国家和地区，其中叙利亚、巴基斯坦、索马里等国家常常发生战争与社会动乱事件，很容易导致人员伤亡和财产损失，一旦与家人的联系中断，许多留学生会感到十分紧张、恐惧。

综上所述，对留学生而言，语言和学习障碍以及文化冲突和适应带来的困扰是他们产生心理健康问题的主要原因。另外，生活中难免发生一些使人不愉快的事件，特别是与原来的亲友之间产生冲突但难以面对面沟通、亲人逝世却无法到场，等等，都会使留学生产生大量的负面情绪，影响其心理健康。

三、留学生心理健康问题的预防与干预

就目前的形式来看，越来越多的来华留学生对我国高校的留学生心理健康教育工作提出了更高的要求。保护留学生心理健康，提高留学生心理健康水平，这既是留学生教育的一部分，也是高校心理健康教育工作的一部分。基于此，本研究对高校留学生教育管理工作提出以下几点建议。

（一）形成留学生跨文化适应引导体系

语言障碍也是很多心理问题发生的原因之一。首先，建议对新入学的留学生进行中文水平考核，对于那些语言水平欠佳的留学生应当给予特殊的关注和帮助，如进行专门的语言培训或与国内学生形成帮助团体，尽快帮助他们度过语言关。

① 李亚红. 基于关键事件技术的来华留学生心理压力源探析[J]. 中南民族大学学报（人文社会科学版），2016，36（6）：192-195.

其次，应当帮助留学生加速跨文化适应过程，早日度过危机期。高校可以建立专门的跨文化适应部门，对留学生进行系统、全面的跨文化教育。同时，组织留学生学习中国文化，增进其对中国文化的了解和认识，提高对中国文化的认知，有助于他们尽快适应中国文化。

最后，积极引导留学生与国内学生交流与沟通，帮助他们尽快融入新的社交圈子，建立良性的人际关系网。良好的社会支持系统可以有效地预防心理健康问题。大量研究表明，社会支持对心理健康具有普遍的增益作用，通过提升社会支持水平可以更好地调整健康行为方式；社会支持可以提供缓冲来调整有害健康的行为，还可以通过提升自信进而增加对行为的控制能力。[①] 由于留学生远离家乡和亲人，因此来自学校的支持和帮助就显得尤为重要，同时可以提高留学生对学校的归属感和认同感。

（二）建立完善的心理健康服务系统

首先应当在留学生入学前期对其进行完整的新生入学教育以及心理健康筛查工作。开展多渠道、有针对性的来华留学生新生入学教育工作，可以有效地帮助留学生们尽快熟悉和适应新环境，缓解学生思乡、孤独、焦虑的情绪，保障他们在华生活的质量，提升来华留学印象和信心。对在心理健康筛查中表现出心理健康隐患的学生，应当给予充分的关注，通过一对一谈话等方式进行进一步排查，必要时尽早开始干预程序。

其次，新生入学后，通过辅导员积极引导、朋辈导师密切关注、同学互助等方式，帮助留学生尽早适应在中国的生活，高校留学生辅导员作为留学生日常学习、生活中接触最为频繁的老师，在留学生的心理健康干预中应当起到重要作用。辅导员还应当掌握一定的心理健康知识与干预技能，通过密切的沟通与交流掌握学生的心理健康状况，及时发现那些需要重点关注和干预的留学生，对于留学生生活中出现的问题和困难要给予充分的帮助。

---

① 张澜. 新加坡中国留学生社会支持、健康行为研究[J]. 医学与哲学（人文社会医学版），2009，30（8）：37-39.

最后，高校应当配备兼职或专职的留学生心理咨询师，这一项工作在美国、英国等发达国家已经有较长的发展历史，但是在我国仍处于萌芽阶段。对高校的专业心理咨询人员进行外语培训，提高其跨文化交际能力，定期为留学生教师以及留学生工作管理人员开展专业的心理健康培训讲座，传授相关专业的心理知识，可以更为有效地为留学生的心理求助提供帮助。应当保证当留学生出现心理障碍时，高校拥有有效解决的方式和手段。对于有轻度心理障碍的留学生，可以通过心理咨询和跟踪回访等手段进行控制。对于个别心理障碍严重的学生，应尽快通知有关部门及其家属，建议其回国接受系统的心理治疗。

随着我国留学政策的展开与深化，来华留学生的数量在持续增加，留学生的心理健康问题已经成为了当前高校留学生教育和心理健康教育的重点课题。高校应当重视留学生的日常生活管理，建立完善的体系帮助留学生适应留学生活，促进其文化适应。同时完善心理健康预防和干预机制，保证来华留学生身心的健康发展。

大学文化传承与创新视域下来华留学生跨文化心理适应的干预路径思考

● 倪　雯

【摘　要】当前，在留学生规模与教育管理机制不适应、特殊对待向趋同化管理的过渡衔接、留学生文化游离与文化休克以及全球性重大公共卫生危机、部分发达国家逆全球化趋势等多重因素的影响下，来华留学生跨文化心理适应问题不断凸显。除一般心理学意义上的干预手段外，应立足“文化冲突”的诱因，系统设计文化学意义上的留学生跨文化心理适应主动干预路径，结合留学生生源国文化以及世界主要文化区文化共性特征，高度重视趋同化管理对心理适应产生的叠加作用、多元文化影响与心理和谐构建间的重要关系，以留学生文化建设为牵引，通过文化内生因素的因势利导，系统化、常态化地对留学生跨文化心理适应问题进行科学干预，以自我调解、外部干预、文化熏陶等多元方式推动留学生在新环境、新变化中有效、平稳适应。

【关键词】来华留学生；跨文化心理适应的干预路径

Reflection on Interventions for the Transcultural Psychological Adaptation Problem of International Students from the Perspective of University Cultural Inheritance and Innovation

● Ni Wen

Abstract: At present, the transcultural psychological adaptation problem becomes increasingly prominent among the international students in China under the effect of

作者简介：倪雯，助理研究员，西南交通大学国际合作与交流处来华留学生办公室副主任，主要从事来华留学工作研究。

problems including the imbalance between the number of international students and education management mechanism, a transition from special treatment to assimilative management, the cultural freedom and cultural shock of international students, a global major public health crisis, and an anti-globalization trend in some developed countries.

In addition to general intervention means in the psychological sense, we should systematically design culturological interventions for the transcultural psychological adaptation of international students specific to the causes of "cultural conflict", and attach great importance to the additive effects of assimilative management on psychological adaptation and the important relationship between multicultural influence and construction of psychological harmony based on the common characteristics of the native cultures of international students and world major cultures. It is necessary to systematically and normally carry out scientific interventions for the transcultural psychological adaptation problem of international students through the construction of international students' culture and guidance on the endogenous factor of the culture. Measures such as self-regulation, external intervention, and cultural edification can be taken to help international students effectively and steadily adapt to a new environment and new changes, continuously enhance their positive psychological variables like life satisfaction, education satisfaction, value recognition, and cultural identity.

Keywords: international students; interventions for transcultural psychological adaptation

一、缘起：问题的提出

在国内外环境发生深刻复杂变化的背景下，党的十九届五中全会强调要“坚持实施更大范围、更宽领域、更深层次对外开放”。教育对外开放是教育现代化的鲜明特征和推动力量，推进高水平教育对外开放也是助力新发展阶段高质量教育体系建设的关键内容。《教育部等八部门关于加快和扩大新时代教育对外开放的意见》中指出，要“做强‘留学中国’品牌”。改革开放后，特别是近 10 年以来，走过 70 年的征程的新中国来华留学教育，正在成为中国高等教育走向世界舞台中央的重要途径；2017 年，中国就已经一跃成为世界第三大和亚洲最大的外国留学生留学目的国；据教育部发布的统计数据，2018 年共有来自 196 个国家和地区的 492 185 名各类外国留学人员在全国 1004 所高等院校学习。[①]虽然新冠肺炎疫情给全球教育合作交流按下“暂停键”，给跨国（境）流动各类学生的健康、学习、生活带来严峻挑战；但随着国内疫情防控取得重大战略成果，高等教育强国建设的全面提速，中国在后疫情时代全球教育资源“引力场”的效应将逐渐显现，我们相信，未来还将会有更多的国际学生选择留学中国。

纵观世界范围内的一流大学，在其飞速发展的进程中无一例外都选择了国际化战略，举办留学生教育则是大学国际化最为基础的路径选择。应该说，高质量留学生教育是世界一流大学的重要标志。留学生能否顺利完成学业，不仅取决于所在国提供的学习、生活等外在条件，在相当大程度上还取决于其自身能否顺利完成内在社会-文化层面的心理适应。留学生从一种文化进入另一种文化，社会交往、生活习惯和价值观等已有的、稳定性心理特征会面临很多变化与冲突，给生活、学习、人际关系造成压力，并可能带来身体和心理上的不适应。来华留学生作为“跨文化交往”的参与者、“跨文化适应”的经历者、“跨文化教育”的接受者[②]，其心理适应状况不仅影响到本人、关系到学业成败，还将成为国际社会综合评价我国教育环境、教育质量的衍生性指标。重视来华留学生跨文化心理健康建设、帮助其快速实现跨文化心理转换、适应并顺利完成学业，是当下正在推进“双一流”建设、积极参与全球教育治理的中国大学不能忽视的重要课题。

纵观当下国内高校来华留学生工作，管理服务重心一般集中于招生、培养、涉外、安稳等方面，对留学生心理问题特别是跨文化心理适应问题缺乏

---

① 教育部. 2018 年来华留学统计[EB/OL].（2019-04-12）[2022-05-01]. http://www.moe.gov.cn/jyb_xwfb/gzdt_gzdt/s5987/201904/t20190412_377692. html.

② 陈文婷，丁洁. 亲密感、同理心、情理性：来华留学生友谊观评析[J]. 复旦教育论坛，2016（4）：59.

足够关注，主要表现在：一是专门机构设置不合理，相较于美国、加拿大等留学生大国普遍针对国际学生设有专业心理咨询部门或配备专职心理辅导教师而言，我国只有部分高校成立了留学生心理辅导机构，大部分高校则是由面向中国学生的心理咨询中心（或心理学院）来兼顾承担留学生心理健康教育工作；二是工作方式还不能满足趋同化管理的需要，多采用被动补救式、单一课程式的心理干预方式，缺少对留学生跨文化心理问题的主动、系统和超前干预；三是工作保障不到位，受外事、资源、队伍等因素制约，支撑开展留学生跨文化心理适应干预工作的基础条件等较为薄弱。

二、梳理：国内外的相关研究

（一）国外以国际学生为对象的跨文化心理适应研究

西方国家对于国际学生跨文化心理适应的研究经历了从主观体验的理论概述到以理论与实证研究相结合的发展历程。[①]早期的研究成果最有影响力的是美国文化人类学家 Kalver Oberg 于 1960 年提出的“文化冲击”概念——“进入新文化后人们由于失去熟悉的社会交流信号或符号，对对方的社会符号不熟悉而产生的深度焦虑症”[②]。随后，学者们纷纷对“文化冲击”现象发表理论见解或进行实证探讨，代表观点有文化冲击是“由于失去自己的文化资源和面对陌生的文化环境，而对新的文化的各种经历不能正确理解所导致的一系列情绪反应，例如无助感、无能感、恐惧感”[③]。同时期，出现了从时间变化的角度来考察国际学生情感变化历程的研究向度，包括 U 型曲线假设（Lysgaard，1955）、W 型曲线假设（Gullahorn，1963）以及 Ward 等对国际学生心理适应的纵向研究。U 型曲线假设以 200 名富布莱特学者为对象研究得出了跨文化心理变化呈 U 型曲线的结论，在此假设基础上，Oberg 提出人们

---

① 朱国辉. 西方国际学生跨文化心理适应研究述评[J]. 创新与创业教育，2011，2（2）：51.

② 关世杰. 跨文化交流学[M]. 北京：北京大学出版社，1995.

③ 付科峰. 文化差异下的来华留学生跨文化管理研究[J]. 技术与创新管理，2014，35（4）：375.

在文化冲击中要经历蜜月、危机、恢复、适应四个阶段。W 型曲线假设是对 U 型曲线的发展，认为国际学生由于已习惯和适应东道国社会生活回到本国后会再次经历 U 型曲线的文化冲击，整个情感历程呈 W 型曲线。[①]纵向研究（longitudinal studies）的方式进一步拓展了时间变化的研究角度，对国际学生行前和到后的心理变化进行探讨，多数研究者的结论都显示：到达东道国社会的最初阶段抑郁水平是最高的。[②]进入 20 世 80 年代，受到 Lazarus 与 Folkman 的“压力、评价及应对”理论的深刻影响，研究者纷纷从压力视角对国际学生跨文化心理适应进行研究，主要观点可归纳为：“国际学生的心理变化是由生活变化带来的压力，应对压力进行评价，并选择和采用相应策略来应对压力。”[③]压力表现指标主要有抑郁、无助感、焦虑、思乡感等情绪指标以及睡眠紊乱、丧失食欲等生理指标[④]，生活变化被认为是造成压力的主要原因，并由生活变化影响的特征（如强度、文化背景）和个体特征（如人格、社会支持）共同调节。[⑤]当今西方学界还通过个体对两种文化的态度以及群体间的相互认识（以 Berry 提出的同化、分离、整合、边缘化“acculturation”四种适应策略为基础），从社会认同的视角来研究国际学生心理状况。[⑥]

（二）国内以国际学生为对象的跨文化心理适应研究

国内学者一般多开展文化适应的中国化应用研究，主要集中在对海外华人群体、第二语言学习人群、特定区域或人群、少数民族群体的文化适应研

① 朱国辉. 西方国际学生跨文化心理适应研究述评[J]. 创新与创业教育，2011，2（2）：52.

② Ward C, Okura Y & Kennedy A., etal. The U-Curve on Trial: A Longitudinal Study of Psychology and Sociocultural Adjustment during Cross-Cultural Transition[J]. International Journal of Intercultural Relations, 1998(22): 283.

③ 朱国辉. 西方国际学生跨文化心理适应研究述评[J]. 创新与创业教育，2011，2（2）：53.

④ Russell J, Rosenthal D & Thomson G. The International Student Experience: Three Styles of Adaptation[J]. The International Journal of Higher Education and Educational Planning, 2010(60): 236.

⑤ Searle W, Ward C. The Prediction of Psychological and Sociocultural Adjustment during Cross-cultural Transitions[J]. International Journal of Intercultural Relations, 1991(14): 450-458.

⑥ 朱国辉. 西方国际学生跨文化心理适应研究述评[J]. 创新与创业教育，2011，2（2）：54.

究上。[①]较之过往多以在国外的中国留学生作为研究对象，近年来华留学生为对象、关注来华留学生心理适应问题的研究不断涌现。研究主要基于跨文化心理学、跨文化交际学和比较教育学三类视角，代表观点如：从中外大学生跨文化友谊的亲密感、同理心、情理性三个维度入手，提供平台和项目、提供咨询和帮助、完善服务和环境，增强来华留学生的文化适应性；[②]从文化渊源距离、社会交往和社会支持这三个外部因素和留学生自身的差异来分析来华留学生跨文化心理适应不良的原因；[③]留学生的社会文化适应性可分为交际、环境和认知适应性，适应性水平主要受到与中国师生互动情况的影响；[④]留学生主要面临生活满意度、教育满意度、文化满意度和个人心理满意度等四个方面的问题；等等。

总体而言，西方研究成果较为零散，已有的价值判断和概括性过强的研究结论并不完全适用于文化多样性显著的现代西方社会，对各种研究结果进行元分析、形成一个整合的理论框架去系统分析国际学生跨文化心理适应问题将成为新的研究趋势；同时，由于中西方文化差异和国情的不同，西方相关研究成果、文献及世界名校经验不能直接用于解释或解决来华留学生心理适应问题。国内相关研究成果则体现了对留学生文化适应的心理学关注，具有重要的理论和实践意义，但也存在诸多不足之处，如：现状调查及影响因素研究多，实验干预研究少，转化应用少；干预研究中，重复研究、分散研究多，而系统性、规范化的研究较少；研究角度多从宏观出发，对个体在新文化环境中的情绪适应及心理健康、国内地域文化差异影响等微观关注不够；对“趋同化管理”的新要求、西方学界相关研究成果的分析与借鉴、留学生“群象”与“个象”结合等方面观照不够等。

---

① 赵萱. 教育场域中的跨文化适应研究：述评与构想[J]. 教育探索，2011（9）：11.

② 陈文婷，丁洁. 亲密感、同理心、情理性：来华留学生友谊观评析[J]. 复旦教育论坛，2016，14（4）：55-60.

③ 李丹洁. 来华留学生跨文化社会心理适应问题研究与对策[J]. 云南师范大学学报（哲学社会科学版），2007，39（5）：50.

④ 文雯，刘金青，胡蝶，等. 来华留学生跨文化适应及其影响因素的实证研究[J]. 复旦教育论坛，2014，12（5）：50.

三、借鉴与拓展：基于新时期中国大学文化传承与创新的视角

（一）大学文化传承与创新视域下开展来华留学生跨文化心理适应干预的学理基础

分类上一般认为，跨文化适应可以划分为心理适应和社会文化适应两个维度：心理适应是指在跨文化接触中的心理健康和生活满意度，社会文化适应是指适应当地社会文化环境的能力，是否能与当地人有效进行接触。[①]特别值得关注的是，有学者以间性文化观为基础，从留学生心理适应、社会文化适应、学术适应三个维度（也有从总适应性、心理适应、社会文化适应、校园适应四个维度）[②]探讨来华留学生跨文化适应管理模式的创新。研究认为，间性文化观是指文化的非唯我性和非中心性，强调不同文化间的联系和融合，这种文化观强调“我”文化与“他”文化之间的平等性以及文化的“和”；留学生跨文化适应，实质上是由“我”文化进入“间性”文化，消除文化的中心主义、树立平等文化观的过程。[③]

（二）大学文化传承与创新视域下开展来华留学生跨文化心理适应干预的重要意义

一所国际化的大学，其文化也是国际化的；来华留学生也是大学文化建设的重要主体之一。新时期的中国现代大学，除继承和发扬优秀传统文化外，也肩负着国际化视野下先进文化创新和传播的崭新历史使命。良好的大学文化不仅能调节、激励师生的思想行为，培养和激发师生的群体意识和集体精神，而且也能促进师生的自我约束、自我管理和自我完善。中国大学将留学生作为国际化校园文化提升发展的有力支点，依托大学文化传承与创新的基本职能，积极打造吸引、适合留学生学习、生活、发展的“文化土壤”，全景

① Ward C, Kennedy A. Locus of control, mood disturbance and social difficulty during cross-cultural transitions[J]. International Journal of Intercultural Relations, 1992, 16(3): 175-194.

② 刘英翠，黄倩. 间性文化观中来华留学生跨文化适应管理模式的创新及探索——以上海交通大学机械与动力工程学院为例[J]. 世界教育信息，2016（22）：68-72.

③ 刘英翠，黄倩. 间性文化观中来华留学生跨文化适应管理模式的创新及探索——以上海交通大学机械与动力工程学院为例[J]. 世界教育信息，2016（22）：69.

式构建跨文化心理适应的干预场域，实际上是一个消解冲突、多元融合、文明互鉴的现代大学文化创新过程，也是坚持走内涵式高质量发展道路的中国大学与世界高等教育接轨的重要举措。

因此，笔者认为，有必要以来华留学生跨文化适应心理问题的“个象”与“群象”为对象，在新时期中国大学文化传承与创新视域下，结合所在地域文化及大学文化特色，运用跨文化心理学、管理学、高等教育学等基本原理，分类归纳影响留学生群体跨文化心理适应的核心要素和叠加因素，基于间性文化观，探索形成依托大学文化建设干预来华留学生跨文化心理适应问题的有效路径。进一步说，除一般心理学意义上的干预外，还应通过文化内生动力的因势利导，重视从文化学意义上系统化、常态化地对留学生跨文化心理适应问题进行科学干预，进一步丰富和完善留学生跨文化心理适应的实验研究，为留学生管理工作的系统开展提供全新的“经验样本”。其核心意义主要包括：一是通过文化的“调控”“粘合”“助推”，潜移默化地疏解和缓解置身于多文化学习环境中留学生由于心理不适应而产生的学习、生活压力，逐步提升留学生学习质量和生活满意度，推动“社会与心理同步适应”，避免或消除文化冲突与隔阂。二是促进大学招生、培养、管理等工作机制在“趋同化管理”模式下的再造与优化，对大学内部治理体系的改革与完善产生积极作用。三是作为中国高校构建和谐、可持续留学软环境的重要内容，以文化建设为引领，主动关爱留学生心理变化与心理适应、关注留学生服务诉求，将激发留学生群体自觉传承并创新大学文化的内在动力，进一步丰富中国特色的大学校园文化，从而加速推动高校国际化进程和“留学中国”品牌建设。①

四、分析与思考：来华留学生跨文化心理适应的干预路径思考

（一）来华留学生跨文化心理适应的典型问题分析

为厘清当下来华留学生跨文化心理适应的突出问题，笔者以西南交通大

① 张铎，雷斌. 来华留学生文化建设的系统思考[J]. 四川轻化工大学学报（社会科学版），2016，31（6）：66-73.

学留学生群体（本科生、研究生）为对象，开展了一定范围内的跨文化心理适应问卷调查。测量工具方面，在借鉴教育部编制的 CCSMHS 和中国心理卫生协会大学生心理咨询专业委员会组织修订的 SCL-90 中文版心理健康量表的基础上，对跨文化适应研究测量工具的有效子项目进行适度优化，增加了学业胜任、集体适应、校园文化及生活适应等考察子项目，加强了招生阶段、入学阶段、毕业后阶段、考试前后、假期心理问题样本的采集，特别是入校时心理适应预期与离校时心理适应结果反馈的纵向研究以及同组样本在不同时间维度上的考察，同时突出了留管教师、专任教师、中国学生等对留学生心理适应外部评价结果的运用。量表结构如下图 1：

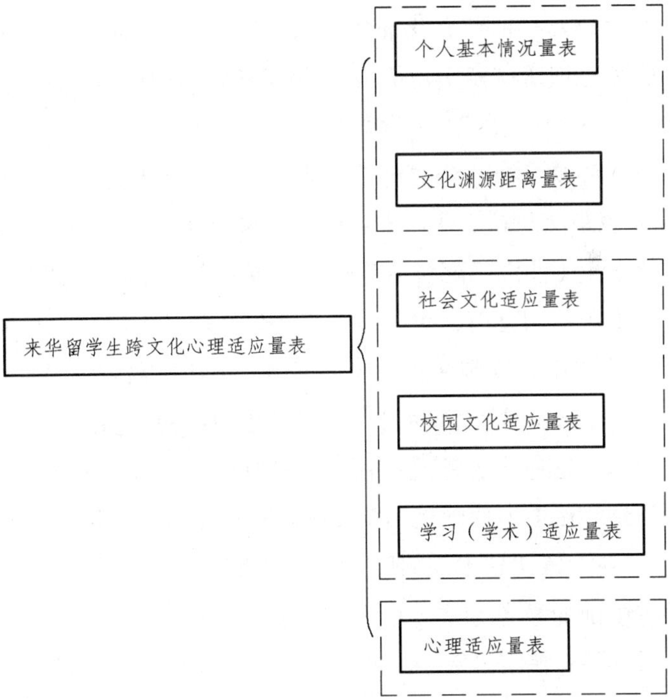

图 1　来华留学生跨文化心理适应量表

国际学生跨文化心理适应是一个由丰富多样的个体变量和各种层次的宏

观社会变量共同调节的过程和结果，跨文化心理适应的量化研究极为复杂。[①]来华留学生来自不同的国家和地区，拥有不同的种族背景、思想意识、宗教信仰和文化习俗，跨文化心理适应干预机制的样本采集、实验研究存在信任、沟通、认同方面的现实挑战，信息及数据真实性有待甄别。高校存在不同的学生文化、管理文化，心理适应问题的多样化、差异化分析，也是量化研究的难点之一。从西南交通大学的问卷调查情况来看（发放问卷 70 份，回收问卷 62 份，其中有效卷 62 份，有效率达 88.6%），以下结果值得重视：

① 留学期不到一年受测群体跨文化心理适应状态普遍表现为不适应，根据个体工作、学习经历及性格特征、知识技能结构、认识能力水平等不同，不适应表现出现程度差异。其中，留学期不到三个月的受测群体，根据留学目的、外域新鲜感及行前跨文化准备不同，第一个月测量结果存在显著个体偏差；受测群体心理适应期平均值为 1 年左右。总体而言，跨文化适应期经过了“蜜月期”—“休克期”—“博弈期”—“适应期”，呈“V”型变化；少数受测个体毕业离校前期的跨文化心理适应水平仍然不高，占比不超过 5%。

② 文化渊源距离与跨文化心理适应水平呈负相关。与中国文化渊源距离较远的来华留学生（非洲、阿拉伯等国家的留学生），测量结果显示入学初期的跨文化适应干预作用显著，对于缩短跨文化心理适应期非常关键。

③ 在适应过程中，校园文化适应程度高，适应性最强的是“你会积极参与与留学生有关的校园文化活动吗？（都会参加或偶尔参加）”。社会文化适应和学习（学术）适应中，不适应占比均较高两者存在正向关联。社会文化适应性最弱的是“在中国驾驶汽车”“理解中国式幽默”“掌握汉语”“与中国人沟通交流”“在中国遇到不满的服务需要申诉”等；学习（学术）适应性最弱的是“适应中国的教育方式（较为困难）”“对我来说在中国参加专业实习实践（较为困难）”“在实验室中开展相关实验（较为困难）”和“适应中国的学习任务（较为困难）”。个别学生存在心理不适应的突出问题，主要表现为

① 朱国辉. 西方国际学生跨文化心理适应研究述评[J]. 创新与创业教育，2011，2（2）：51.

担心、焦虑、不自信、不快乐。

④ 结果表明高频率的社会交往，特别是跨文化交流，将有助于留学生更好地适应中国文化、校园文化。事实上，留学生对于生活、学习等一般性个体困惑更愿意从本国同胞处寻求帮助，其次是其他国家的留学生，最后是中国学生。

（二）大学文化传承与创新视域下来华留学生跨文化心理适应干预路径的探讨

对来华留学生跨文化心理适应进行干预，一方面，应建立以心理课程、咨询机构、专门队伍为基础，跨文化心理健康标准、心理辅导技术（朋辈辅导、团体辅导等）、心理体检制度、心理宣泄与疏导平台、干预评估跟踪体系等要素相互作用的留学生跨文化心理适应一般性干预机制。另一方面，应立足“文化冲突”的诱因和呈现形式，系统设计文化学意义上的留学生跨文化心理适应主动干预路径，结合留学生生源国文化以及世界主要文化区文化共性特征，高度重视趋同化管理对心理适应产生的叠加作用、多元文化影响与心理和谐构建间的重要关系，以留学生文化建设为牵引，通过文化内生因素的因势利导，系统化、常态化地对留学生跨文化心理适应问题进行科学干预，以自我调解、外部干预、文化熏陶等多元方式推动留学生在新环境、新变化中有效、平稳适应，不断增强生活满意度、教育满意度、价值认同、文化认同等正面心理变量，减少抑郁、焦虑、孤独、怀疑等负面心理变量，逐步实现留学生跨文化心理适应过程中同化与顺应的平衡。从实践层面来说，就是要充分发挥文化整合、导向、维持秩序、传续的功能与作用，在“文化育人”的过程中推动实现跨文化的心理适应。具体而言：

① 探索建立留学生跨文化心理适应“融合场”。建立留学生国别文化、民族文化、共同体文化与中国文化、大学文化共生共享的跨文化心理适应“融合场”，以文化互通和文明互鉴，引导留学生正确认识中外社会（校园）文化差异，自发调节心理及行为，增强留学生展现本国及民族文化、了解并融入中国文化的主动性，激发留学生的学习兴趣与适应动机。可开设国际学生风

情展、国际大学生艺术节、国别文化周、国际文化沙龙等国际化活动，鼓励和支持中国学生与留学生共同搭建跨文化、跨学科的科创、艺术、人文交流及对话平台；依托学校国际科研平台和开放型智库，建立留学生进入其所在国家或相关区域研究项目的参与机制；菜单式、专业化地建立留学生跨文化适应课程体系、中国文化课程体系，并合理构建与专业教育相互衔接的培养机制等。

② 探索建立留学生跨文化心理适应“自助圈”。建立体现大学特色和留学生健康向上、知华友华亲华品格的跨文化心理适应“自助圈”，以生活互助和学习互促，推动留学生群体内多元文化的交叉融合，增强留学生在异质文化交流中的自信心与责任感。可在兼顾涉外安全、政治安全、国家安全的前提下，支持留学生国别化、主题化地自发构建知识探究、汉语学习、文化研习的兴趣小组；在学校外事和学生部门领导下，组织成立留学生组织（学生会、联合会），开展留学生自我管理；加强国际学生生活园区、教学园区、文创园区软硬件建设，鼓励留学生进行园区内自助管理及开发设计等。

③ 探索建立留学生跨文化心理适应“交互网”。建立保障留学生生活学习、成长发展的跨文化心理适应“交互网”，以管理互动和情感互信，提升跨文化管理能力和服务效力，增强留学生的认同感和归属感。可集成化建设跨文化服务网络，以需求为导向，通过资源优化配置，成立留学生服务中心等机构，一站式开展综合服务；针对涉外管理、第三方服务购买等特殊需求，人性化开展个性服务；切实加强留学生新生教育，系统实施留学生新生导航计划（FOP），建立留学生成长档案，动态掌握留学生在校生活、学习及毕业后情况，全方位开展过程服务。数字化构筑跨文化信息网络，建立并完善留学生招生、培养、信息发布系统及留学生（校友）数据库、跨文化适应在线资源库等信息化平台建设。标准化建构跨文化制度网络，建立健全法律援助、留学预警、奖助学金、心理疏导、学业及语言帮扶等各类规章制度、指南及流程等。

高校来华留学生安全教育管理研究

● 李昕怡

【摘　要】在全球化背景下，高等教育国际化成为服务国家战略布局的重要支撑，而来华留学生事业的发展在其中起到举足轻重的作用。由于国家大力发展来华留学生事业，来华留学人员数量激增，给各高校安全教育管理带来了新的挑战。因此，多维度加强来华留学生安全教育管理，对于搭建和完善留学生安全教育体系，保障我国来华留学教育事业稳健发展意义重大。

【关键词】来华留学生；安全教育；多维度

On the Safety Education Management of International Students in Universities

● Li Xinyi

Abstract: In the context of globalization, the internationalization of higher education has become an important support to serve the national strategic layout, in which the development of international students education plays a pivotal role. As the country encourages to develop the education for international students, the number of students studying in China surges, which brings new challenges to the safety education management of colleges and universities. Therefore, multi-dimensional strengthening of safety education management for international students is of great significance for building and improving the safety education system for international students and ensuring the steady development of education for international students in China.

Keywords: international students; safety education; multi-dimension

作者简介：李昕怡，西南交通大学国际教育学院原留学生辅导员，学生。自 2018 年起从事来华留学生管理工作。

一、开展来华留学生安全教育的必要性

自 1950 年开展外国留学生教育工作以来，我国留学生教育已有 70 多年的历史，在不断地摸索中从无到有，逐步建立起了一套具有中国特色的来华留学生教育管理制度。2020 年 12 月 22 日，教育部召开第六场教育 2020 收官系列新闻发布会，介绍“十三五”期间教育对外开放工作情况。其中，教育部国际合作与交流司司长、港澳台办公室主任刘锦介绍：“十三五”期间，我国不断规范高校接受国际学生的资格条件，来华留学质量规范与监管体系不断完善，来华留学生结构不断优化。2019 年，来华留学学历生比例达 54.6%，比 2016 年提高 7 个百分点。[①]近 10 年来，来华留学生教育培训事业得到国家的大力支持，国内留学生数量稳步提升，人员结构呈现出多样化特点，对学校的安全教育工作也提出了新的要求。然而，高校普遍缺乏留学生安全教育氛围、留管人员欠缺系统的安全教育素养、各国之间的文化差异等问题的存在制约着留学生安全教育工作的开展。因此，从增强高校留学生安全教育氛围、提高留管人员安全教育素养和激发来华留学生安全学习意识等多维度对留学生开展安全教育，有利于完善和细化来华留学生安全教育管理体系，并且保障留学生在华学习的顺利开展。

二、高校来华留学生安全教育管理的困难

近年来，随着综合国力的显著提升，我国的高等教育也逐步得到国际认可，吸引了大量外籍人士来华学习。据教育部网站数据，2018 年共有 196 个国家和地区的 49 万余名各类外国留学人员在我国 1004 所高等高校学习[②]，留学生教育和培养事业得到长足发展，使得我国成为亚洲最大的留学目的国。与此同时，国内新增大量高校将招收留学生纳入学校发展计划，旨在推进和

① 中华人民共和国教育部网站. 教育 2020 收官系列新闻发布会[EB/OL].（2020-12-22）[2021-05-07]. http://www.moe.gov.cn/fbh/live/2020/52834/mtbd/202012/t20201222_506974.html.

② 中华人民共和国教育部网站. 2018 年来华留学统计[EB/OL].(2019-04-12)[2021-05-07]. http://www.moe.gov.cn/jyb_xwfb/gzdt_gzdt/s5987/201904/t20190412_377692. html.

提高学校的国际化办学水平。但由于留学生们来自不同的国家和地区，他们接受的前一阶段教育、文化背景各不相同，且风俗习惯存在差异，导致他们在华生活学习适应力参差不齐。同时，新开展来华留学教育的高校数量迅速增多，留学生管理队伍业务生疏，缺乏处理与留学生相关的突发涉外事件的管理经验和能力，且高校也不能及时有效地将留学生纳入原有体系进行安全教育，因而不能有效预防留学生安全事件的发生或进行处理。长此以往，会导致留管人员工作任务繁重，高校进行留学生安全教育难度加大。

三、强化来华留学生安全教育的建议

（一）增强高校留学生安全教育环境

各高校要积极开展来华留学生安全教育宣传活动，利用 QQ、微信公众号和微博等平台向留学生推送安全知识，如宿舍安全用电提示、校内外交通安全提示和反电信诈骗宣传等，并且依托这些媒介向留学生报道校内校外的安全事件，提高学生的防范意识。同时联合出入境管理局、学校保卫处、校医院等部门定期为留学生举办安全知识专题讲座，如出入境管理、相关证件办理、心理健康教育、常见的传染病防治等，使留学生的安全意识在潜移默化中得以提高。

同时将留学生安全管理制度纳入学生日常管理中，严格执行如请销假制度和校外住宿申请及审批制度，定期走访校内外学生宿舍，排查安全隐患，假期前后统计学生出行信息及返校情况等，在留学生日常生活和学习中营造安全教育氛围。

（二）提高留管人员安全教育素养

《学校招收和培养国际学生管理办法》指出："高校应设置国际学生辅导员岗位，了解国际学生的学习、生活需求，及时做好信息、咨询、文体活动等方面服务工作。"作为留学生生活事务方面的直接管理者，留学生辅导员负责学生的安全教育和管理工作，如入学教育、居留许可办理、心理健康教育以及突发情况处理等，是留学生教育工作中非常重要的一环。[①]高校应当定期组织留管人员的业务学习和培训，深刻领会相关文件精神，增加涉外工作知识储备，提高处理涉外突发事件的能力。留管人员应具备不同国家的政治、历史和文化等相关常识，在日常管理中树立“跨文化交流意识”，增强同其他院校间的联络，互相交流涉外工作管理经验，分享有关案例处理，进而形成长效机制，对来华留学生做好精细化管理。

（三）增强留学生安全学习意识

首先通过“中国文化”和“中国概况”等课程对学生开展中国国情教育，让来华留学生了解中国社会的发展情况，对自己生活和学习的环境有全局性的认知。其次定期召开安全教育主题班会，引导留学生分析因自身缺乏安全防范知识和能力而引发的安全事故，提高留学生学习安全知识的自主意识。同时，在日常管理中对留学生进行常规安全防范能力训练，教他们解决常见安全问题的方法，将安全落到实处。

结语

来华留学生的安全管理是一项重要且复杂的涉外工作，各高校应从学校环境、管理人员和来华留学生本身等维度，不断完善来华留学生安全管理的各项机制，推动我国来华留学生事业健康稳定发展。

参考文献

[1] 曹锋. 新形势下加强高等学校来华留学生管理策略浅析——基于广东工业大学的留学生教育[J]. 广东工业大学学报（社会科学版），2008（S1）：278-280.

[2] 彭云，田东林，朱耀顺. 云南高校留学生安全管理问题研究[J]. 云南农业大学学报（社会科学版），2011，5（6）：99-102.

---

① 吴丹. 来华留学生安全教育管理创新研究[J]. 黑龙江教育（理论与实践），2015（12）：67.

[3] 汤晓军. 高校来华留学生安全教育管理研究与实践[J]. 哈尔滨职业技术学院学报，2021（1）：70-72.

[4] 吴丹. 来华留学生安全教育管理创新研究[J]. 黑龙江教育（理论与实践），2015（12）：66-68.

[5] 赵南森，何磊磊，李家辉. 新形势下外籍留学生安全管理的挑战与对策[J]. 吉林广播电视大学学报，2019（6）：158-160.

来华留学生质量问题及解决路径

——以西南交通大学为例

● 黄伊舲

【摘　要】扩大来华留学生规模是西南交通大学来华留学生工作的重点内容，但如何在增加人数的同时，提高来华留学生生源质量，也是学校需展开讨论的课题。目前，西南交通大学因来华留学生前置学业基础薄弱、留学服务支撑系统不够完备、全球疫情不稳定性等原因，存在部分来华留学生质量不高的现状。欲提升西南交通大学来华留学生质量，需进一步加强招生宣传工作，优化西南交通大学留学服务配套体系，强化中置学业管理。

【关键词】来华留学生；生源质量；留学生日常管理

Analysis on the Problems of International Students' Quality and Countermeasures

—— A Case Study of Southwest Jiaotong University

● Huang Yiling

Abstract: Expanding the scale of international students is the key content of the work for international students of Southwest Jiaotong University. However, how to increase the number of international students while improving the quality of them is also a topic that the university needs to discuss. At present, due to the weak previous academic background, incomplete service support system and unstable situation of

作者简介：黄伊舲，西南交通大学国际教育学院留学生专职辅导员，助教，主要从事来华留学生管理研究。

Covid-19 all over the world, the quality of some international students of Southwest Jiaotong University is not high. In order to improve the quality of them, the university needs to optimize the admission process, improve the supporting service system, and strengthen the academic management and supervision.

Keywords: international students in China; quality of student source; daily management of international students

人类命运共同体的议题下，国际交流愈发重要，教育层面的交流则是重要一环。为落实《国家中长期教育改革和发展规划纲要（2010—2020 年）》，加强中外教育交流与合作，推动来华留学事业持续健康发展，提高我国教育国际化水平，教育部出台《留学中国计划》，到 2020 年，要使我国成为亚洲最大的留学目的地国家。2021 年秋季，西南交通大学共录取来华留学生 93 人，2020 年秋季为 111 人。从数量上看，因受疫情影响，相较于 2019 年来华留学生录取人数均有所下降。

扩大学生规模是西南交通大学来华留学生工作内容的重点之一，但如何在增加人数的同时，提高来华留学生质量，也是西南交通大学亟待解决的问题。根据《西南交通大学来华留学工作行动计划（2020—2022 年）》，学校来华留学生工作的重点任务之一是保证质量，内涵发展。因此，深挖西南交通大学来华留学生质量问题并开展行之有效的解决措施，是推进行动计划的重要一环。

一、西南交通大学来华留学生质量问题表现

来华留学生质量的重要性不言而喻。“在经济全球化与国际关系日趋紧密的背景下，越来越多的国内高校将招收与培养留学研究生作为提升高等教育国际化水平、扩大学校国际影响力的重要举措。”[①]生源质量不高，将导致以留学生带动校园国际化和多元化建设努力失效，也将引起国内民众对于来华

① 李海生，龚小娟. 来华留学研究生教育中的生源问题及对策分析[J]. 学位与研究生教育，2017（8）：32-37.

留学生造成教育公共资源浪费、对本土招生存在公平冲击等各类舆情。[①]目前，西南交通大学来华留学生主要存在语言能力、专业基础薄弱，学习进展缓慢等现象，最终导致培养质量欠佳。

（一）语言能力薄弱，难以顺利开展专业学习

根据 2018 年 10 月 9 日教育部公布的《来华留学生高等教育质量规范（试行）》（教外〔2018〕50 号）要求，以中文为专业教学语言的学科，专业的中文能力要求应当至少达到《国际汉语能力标准》四级水平。对于以外语为专业教学语言的学科、专业，高等学校在来华留学生入学标准中应当明确规定应有的外语能力要求。自 2019 年开始，西南交通大学严格审核以中文为专业教学语言新生的汉语考试成绩。较多学生虽在入学前通过了 HSK 四级考试，但仍发现较难自如地使用汉语完成深入的专业学习。同时，对部分以外语为专业教学语言的学生，其英语水平也无法达到高水平的专业学习要求。一些来自非英语国家的研究生无法流利地使用英语参与日常教育教学活动，也与导师较难就专业问题进行交流。薄弱的语言能力较大地影响了西南交通大学来华留学生的培养质量，一定程度上影响了完整正常教学的开展。

（二）专业基础薄弱，学业进展缓慢

总体来看，西南交通大学来华留学生来源覆盖范围仍主要集中在亚洲、非洲的发展中国家，来自欧洲、美洲、大洋洲的留学生数量总量和占比都较小。目前西南交通大学留学研究生主要来自巴基斯坦、埃塞俄比亚、苏丹等国。这些国家的高等教育发展水平欠佳，而大多来华留学生的前置学位院校排名不佳，大多无法进入全球大学排名榜单，导致来华留学生的专业基础薄弱，尤其以数理基础最为突出，无法满足学校的科研要求或配合导师开展学术工作，进而无法在规定时间内完成学业。

---

① 刘进. 来华研究生因何质量不高——基于结构-功能-环境的深度访谈研究[J]. 学位与研究生教育，2020（12）：53-60.

二、西南交通大学来华留学生质量问题出现原因

（一）留学区域流动暂未出现大变动

相较于传统留学大国，我国较晚开始大规模招来华留学生。“国际生源竞争和来华研究生跨境流动环境已经形成固化模式，中国作为全球留学秩序的挑战者，短期内尚难撼动优质国际生源向欧美等地区的传统流动路径。”[①]

（二）配套服务体系不够完备

整体而言，西南交通大学教学、生活服务体系已趋完善，涵盖了在校生学习和生活的各方面，但部分针对留学生的配套服务，如离校手续等，其办理流程相较于中国学生而言较为复杂，无法为来华留学生提供更为便捷、轻松的留学环境，一定程度上将削弱学校对优质生源的吸引力。

（三）全球疫情不稳定性

目前，全球疫情仍处于不稳定状态，世界各国的人员流动与国际合作交流均在不同程度上受到影响。或因对我国疫情防控政策持观望态度，或在疫情冲击下跨境留学积极性降低等原因，境外学生来华留学的意愿在不同程度上受到了影响，导致部分优质生源流失。

三、应对措施

新冠肺炎疫情的世界大流行令全球的留学事业受阻，一定程度上也加剧了来华留学生工作的难度。如何在这一困难时期既扩大来华留学生规模，又保证留学生质量，是西南交通大学急需攻克的难题。

来华留学生质量不高并非西南交通大学个例。当前，“我国正处于留学生教育从规模扩张到质量提升转型的关键转型期，早期以扩大规模为核心目标的来华留学生招生工作战略及相关结构、功能、环境设计亟待改变”[②]。根据

---

① 刘进. 来华研究生因何质量不高——基于结构-功能-环境的深度访谈研究[J]. 学位与研究生教育，2020（12）：53-60.

② 刘进. 来华研究生因何质量不高——基于结构-功能-环境的深度访谈研究[J]. 学位与研究生教育，2020（12）：53-60.

学校来华留学生质量不高的原因，西南交通大学可进一步加强招生宣传工作，优化西南交通大学留学服务配套体系，将留学生真正纳入全校学生工作服务对象，并强化留学生中置学业管理，实现将来华留学生由“负担”转变为“资源”。

（一）加强招生宣传工作

新冠肺炎疫情是一次全球突发公共卫生事件，给境外学生带来诸多不稳定因素。在疫情影响下，申请来华留学学生人数明显减少，优质生源也存在一定程度的流失。在这一挑战下，来华留学招生宣传工作应迅速进行调整，确保信息沟通渠道畅通，及时回复申请者的疑问，使境外学生能及时了解中国和学校的各类政策与当前情况。同时，应进一步挖掘招生渠道、拓宽招生宣传路径，充分运用国内外各种社交平台开展招生宣传，确保招生信息有效传递，使学校能在疫情期间保持较高曝光度与知名度。

（二）优化留学服务配套体系

高效优化的配套服务体系，有助于来华留学生顺利开展学习和在华生活，也能提高对更多优质生源的吸引力。目前，西南交通大学面向留学生的部分配套服务办理流程较为复杂。各部门应厘清各自的工作职责与内容，健全优化配套的服务体系，实现信息的顺畅流通，令来华留学生明晰各项工作流程，强化国际化校园氛围，在来华留学生群体中打造优质服务口碑，进而吸引更多优秀来华留学生。

（三）强化中置学业管理

前置学业基础薄弱对来华留学生日常学业生活管理工作提出了更高的要求。目前，西南交通大学来华留学生由国际教育学院统一归口管理，配有四名留学生专职辅导员，在学生工作部统筹下，负责来华留学生日常管理工作，并协调和配合有关单位负责做好来华留学生的后勤保障和服务工作以及培养工作。留学生专职辅导员可协助导师加强留学生的学业管理，通过谈心谈话等方式帮助留学生更好地适应在华生活与学习，更快更好地融入校园与学术研究氛围。

来华留学生辅导员队伍建设路径分析

● 张可菁

【摘　要】来华留学生教育事业在当今中国高等教育中扮演着越来越重要的角色，承担着教育国际化和“一带一路”倡议的重要使命。随着“一带一路”沿线国家和地区的国际学生来华学习，留学生辅导作为留学生管理工作的主要承担者和实施者，是留学生管理工作的中坚力量。加强留学生辅导员队伍建设对提高留学生的整体素质、培养高质量的国际学生、实现高校人才培养和国际交流的事业都起着至关重要的作用。

【关键词】来华留学教育；留学生辅导员；辅导员队伍建设

Research on the Team Construction of Advisors for International Students in China

● Zhang Kejing

Abstract: International students education in China is playing an increasingly important role in China's higher education today, and it bears the important mission of the educational internationalization and the "Belt and Road" initiative. As students from "the Belt and Road" regions and countries come to study in China, international students advisors are the main undertaker and implementer of students management, also they are the backbone force of international students management. Strengthening the construction of international students counselors plays a vital role in improving the

作者简介：张可菁，西南交通大学国际教育学院留学生辅导员，讲师，主要从事来华留学生管理研究。于2018年起从事本科生管理、留学生管理、港澳台学生管理。

overall quality of international students, cultivating high-quality international students, and achieving the goals of talent training and international exchanges in universities.
Key words: international students management; advisors; team construction

一、序言

随着改革开放和我国综合国力的增强，我国国际影响力进一步提升，越来越多的国际学生来到中国学习。而"一带一路"倡议吸引了更多亚洲沿线国家和地区的学生来到我国高校就读。据教育部数据统计，2018 年中国有来自 196 个国家和地区的 49 万多名留学生在我国的 1004 所高等院校学习，与上一年相比增长了 0.62%。其中，前十个来源国中"一带一路"沿线国家占据七个，而韩国、泰国和巴基斯坦的国际学生占据前三。新时代下，来华留学教育作为当今教育国际化的关键组成部分，在加强国际交往和文化传播、服务我国外交大局和改革开放事业上扮演着重要角色。来华留学生辅导员作为学生工作的第一线工作者和留学生的直接管理者与教育者，在留学生培养中发挥着最直接的影响。

2017 年教育部出台的《普通高等学校辅导员队伍建设规定》明确指出，辅导员是高等学校教师队伍和管理队伍的重要组成部分，是高校学生日常思想政治教育和管理工作的组织者、实施者和指导者。对于留学生来说，辅导员的主要职责在于思想引导、日常管理、安全稳定相关、心理辅导和留学生独有的外事工作。

二、来华留学生辅导员能力要求

（一）外语能力和跨文化沟通能力

国际学生来自不同的国家，拥有不同的文化背景，学生间个体差异较大。大多数学生都是第一次离开祖国前往陌生国家开始长期的学习生活，语言环境都较为陌生。辅导员需在学生报到时指导新生熟悉入学流程和校园环境，帮助学生尽快适应在华的高校生活，并且要定期与学生进行谈话、走访，了解学生状态，及时疏导、排解学生因身处陌生的语言文化环境中所产生的担忧、低落、害怕的情绪。

与此同时，跨文化交际能力也在留学生日常管理中发挥出了愈发重要的作用。大多数留学生对于中国传统的儒家文化较为陌生，且和中华文化推崇的集体主义相比，留学生更加注重个人主义。辅导员需设身处地了解学生所在国的文化和社会习俗，根据学生的宗教和文化差异来因人而异进行沟通。

（二）处理突发外事安全事件的能力

来华留学生的安全事件往往比中国学生更加复杂，因为通常还涉及属地派出所、当地出入境管理部门、外事办公室、学生所在国家的大使馆和领事馆等外事部门。若发生突发事件，所需办理的手续和步骤将会更加复杂。而这就要求来华留学生辅导员在处理学生相关事件时充分考虑可能带来的影响，谨记“外事无小事”的工作原则，更加小心谨慎地处理学生事件，同时及时总结处理过程中的经验教训、形成预案，避免可能出现的风险点。

在处理留学生问题上，要注意“趋同化”管理。在学生管理上需参照中国学生的管理模式，而在教学培养上要做到一视同仁、高标准要求提升来华留学生的教育培养质量。需要注意的是，因为留学生群体的特殊属性，这种“趋同化”管理并非对一切中外学生差异的忽视和抹杀，而是“以学生为本、以不同文化为载体”中的求同存异。

（三）心理辅导与咨询的能力

大多数留学生都是第一次来到中国进行长期的学习生活，在语言文化环境和生活习俗上与中国学生的差别较大，适应在华校园生活所花费的时间和精力更加漫长。学生在来华初期会因为语言和文化的不通而产生烦闷、低落的情绪，因此，在新生到校的初期，辅导员要密切关注学生状态，及时了解和发现学生是否出现低落、焦躁、紧张等反常情绪。学生因为存在语言和文化的障碍，不一定会主动向老师、同学倾诉自己的问题与困难，这就要求辅导员更加关心学生，了解学生产生负面情绪的原因，疏导学生的心理压力、安抚学生情绪。

与此同时，辅导员还可联系学校心理咨询部门为学生开展“跨文化适应”的讲座与心理咨询，开展中国传统文化体验活动与沙龙，帮助学生积极融入在华生活。同时，也可利用好校内学生组织和留学生国家代表，对新生进行“一对一”的关心和帮扶。

三、来华留学生辅导员队伍建设分析

（一）加强对留学生辅导员的选拔和培训

来华留学生辅导员需区别于本国学生辅导员进行单独招聘，在笔试和面试环节加入英文能力考察，听和说的能力尤为重要。在日常工作中，增加对留学生辅导员的管理能力、跨文化沟通能力、心理辅导能力、外事能力的培养，还可以积极邀请当地出入境管理部门讲解与外国人有关的政策和出入境管理条例，请外事工作经验丰富的相关人员开展讲座与培训。

除此之外，通过实地考察、调研等方式对其他高校的留学生管理模式做采访和探索，吸收优秀高校的管理经验与方法。以岗前培训和日常培训相结合的立体化培训体系来鼓励留学生辅导员通过培训系统地提高自身素质和职业能力，为专职辅导员迅速适应角色、开展工作奠定基础，同时也为辅导员自身成长和职业发展创造条件。①

（二）来华留学生辅导员队伍人员身份的界定

留学生因为其群体的特殊性，不便被纳入大学生思想政治教育体系，在高校管理中往往由国际教育学院或者国际合作与交流处来进行单独的归口管理。相对应地，留学生辅导员往往也未列入中国学生辅导员的队伍中，考虑到工作对象、工作内容、工作要求的不同，这也有助于对辅导员进行单独的管理和考核。然而，角色的定位模糊、身份的界定不明使得留学生辅导员缺乏所需的专业化培训，留学生日常事务的繁琐也使得辅导员疲于处理琐碎杂

---

① 张巍. 新形势下来华留学生辅导员队伍建设研究[J]. 教育教学论坛，2020（37）：23-24.

事，留学生辅导员往往还身兼教务、财务、后勤等工作，角色定位模糊。

与传统的中国学生辅导员相比，留学生辅导员的专业性更强、特殊性更加明显，所承担的政治使命更加艰巨，其专业化与职业化发展也理应受到更多关注。明确留学生辅导员在日常管理中的角色，推动留学生工作中招生、教务、辅导员的分层分块管理，理顺工作职责，有利于推动留学生管理的精细化和规范化。

（三）建立留学生辅导员的职业发展保障机制

科学完善的保障机制是留学生辅导员成长发展的必要条件，也是建设留学生辅导员队伍的重要内容。目前存在留学生辅导员的晋升体制不明晰、职业发展前景不清晰的问题。高校要从战略高度理解和认识留学生辅导员队伍建设的重要意义，把留学生队伍建设作为学校国际化教育发展和培养人才队伍的重要环节，重视留学生专职辅导员队伍的培养和成长，为其发展提供有力的制度保障，在职称晋升和职业发展方向创造和中国学生辅导员的同等待遇，从而全面提升留学生专职辅导员的工作尊严和认同感。①

留学生辅导员队伍的发展与建设离不开学校自上而下对来华留学教育事业的高度重视，将来华留学教育事业纳入学校的发展战略中，完善奖励机制。根据调研，目前全国有不少高校开设了留学生辅导员研修班、为辅导员提供进修机会、开办辅导员沙龙、提供朋辈同事间相互学习交流的机会，对考核优秀的辅导员予以一定奖励。②

四、结语

来华留学教育作为新时代教育国际化的重要内容，留学生来到我国高校进行长期的学历学习已经形成一定的趋势和规模。来华留学生辅导员作为与学生交流沟通的第一线工作人员，其形象直接代表了学生对所在学校和我国的印象与感情。辅导员在日常工作中还需注重提高自身的外语沟通能力、跨

---

① 段佳蓓. 国际学生专职辅导员队伍建设的思考[J]. 智库时代，2020（13）：58-59+79.

② 游梦佳. 来华留学生辅导员职业能力及提升研究[J]. 科教导刊，2016（17）：158-160.

文化沟通能力，提升与学生交流的效率、避免误会与文化冲突；同时加强自身处理突发事件的能力和开展心理咨询的能力。高校需从加强来华留学生辅导员的选拔和培训、明确界定辅导员角色、完善留学生辅导员的职业发展保障机制来整体提升留学生辅导员的队伍建设，为培养“知华、友华、爱华”的国际人才提供师资保障，为我国的国际高等教育事业贡献力量。

我国工程类大学生全球胜任力培养路径研究刍议

● 许军华　杜　娟

【摘　要】伴随着经济全球化、教育国际化浪潮在我国的纵深推进，如何培养具有全球胜任力的高等工程技术人才，是我国高等工程教育目前面临的新挑战。本文通过借鉴发达国家高等工程教育界学生“全球胜任力”的培养经验，探讨了我国高等工程教育人才培养过程中“全球胜任力”的内涵，即擅长专业技能、兼备多学科知识；具有国际化视野；通晓国际“游戏规则”，熟悉全球市场；外语熟练，适应跨文化沟通；具备国际团队协作能力；坚持自我学习；具备民族自信心等。指出我国高等学校可以通过国际化教育理念的培育、国际化人才培养方案的优化、学生的国际间流动、教师国际化能力的提升、产学研国际合作与交流平台的建设等途径培养学生的全球胜任力。

【关键词】高等工程教育；人才；全球胜任力

Study on the Cultivation of Talents' Global Competency in Higher Engineering Education in China

● Xu Junhua　Du Juan

Abstract: The unique force for globalization is from individuals' entering arena of global cooperation and competition. How to cultivate talents with global competency is the challenge for current higher engineering education in China. Reference to the definition of global competency and experiences from developed nationals, the paper

---

作者简介：许军华，西南交通大学地球科学与环境工程学院副书记、副院长，副研究员，主要从事高等工程教育、大学国际化研究。
杜娟，西南民族大学团委，助理研究员，研究方向：思想政治教育、青年工作。

explains the connotations of global competency in higher engineering education at China includes: a solid major basis, knowledge on multi-disciplines, international vision, understanding global market and game rules, proficiency in foreign languages, cross culture communication skills, team spirit, self-learning ability, national confidence, etc. The paper points out, the channels for cultivation of talents' global competency in higher engineering education at China includes: introduction of international education concept, design of internationalized curriculum, international students mobility, the improvement of teachers' internationalization, and construction of international cooperation and exchange platform for industry–university–research.
Keywords: higher engineering education; talent; global competence

全球经济一体化与我国教育对外开放的深入发展决定了我国高等工程教育国际化的发展战略。国际化发展战略背景下，我国高等工程教育人才培养的内容、方法、目标正面临着新的挑战，高等工程教育国际化的核心是国际化人才的培养，而国际化人才培养的关键是如何培养人才的全球胜任力。

新世纪以来，伴随着世界经济的扁平化发展以及高等教育国际化的浪潮，世界主要发达国家的高等工程教育机构就如何培养既能胜任全球经济发展需求又能服务国家核心利益的工程技术人才展开了深入研究，并形成了“人才全球胜任力”的相关理论，指导着高等工程教育国际化的实践。[①]我国高等工程教育自“西学东渐”之后，经过百余年的发展，在学生规模、基础设施建设等方面已经形成了工程教育大国的局面，拥有着全球最大工科人才资源。但我国高等工程教育在其理念、机制、人才培养模式、教学方法等方面均存在与社会经济发展脱节的问题，尤其是在培养“面向世界、面向未来、面向现代化”的社会急需工程技术人才的目标上缺少准确而富有内涵的定位。本文将对我国高等工程教育中国际化人才培养目标重要内容，即培养具有“全球胜任力”的国际化人才进行阐述，分析该人才培养目标的构成要素及内涵，

① 乔浩凤. 美国戴顿大学的国际化发展战略[J]. 教育评论，2013（3）：162-164.

并设计出人才全球胜任力的培养路径，为我国高等工程教育机构教学实践提供参考。

一、人才全球胜任力的定义

自 1973 年麦克利兰在《测量胜任力而非智力》一文中提出胜任力的概念、特征和原则，国内外学者就胜任力概念、胜任力模型、胜任力建模方法等方面进行了深入研究。在胜任力概念内涵上，麦克利兰认为，胜任力能区分在特定工作岗位、角色或者情境中绩效水平的个人潜在的特性。[①]彭剑锋认为，胜任力是驱动一个人产生优秀绩效的个性特征的集合，它反映的是可以通过不同方式表现出来的个人的知识、技能、个性和内驱力。[②]在厘清胜任力概念的基础上，进一步形成了胜任力冰山模型[③]、素质洋葱模型[④]、梯形模型[⑤]、金字塔模型和 FPEB 模型[⑥]等。同时，采用行为事件访谈法[⑦]、职能分析法[⑧]、关键成功因素法[⑨]等实证建模方法将胜任力的研究从人力管理扩展到教育管理领域。如时勘、王继承、王重鸣等学者从人力资源和管理绩效评价入手，对胜任力的概念、测量量表、要素、特征等方面进行了深入的探讨；陈岩松、汤舒俊、罗小兰、刘叶云等学者重在关注教师的专业素养、品质、职业规划、评价模式等方面的胜任力；曹大宏、范冠华、王雷等学者关注了学生职业胜任力的要求；滕珺和乔浩凤关注了国际化视野下的人才全球胜任力问题，但

① McClelland C. Testing for Competence Rather than for Intelligence[J]. American Psychologist, 1973(28): 1-14.

② 彭剑锋，荆小娟. 员工素质模型设计[M]. 北京：中国人民大学出版社，2003.

③ Boyatzis R E. The Competent Manager：A Model for Effective Performance[M]. New York：John Wiley & Sons，Inc, 1982.

④ Spencer L M，Spencer S M. Competence at Work：Models for Superior Performance[J]. New York: John Wiley & Sons Inc, 1993(17): 18-24

⑤ 何志工，李辉，程广林，等. 人力资源经理胜任素质模型[M]. 北京：机械工业出版社，2005.

⑥ 彭剑锋，刘军，张成露. 管理者能力评价与发展[M]. 北京：中国人民大学出版社，2005.

⑦ 杨序国. 考量——让老板看到人力资源管理的价值[M]. 长沙：湖南科学技术出版社，2005.

⑧ 彭剑锋. 人力资源管理概论[M]. 上海：复旦大学出版社，2003.

⑨ Dubois D. Competency-Based Performance Improvement: A Strategy for Organizational Change [M]. Amherst Mass. HRD Press, 1993.

是这些研究很少涉及如何培养学生的胜任力，并且尚未涉及学生全球胜任力的培养。①

随着经济全球化和高等教育国际化，人才全球胜任力（Global Competency）引起了国内外学者的广泛关注，学者们对人才全球胜任力的概念和定义进行了详细的探讨和分析。如美国高等教育协会将人才全球胜任能力定义为“拥有国际化的知识及视野，拥有良好的外语沟通能力，较强的专业技能，并能与来自不同文化背景、使用外语的人们在当今互为依靠的国际化社会中有效学习、工作的能力”②。又如，在高等工程教育领域的美国弗吉尼亚理工大学盖瑞·李·东尼教授及其研究团队从工程教育的视角认为学生的全球胜任力是“拥有扎实的专业知识，较强的认同感，并有与从异己角度看问题的人们协同工作的能力”③。他进一步指出，具有全球胜任力的工程师应了解并熟悉来自不同国家、地区的工程师或非工程师的工作方式、方法；应能理解并分析出异域文化可能导致各国工程师对工程本身异己的视角看法；应拥有在多元文化工作环境下与各国工程师们求同存异，解决工程复杂问题的能力。随着我国与世界各国交往不断加强，不同文化的交融碰撞日益激烈，跨国、跨地区各类复杂工程的涌现使培养具有全球胜任力的人才，即要求熟悉我国国情，并能在全球化进程中能领军世界各项复杂工程的国际化工程技术人才成为我国高等工程教育的当务之急。

二、人才全球胜任力的内涵

要在当今世界工程界立于不败之境，Jed Willard（2013）列举了具备全球胜任力的毕业生所必需的 22 种技能④，我国的高等工程技术人员除了需要较

① 滕珺，曲梅. 联合国未来胜任力模型分析及其启示[J]. 中国教育学刊，2013（3）：5-7.

② NEA Education Policy and Practice Department. Global Competence is a 21st Century Imperative[EB/OL].（2013-08-01）. http://www.nea.org/assets/docs/PB28_Global Competence.pdf.

③ Downey G L, Lucena J C, Moskal B M, etal. The globally competent engineer: Working effectively with people who define problems differently[J]. Journal of Engineering Education, 2016, 95 (2): 107-22.

④ Willard J. Global Competency[EB/OL].（2013-07-30）. www.nafsa.org/_/File/_/global_competency_2.pdf.

强的领导能力、独立性、创新精神、职业的灵活性之外，更需重点培养学生以下几个方面的全球胜任力：

（一）擅长专业技能，兼备多学科知识

现阶段我国经济发展的主要任务仍然为加快推进工业化与城镇化进程，伴随着全球化的发展以及我国改革开放的深入、产业结构的调整与升级以及现代化进程的加速，我国将进入学科交叉与技术集交相融合的知识经济时代。“复合型”工程技术人才的需求将不断加大，“复合型”工程技术人才不仅需要扎实的专业基础知识，还需要具备当代社会发展所必备的多方面业务技能；不仅能解决单个工程技术难题，还要能洞察整个产业链的发展，同时了解一个产品的设计、生产、销售、售后服务的整个流程，拥有处理各种工作任务的能力，并拥有涵盖经、管、人文、历史等多个方面的知识结构。“复合型”工程技术人才是解决未来社会复杂问题的主力军，这也是“为什么发达国家把培养精通世界经济贸易、擅长跨国企业管理、掌握先进科学技术、兼备技术和管理能力的复合型人才作为国家发展战略”①的原因之一。

（二）拥有国际化视野

国际化的视野即用全球化的思维方式，以开放的心态从全人类的角度去认识、了解各国历史脉络、文化规范、传统习俗、艺术等，并能从复杂的国际发展形势中洞察全球化的实质及其与本土文化的关联。具有全球胜任力的工程技术人员应有较强的文化自觉能力，能认识到“只有民族的才是世界的”，同时能积极地吸收并借鉴外国先进文化，处理好工程与人类、自然的关系，并能从国际化维度思考其专业领域问题，进而更好地在多学科、多元文化环境之中解决工程技术难题。

（三）知晓国际“游戏规则”，熟悉全球市场

“知己知彼，百战不殆。”我国未来的工程师进军国际市场，在了解异域

---

① 林健. 面向世界培养卓越工程师[J]. 高等工程教育研究，2012（2）：1-15.

历史、文化、习俗之后，还需要了解当地的地理、经济，熟悉当地法律法规、政府管理模式、市场经济运行模式、融资方式以及当地的公共政策等内容，并能根据当地人的需求设计出可持续发展并适合当地风俗的产品。正如在改革开放初期，外国企业进入中国市场需知晓我国法律法规、熟悉我国金融环境、了解我国消费群体需求一样，未来我国企业大规模走向国际市场时，管理者与工程技术人员将会更多地面临国际通用规则、惯用的技术标准、书写规范、标准化流程等困境。工程技术人员加强其专长领域的国际化标准与规范的学习将会进一步提升其技能，开阔其国际化视野。

（四）精通外语，适应跨文化沟通

目前，英语仍是全球商业界与工程界通用的语言，掌握并能熟悉运用英语是我国未来工程技术人才的必备素质，即能用英语进行交流能有效地建立友谊、穿透文化壁垒、赢得他人的尊重与信任。各国工程技术人员用同一语言沟通将有效避免专业术语的误解及技术事故的发生，同时可以帮助工程技术人员获取专业领域国外的先进信息、经验，帮助其对外国同事所拥有的不同价值观、信仰、习惯的理解。

不同文化背景下成长的工程师在诊断与处理技术问题时可能有不同的看法和方式。由此可能导致国际技术团队内部的意见相左，在不同的国家与地区，同样的语言或肢体语言有可能因地域习俗的不同而有不同的理解，不同的文化对友谊、时间观念等的理解各有侧重，这就要求我们的工程技术人员能站在对方的角度，采取包容理解的态度，理解当地文化环境中的语言和风俗，达到有效的沟通。

（五）具有国际团队协作能力

在跨文化环境的团队中，工程技术人员应有较强的多元文化社会的适应能力，能够与来自不同宗教信仰、不同语言文化、不同背景经历、不同国籍民族的同事和谐相处，并能在交流过程中开展竞争与合作，深入了解，包容团队成员不同意见，保持谦虚的态度，积极争取同事的支持与认可，发挥互补互助的团队精神，取他方之长，补己之不足，以诚相待，在国际化团队中挖掘提升自我能力，同时发挥团队最大的工作效率。

（六）坚持自我学习

随着“知识保鲜期”的缩短，知识更新的速度日益加速，这就要求我国工程技术人员需不断加强自我学习的意识。尤其在新的环境下，工程技术人员应以“问题”为中心深化学习，通过“发现问题—思考问题—解决问题”学习新的科学知识和新的技术方法。

（七）拥有民族自信心

我国走出去的工程技术人才应有较强的民族自信心，即对中华民族文化传统有较强认同感，简而言之，“因作为一名中国公民而感到自豪”，并在与国际同行合作或竞争时能对自己的民族及传统文化予以肯定的、积极的认识与评价。能认识到世界各国、各民族的地位是平等的，每个民族均为人类的发展作出了巨大贡献，正因为民族的多样性，才有当今全球社会发展的国际化。各民族优秀的文化传统经过长时间的发展与历练必然成为世界性的文化，只有充分认识到本民族的价值及贡献，才能更自信地在多元文化冲突过程中展望本民族光辉灿烂的前景。

三、我国高等工程教育人才全球胜任力的培养路径

随着经济的全球化发展，我国的市场已经成为全球市场的重要组成部分，具备全球胜任力的国际化人才的短缺，制约着我国国民经济“走出去”战略的发展[①]，高等教育机构如何培养出能为我国实体经济发展作贡献的卓越工程技术人才，已经成为我经济国际化发展的客观要求，也是我国经济可持续发展的保证。

（一）加强国际化教育观念的培育

2010 年以来，我国教育部“卓越工程师计划”明确提出我国培养的未来

① 林健. 面向世界培养卓越工程师[J]. 高等工程教育研究，2012（2）：1-15.

工程师要“面向工业界、面向世界、面向未来”。但长期以来我国高等工程教育注重学生实际能力的培养，而忽视了“面向世界”和 “面向未来”的目标定位，很多学校认为国际化的工程师是少数几所985、211大学的任务，仅将自己学校工程技术人才培养目标定位于服务和满足本地区发展。同时，教师未能从国际化发展的标准引导学生，学生在校学习期间缺乏参与全球竞争的意识，部分学生在临近毕业，面对跨国大企业或外国企业招聘时，才发现自己全球胜任力缺失。我国高校应尽快扭转此局面，加大国际化教育观念的宣传，以国际学科竞赛、国际性的会议等多种形式为学生提供国际竞争平台。

（二）制定国际化的人才培养方案

我国高等工程人才培养模式的改革关键在人才培养方案的改革。我国高等工程教育为“后发外源”型，是从“西学东渐”时期学习美国模式到新中国建立后全盘学习苏联模式，再到今天借鉴欧美、日本等先进发达国家的工程教育人才培养模式的多样化发展。我国高等工程人才教育经历长期的发展，虽然取得了巨大的成绩，仍需继续借鉴欧美发达国家工程教育领域研究的新成果、教学新方法，了解世界各国工程教育发展的前沿，积极优化我国高等工程教育人才培养方案，合理分配基础课程、专业课程、通识教育课程以及工程实践内容。在课程设置上，进一步提高学生外语水平，并辅助开设经济管理、国际贸易等文科类辅修课程，这样既拓宽工程类学生知识面，又能在未来的工作岗位上发挥实际作用。在教学方式上，加强以专题讲座、课堂外讨论、网络自学的教学形式引导学生积极了解外国的文化，了解相关专业领域国际学术界、工业界发展新态势。国际化的人才培养方案是学生“全球胜任力”提高最为核心的内容。

（三）推进学生的国际流动

提高学生全球胜任力最直接有效的方法是国际间学生的流动，随着我国高等教育的普及和国民经济的发展，高等教育机构可以适量地鼓励并支持更多的学生赴国外大学学习，参与校际间联合培养项目、国外大学的暑期项目等，直接接受外国先进的教学理念，了解世界科技发展的前沿，在多元文化环境中感受异域文化，体验异域生活方式，形成新的思维方式，提升学生的全球胜任力。

现阶段我国并不是每个学生均有机会到国外学习，因此可通过建设校内国际化氛围，培养国际化的学生，以形成学生的国际视野。而校园国际化氛围建设最为行之有效的方式就是接受并培养高质量的外国留学生，这将有助于本国学生体验多元文化，并能促进教师学习本学科领域内的前沿国际学术理论，从而进一步推进学科的国际化发展，提高人才的“全球胜任力”。

（四）注重教师的国际化发展

教师“全球胜任力”是学生“全球胜任力”提升的基础，因此有必要借鉴欧美发达国家工程教育经验，进一步提高我国高等工程教育领域内教师的国际化水平，优化工程教育教师组成结构。从事工程师培养工作的工科教师应具备专业基础扎实，教学方法先进，实践经验丰富，视野国际化等优良品质。[①]同时，应积极学习、借鉴法国工程学院、德国技术应用大学、美国研究性大学工程技术人才培养方式，打破现有人事机制，勇于从国内外企业聘请、邀请专家学者来校工作，积极聘请外籍（外裔）专家教授来学校任教，并鼓励现有教师到国外优秀大学学习、任教或到国内外跨国企业研修实践。

（五）建设产学研的国际合作与交流平台

因高等工程教育的特殊性，工程实践是高等工程教育的必修环节，工程实践的质量直接关系着工程师的素质。我国高等工程教育机构应积极与国外大学、大型企业、研究机构建立合作交流平台，建立国际化的实践以及科研合作，为学生提供与现代科技前沿接轨的工程实践条件、国际化的企业制度准则和多元文化的工作氛围，这将极大丰富学生的国际化知识，开拓学生国际化视野，让学生熟悉国际市场规则，并提升其在多元文化环境中交流与竞争的能力，全面提升其“全球胜任力”。

---

① 刘清伶. 全球能力教育及其实施方法——以清华大学本科教育为例[J]. 世界教育信息，2011（4）：44-47.

培养具有“全球胜任力”的工程技术人才是一项系统且复杂的工作，需要我国高等教育管理部门、高等教育机构及学生本人和全社会共同的参与。只有积极了解国际经济发展趋势、国际工程教育发展新态势，把握全球行业国际化人才需求情况，勇于创新、不断调整我国高等工程教育模式，才能培养适合我国国家战略、社会经济发展所需要的具备全球胜任力的国际化人才。

人才流动

科技人才政策视域下高校引进国外智力工作研究

——以西南交通大学外国人才引进和评价改革工作为例

● 杨　帆

【摘　要】目前，在复杂多变的国际形势下，高校作为国家科技创新与人才培养的重要主体，国外人才的引进、管理与服务需要围绕国际科研合作和重大原始创新成果的维度进行思考，重视高校特色化、差异化和针对性的国际科技人才政策。文中分析了西南交通大学作为交通特色鲜明的高校在国际科研合作方面的发展战略机遇，提出制定和完善交通特色鲜明的国际科技人才政策促进高校创新突破的建议，对西南交通大学促进国际高水平科技人才聚集、推动国际科技创新活动、助力“双一流”建设具有一定指导意义。

本文以科技人才政策视角对西南交通大学外国人才引进中涉及的引才项目设置、经费使用导向、外国人才绩效考核评价改革问题进行介绍和分析。分析发现，高校外国人才引进和评价改革在科技强国和“双一流”建设背景下，需要从推动科技人才助力创新驱动发展和国际科技合作视域进行系统性思考，包括以科技人才政策的战略高度制定外国人才引进政策、外国人才工作保障体系等，将科技人才与国际科研合作贯穿于高校“外专引智”工作的全过程，通过科技对外开放发挥高校独特优势，为加快创新型国家和世界科技强国建设贡献力量。

【关键词】科技人才政策；外国人才引进

基金项目：2021 年度四川省科技厅软科学项目“新形势下四川引才引智对策研究”（项目批准号：2021JDR0056）

Research on the Introduction of Foreign Intelligence in Universities under the Perspective of Science and Technology Talent Policy

—The Introduction and Evaluation of Foreign Talents in Southwest Jiaotong University as an Example

● Yang Fan

Abstract: At present, under the complex and changing international situation, universities, as important subjects of national scientific and technological innovation and talent cultivation, need to think about the introduction, management and service of foreign talents around the dimension of international scientific research cooperation and major original innovation achievements, and pay attention to the distinctive, differentiated and targeted international scientific and technological talent policies of universities. The paper analyzes the strategic opportunities for the development of Southwest Jiaotong University (SWJTU) as a university with distinctive transportation characteristics in international scientific research cooperation, and proposes to formulate and improve the international scientific and technological talent policy with distinctive transportation characteristics to promote the innovation breakthrough of the university, which is of certain guidance to SWJTU in promoting the gathering of international high-level scientific and technological talents, promoting international scientific and technological innovation activities, and helping the construction of "double first-class". It is of certain significance to guide the construction of "Double First Class".

This paper introduces and analyzes the reform of the introduction of foreign talents in Southwest Jiaotong University from the perspective of science and technology talent policy, including the setting of talent attraction projects, the orientation of the use of funds, and the performance assessment and evaluation of foreign talents. The analysis finds that the reform of foreign talent introduction and evaluation in universities, in the context of the construction of a strong science and technology nation and "double first-class", needs to be systematically considered in the context of promoting scientific and technological talents to contribute to innovation-driven development and international scientific and technological cooperation, including the formulation of foreign talent introduction policy and foreign talent work guarantee system with the strategic height of scientific and technological talent policy. In the context of the construction of "double first-class", it is necessary to think systematically in the context of promoting scientific and technological talents to contribute to innovation-driven development and international scientific and technological cooperation.

Keywords: science and technology talent policy；introduction of foreign talents

一、背景

习近平总书记指出，“当今世界聚才、用才，应该包括国际国内两个方面的人才，也就是择天下英才而用之”，“对外开放要着眼于人，着力于人”[①]。创新驱动的实质是人才驱动，科技人才是科技创新的关键。新冠肺炎疫情以来，“要以高水平对外开放打造国际合作和竞争新优势”，“疫情冲击下的世界正在深刻变化，面临更多不稳定不确定因素，要努力在危机中育新机，于变局中开新局”[②]。后疫情复杂国际形势下，在深入推动教育对外开放和教育评价改革过程中，高校需要以习近平新时代中国特色社会主义外交思想为指导，在“构建人类命运共同体”指引下，深刻领会“聚天下英才而用之”的人才工作重要论述，思考研究新形势下高校外籍人才引进管理和评价改革工作。

近年来西南交通大学持续优化外籍人才引进管理、支持服务体系建设，将引才引智与“双一流”建设、人才培养、国际科研合作平台、师资队伍国

---

① 张西立. 如何理解“聚天下英才而用之”[EB/OL].（2018-04-20）[2021-01-16]. http://dangjian.people.com.cn/n1/2018/0420/c117092-29939571.html.

② 求是网评论员. 求是网评论员：以高水平对外开放打造国际合作和竞争新优势[EB/OL].（2020-09-02）[2021-01-17]. http://www.qstheory.cn/wp/2020-09/02/c_1126445025.htm.

际化、“扶贫攻坚”、支持重大产业发展、区域与国别研究、服务国家外交等结合，形成彰显“人文交流”功能，突出西南交通大学“交通天下”的行业高校特色。后疫情形势下，高校需要进一步深刻理解“聚天下英才而用之”和构建人类命运共同体视域下研究引才引智工作中制度创新、环境建设、观念变革等要素；从实践层面总结高等教育对外开放工作中外籍人才工作的制度完善、体制创新和服务体系建设，研究“人才开放”与“人才评价”改革的相互作用，深入理解和践行“聚天下英才而用之”的对人才强国和高校“双一流”建设的指导性意义。

二、深刻理解“聚天下英才而用之”，探索外专引智工作新局面

党的十八大以来，西南交通大学党委行政高度重视人才工作，将人才强校作为学校改革发展的主战略，结合国际化战略的深入实施，探索行业特色型大学吸引和集聚外国人才、发挥外专引智政策红利的工作方式方法和经验，概括起来就是通过制度创新吸引外国人才、优化科研环境留住外国人才、变革人才管理观念实现外国人才的可持续发展。

深入开展“外专引智”工作是高校“双一流”建设的时代要求。“双一流”建设背景下，高校发展必须与世界高水平大学在国际学术舞台进行国际性人才的竞争和争夺。随着新冠肺炎疫情的持续影响，国际局势的复杂多变，世界各主要经济体人文交流领域的人员物理性交流停滞，然而人员流动的暂停不意味着“知识流”和“信息流”的停滞。同时，随着全球范围内疫苗接种和疫情防控稳定，疫情后国际人员流动势必出现反弹，我国高校必须为此做好相应的准备。经过多年的努力发展与工作实践，我国在与世界高水平大学进行人才竞争的过程中已积累了大量宝贵经验，但随着国际局势变化，我国有关外国人才引进工作也面临着巨大挑战。面对暂时性曲折，我国高校更应该主动作为，积极调整，坚持推动外国人才引进工作，服务国家科技创新和人才培养工作。

习近平总书记始终强调对外开放是我国的一项长期基本国策。在对外开

放中，总书记又特别强调人才的对外开放。“引进国外人才，实行人才对外开放，是我国对外开放政策的重要组成部分，是我国长期坚持的一项战略方针。”①在教育对外开放领域，外国人才的引进、管理与服务工作也被纳入其中。《教育部等八部门全面部署加快和扩大新时代教育对外开放》指出着力破除体制机制障碍，持续推进涉及外国专家和外籍教师的改革。中央和国家有关部门对于教育对外开放和人才对外开放的决策部署是基于新形势下国内外形势，特别是人才竞争态势做出的判断。十九届五中全会强调“坚持创新”在我国现代化建设全局中的核心地位，把科技自立自强作为国家发展的战略支撑。为此，在“双一流”建设背景下，作为科技创新主体之一的“双一流”建设高校要充分认识到外国人才的引进与管理服务必须紧紧围绕一流大学建设涉及的科技原始创新和国际化人才培养，开展外国人才引进工作应以“高精尖缺”为原则，坚持高端引领。

“十三五”期间，西南交通大学全面贯彻落实中央和教育部关于引进国外智力工作的部署，坚持党管人才原则，贯彻习近平总书记“聚天下英才而用之”的人才论述，以实施引智项目和优化外籍教师管理服务为主抓手，进一步构筑国际化人才队伍建设发展基础，圆满完成国际化人才工作各项目标任务：

一是政策环境不断完善。学校相继出台《“十三五”国际化工作实施意见》《海外院长聘任管理考核系列文件》《外籍专家（教师）聘任管理办法》等多个政策文件，推出引智工作网络服务系统、外籍教师申报外国人来华工作许可“一站式”服务、定期举办外籍教授座谈会和网络交流平台等畅通外籍专家和外籍教师意见建议表达渠道。

二是外籍专家和外籍教师结构不断优化，学校 2020 至 2021 学年在册长期外籍教师 53 人，其中高层次外籍人才、专业教师和青年博士后占全部外籍教师总数的近九成，国别覆盖美国、英国、巴基斯坦、日本、德国、加拿大、南非、伊朗、土耳其、意大利、埃塞俄比亚、印度、丹麦、澳大利亚、新西

① 《聚天下英才而用之：学习习近平关于人才工作重要论述的体会》编写组. 聚天下英才而用之：学习习近平关于人才工作重要论述的体会[M]. 中国社会科学出版社：北京，2017.

兰、新加坡 16 个国家。

三是“外专引智”项目稳定发展。推动实施科技部（国家外专局）聘请外国文教专家项目，相继实施高端外国专家计划、“一带一路”聘请外国专家计划、青年外籍人才计划、“111 基地”培育计划、高端外国专家引进计划等引智项目，为学校海外人才引进提供有力的项目支撑。“十三五”期间，学校获批科技部（国家外专局）引智项目经费近 3500 万元，年均邀请短期来校外专 800 人次，短期外专曾获四川省政府天府友谊奖、成都市政府金沙友谊奖表彰。

四是引智平台项目建设取得进展，学校以“轨道交通工程动力学创新引智基地”等学科创新引智基地（111 基地）为基础，发展建设了一批科技部、教育部和四川省国际科技合作基地、实验室和平台，包括中国-拉共体轨道交通联合实验室、中国-印尼高铁技术联合研究中心、教育部国际合作联合实验室等。学校外专引智工作依托平台集群优势，外专人才团队形成集聚效应。围绕创新链前端的“科技创新策源功能”，开展多学科综合交叉的基础科学问题与共性关键技术突破等研究，培养形成了一批在国际上“领跑”的前沿学科和研究领域，助力轨道交通前沿技术创新。

西南交通大学引进外国智力工作中紧紧围绕“立德树人”根本任务，服务学校轨道交通人才培养高地和科技创新基地建设，以提升推动“外专引智”和外籍教师管理服务发展改革为重点，贯彻实施学校人才强校主战略，聚焦服务学校“双一流”建设重点学科群，统筹推进各类外籍人才项目队伍建设，实现外籍人才队伍高端化、外籍教师队伍构成多元化、外籍人才和教师环境国际化、外籍人才和教师服务精准化，为学校“十三五”规划各项目标任务提供有力的外籍人才和教师的支撑和保障。西南交通大学在“外专引智”工作领域取得的改革和发展坚持了以下原则：

一是坚持党管人才。学校加强和完善外籍人才工作的运行机制，学校党委统一领导外籍人才引进工作，党委组织部（人才办公室）会同人事处、国际处和二级教学单位党委为推动外籍人才工作创新发展提供坚强的政治和组织保证。党委组织部（人才办公室）针对涉外人才项目与人事处、国际处、二级教学单位党委进行工作协同，实施好海外人才风险防控和人才安全工作。学校党委组织部（人才办）先后出台“人才 30 条”及“八个一”高层次人才行动计划等方案，绘制世界人才图谱，将外籍人才纳入学校整体人才工作。

二是坚持服务中心。围绕“双一流”建设发展需求，把服务“双一流”建设大局作为外籍人才工作的出发点和落脚点，促进“外专引智”工作规模、质量、结构与学校学科发展和人才培养的根本任务相适应相协调。学校制定的“外专引智”工作规划和年度任务紧紧围绕学校“一流学科”建设的指标目标和任务要求，聚焦学科发展所需的师资队伍建设和人才培养主业，突出一流学科国际科研合作的迫切需求。

三是坚持改革创新。深入贯彻《深化新时代教育评价改革总体方案》《教育部等八部门关于加快和扩大新时代教育对外开放的意见》，破除思想观念和体制机制障碍，构建科学规范、开放包容、运行高效的“外专引智”与外籍教师管理服务体系。例如学校自 2014 年以来在部属高校中率先引入引智工作服务网络系统，全流程网上受理项目申报、评审、总结、报销申请，简化教师工作流程，优化引智项目服务管理；同时，针对长期外籍教师的不同层次，针对青年外籍博士后、中外合作办学类外籍教师、语言教学类外籍教师等与学校人事处等部门沟通协作，优化特殊审批和管理渠道，完善外籍教师差异化管理。

四是坚持协调发展。学校坚持“高精尖缺”的“外专引智”工作原则，重点做好高端外籍人才和团队及我校重点学科紧缺急需人才的引进培养，统筹推进各教学科研单位外籍教师队伍发展，做好国内高水平大学优秀外籍博士毕业生、博士后出站人员的引进，布局好海外不同国家和地区外籍人才开发工作。

三、“外专引智”评价体系发展与优化方面存在的问题

（一）外籍人才政策效果评价受限于量化指标

高端外籍人才尤其是领军人才在人才政策实施、人才资源聚集方面发挥着重要作用，“双一流”建设背景下，人才引领高等教育内涵发展已成为普遍

共识，各高校均将“人才强校”作为学校改革发展的核心关键政策举措。西南交通大学深入贯彻教育评价改革精神，从学校学科发展和人才培养实际出发，逐步探索外国人才引进政策效果评价、外国人才政策多角度满意度因素评价、外国人才评价管理体制机制等工作，使外国人才引进内化为学校学科发展和人才培养的主动行为，避免为引才而“引才”，但是在外籍人才项目引智政策效果评价上受限于量化指标，表现为重视数字和关键表现指标（KPI），在全过程、全流程、多要素、多维度的考核评价方面尚缺优化。

（二）外籍人才校内评估政策待完善

高校内部学校层面、管理机构间、教学科研单位因职能不同，对外籍人才的评价维度和具体标准存在衔接不畅和评价维度多元的问题，导致外籍人才评价体系不够完善，人才效能发挥和资源分配存在不平衡等问题。一方面，大学治理层面各管理服务部门，例如党委组织部门、人事部门、外事部门和科研管理部门由于自身职能定位和资源需求的差异，导致其在外籍人才的引进、使用标准等方面存在较大差异。另一方面，学校管理服务部门和教学科研单位对外籍人才的期待成果和目标等方面的考核评价体系不同，可能导致外籍人才在不同评价体系内得到的评价结果不尽相同，造成评价的不准确。

（三）外籍人才工作的科技导向不够鲜明

以国际科研合作和科技重大原始创新为绩效考核评价的主导、以外籍人才的科研能力评价为核心的资源配置方式尚未建立，并且还未突破“唯帽子”的传统引才方式束缚，在学校层面还没有形成国际科研合作、科研能力提升、团队式引才等科技人才鲜明导向性的外籍人才引进和管理服务体系。此外，针对不同类别、不同引才渠道和项目的外籍人才分类评价工作尚不完善，对外籍人才的重大原始创新成果、创新创业活动、社会服务参与、科技成果转化等评价认定尚未健全。

（四）外籍人才“高精尖缺”引进聚焦不够精准

“双一流”建设背景下各高校针对外籍人才的引进投入了大量资源，各种竞争性政策资源不断投入，间接造成了人才市场内的“卖方市场”现象，学校在应对这种引才竞争时，涵盖学科特色、比较优势、人才发展环境、科研支撑等“一揽子”的“高精尖缺”外籍人才引进政策系统性体系尚不精准，与“双一流”建设的人才目标和任务需求存在差距，对外籍人才引进的整体性和统筹等方面考虑不够全面，缺少专门针对不同学科、不同国别区域的外籍人才引进研究，对各层次外籍人才，例如高端人才、青年博士后等引才手段和政策涉及等方面工作不够细致和完善。

四、对策与建议

（一）完善科研导向的外籍人才发展规划

根据学校学科建设、人才梯队规划，从全校层面围绕“双一流”建设、重大原始创新、国际科研合作就外籍人才引进、管理服务、评价激励等方面进行统筹规划。在“高精尖缺”引才思路下，对于外籍人才引进项目设置、青年外籍人才发展等给予特殊考虑。同时，在思考外籍人才评价体系时，应按照教育评价改革有关要求，注重过程评价和多要素评价，确保人才评价的准确性和时效性。例如，学校层面应针对不同学科、交叉学科、前沿学科等分类设计外籍人才引进与管理服务的政策措施，对优势特色学科给予特定政策和资源倾斜。针对特定国家和地区的青年外籍人才，学校应主动走出去，与国内高水平大学的外籍博士在读生提前建立学术纽带、与学校海外伙伴高校机构的优秀青年外籍科研人员保持持续性的学术交流，主动宣传学校科研特色和人才环境，丰富和完善外籍人才图谱，做到外籍人才引进的“精准靶向”，通过文献搜索、学术联系、多要素互动丰富外籍人才引进工作网络。学校应进一步完善针对具体学科发展的引才渠道，搭建不同类型的学科发展论坛，通过线上、线下的学术交流，以学校学科发展的“动能”带动和引领外籍高水平人才引进的“势能”。同时，学校应以“海纳百川”的态度采取灵活柔性的引才用才机制，在后疫情时代通过各种平台和项目，广泛覆盖和吸纳世界范围内有意与中国高教科研界开展国际科研合作的专家学者，以“不求所有，但求所用”的态度，拓宽和提升学校师资国际化水平。

学校管理层面各职能部门、教学科研单位需要加强政策、实践层面的衔接，实现外籍人才管理服务的顺利实施，真正将利好政策落地，并发挥政策红利。一方面学校管理服务部门直接从外籍人才的需求统计、招聘发布、评审准入、到校报到、政策配套兑现、团队搭建等环节形成较为完善的“一揽子”解决方案。在外籍人才引进和管理服务的过程中，“信息不对称”的现象造成用人单位不能准确及时发布用人需求、校级管理服务部门没有统一的对外招聘渠道、外事部门和科研管理部门因项目管理造成政策资源重复、人事部门与外事部门无法有效衔接外籍教师进校“后半程”服务流程。另一方面，管理服务部门要直接消除管理和服务体系的壁垒，制定完备的部门间协同办法，建立统一的高校部门间会商机制、服务平台和信息库，提高外籍人才供需、管理的精准度。此外，在国际科研合作日益加深，作为创新主体的高校科技原始创新需求日益迫切的背景下，学校层面有必要打破旧有引才思路，尝试探索聘用和引进外籍科研助理、外籍科研或管理部门工作人员，拓宽外籍人员的使用范围，提升国际科研合作人力资源效益。

（二）优化外籍人才引进、评价和管理服务机制

学校层面应进一步打破学科壁垒，按照交叉和前沿学科的用人需求，打造以岗位、环境、支撑等为内容的外籍人才引进特区，制定针对不同层次、不同学科外籍人才的个性化特色引聘和评价方案。由于国内外科研人才评价体系、工作文化等方面的差异，针对外籍人才的科研评价既要保证科研资源分配的公平公正，又要充分考虑差异并尊重外籍人才使用的一般规律，不断完善和鼓励外籍人才，特别是应完善青年外籍人才的容错纠错机制，优化外籍人才在校工作和学术环境，坚持学术道德、师德师风和科研伦理，营造宽松、创新的良好氛围。针对不同层次、不同类别的外籍人才，学校应探索差异化和个性化的考评机制，探索长周期考核机制，淡化量化指标，侧重科研潜力和典型性成果指标。

学校层面应在人才战略和科技人才视角下，围绕立德树人的根本任务，

服务双一流大局，重视外籍人才和外籍教师群体的校内组织建设和身份认同研究。学校外事部门、人事部门和教学科研单位可以探索尝试建立外籍人才协调员制度，负责外籍人才的工作沟通和业务对接。学校外事部门应思考通过组织外籍人才座谈会、教学科研单位有关人员工作交流会等形式拓展外籍人才引进和管理服务相关的新思路和举措。同时，学校应思考从外籍人才管理服务的角度如何提升大学教育国际交流的治理能力和治理体系的改革发展，了解和吸纳外籍人才对于大学管理服务的意见建议。学校应加强外籍人才有关宣传工作，将外籍人才作为中国高教界和科技界“讲好中国故事”的有力资源，宣传教学科研单位开展“外专引智”、国际科研合作交流的经验做法，发布国家和学校有关外籍人才引进的政策、案例和成果，充分调动各方面力量参与外籍人才引进工作，服务新时期教育对外开放，凝聚“聚天下英才而用之”的共识和力量。

浅析“双循环”新格局下高等教育领域的海外引才工作

●曾　晔　马　霖

【摘　要】加快构建“双循环”发展格局是我国重大战略部署，也是大国崛起的必经之路。高等教育的国内国际循环协调发展是双循环新格局构建中重要的一部分。为创建一流师资队伍，海外引才工作应主动服务于双循环新格局，优化机制体制，大有作为。

【关键词】“双循环”；高等教育；海外引才

Study on the Overseas Talent Introduction in the Field of Higher Education under the New Pattern of “Double Circulation”

● Zeng Ye，Ma Lin

Abstract: Accelerating the construction of a “double cycle” development pattern is China’s major strategic deployment and a way to rise as a great power. The coordinated development of domestic and international cycle of higher education is also an important part of the new pattern of double cycle construction. In order to build first-class teaching faculty, the work of overseas talent introduction should actively serve the new pattern of double circulation, via optimizing the system.

Keywords: the double circulation; higher education; overseas talent introduction

作者简介：曾晔，讲师，西南交通大学国际合作与交流处来华留学生办公室副主任。
马霖，助理研究员，西南交通大学科学技术发展研究院副院长。

2020 年，突如其来的新冠肺炎疫情深层次影响了国际社会的结构，对经济、文化和生活的发展均造成巨大冲击。在新的发展形势和环境中，鉴于错综复杂的国际及国内形势，习近平总书记于 2020 年 5 月主持召开政治局常委会会议。此次会议指出，要深化供给侧结构性改革，充分发挥我国超大规模市场优势和内需潜力，构建国内国际双循环相互促进的新发展格局。面对百年未有之大变局，为实现大国崛起，加快构建“双循环”发展格局已成为我国重大战略部署。[①]国内国际双循环新发展格局的构建具有丰富的内涵，经济生产领域的双循环构建通常被广泛提及，但仅仅理解为经济领域的双循环并没有全面准确地理解新发展格局的架构。双循环构建同样需要靠科技、教育、资本、数据建设等方面支持，其中，高等教育是社会发展的重要依靠和发展动力，在科技服务、文化发展等方面做出重要贡献，也在助力实现民族伟大复兴中担负着历史使命。高等教育具有基础性特征，对“人”的教育贯穿培养的全过程，因此高等教育领域的国际国内循环协同发展是双循环新发展格局中具有基础作用的方面。

人才是第一资源，是实现民族振兴、赢得国际竞争主动的战略资源。新时代高等教育发展中，建成一流高等院校的核心是拥有一支一流的师资队伍。回顾全球高等教育的发展，在很长久的时期内，欧美发达国家作为科研教育的领先者，持续不断地从各国吸收优秀人才，人才资源流动在世界范围呈现单向的特点。随着新兴国家的相继崛起，国际人才流动加强，人才流动出现多元化的趋势。人才流动与科技发展同步，优秀人才聚集往往可以推动相关学科的大步发展，因而成为高等院校的重要战略投资。从欧美等发达国家获得学位的海外人才回流到国内高等学校工作，特别是掌握国际学术前沿动态和顶尖技术的优秀海外人才，成为高校师资队伍的骨干力量。[②]为打造“非常之人”喷薄而出、群贤毕至“济济多士”的繁荣局面，部分发展迅速的高校

---

① 人民网. 中共中央政治局常务委员会召开会议习近平主持会议[EB/OL].（2020-05-15）[2021-05-21]. http://baijiahao.baidu.com/s?id=1666713451893290828&wfr=spider&for=pc.

② 张立伟，王珏. 我国海外科研人才的需求分析及人才引进对策[J]. 科学学研究，2020，38（8）：1390-1396，1536.

不拘一格吸纳人才，教师构成中具有海外留学背景的教师甚至超过 70%，成为发展的核心力量。[①]自 2008 年，国家率先推出国家层面引进海外人才品牌项目以来，各高等院校也在教师招聘中鼓励引进海外优秀人才，逐步提升师资队伍水平，加强国际合作与交流。[②]经过十多年的发展，虽然与欧美发达国家高校的人才引进体系相比，仍存在起步晚、体系相对不成熟等问题，但海外人才引进工作已成为构建一流师资队伍、创建一流高校的重要推进器。面对高等教育领域的双循环新格局，海外人才引进工作有着非常大的施展空间，因此应用好国际循环里良好的国际合作基础，加大内循环建设。

一、高等教育新格局的特征：人才流动和资源配置均衡

经过改革开放 40 多年的努力，我国高等教育的发展水平得到非常大的提升。在《中共教育部党组关于加快直属高校高层次人才发展的指导意见》中明确提出，为推进世界一流大学和一流学科建设，全面提高高等教育质量的主要目标是管理体制更加科学，流动共享机制更加规范有效。[③]在双循环新发展格局建设下，高等教育领域内外循环是否畅通、教育资源配置是否科学、是否保持在一个健康稳定的状态，都对双循环新格局构建意义重大。教育资源往哪儿流动，往往带动高等院校教师资源的流动。国内一些顶尖大学，其科研条件、经费支持已和国外优秀大学没有太大的差别，同时，整体师资人才队伍经过多年建设，已经达到国际较高水平。但不可否认，地域教育资源不均衡越来越影响非顶尖大学的发展，许多国内高校、特别地方院校在资费支持、师资引入上都面临很大的困难，“爬坡”提升非常艰难。[④]在高等教育师资内部循环流动中，资源较为集中于部分区域，人才向东部沿海、北上广

---

① 熊思东. 让各类人才找到最适合自己的“坐标”[N]. 光明日报，2021-03-03.

② 潮龙起. 高校高层次海归人才现状及其作用研究[J]. 东南亚研究，2014（4）：57.

③ 中华人民共和国教育部网站. 中共教育部党组关于加快直属高校高层次人才发展的指导意见[EB/OL].（2017-07-31）[2021-05-07]. http://www.moe.gov.cn/jyb_xwfb/moe_2082/zl_2020n/2020_zl66/202012/t20201218_506355.html.

④ 陈平原. 高等教育须构建内外双循环格局，中国大学勿过分自信[N]. 中国科学报，2021-02-23.

深流入的倾向仍然非常明显。高等教育领域内外循环的健康稳定离不开一个均衡发展的机制体制。对于西部高校、地方院校，如何吸引人才、留住人才是近些年非常大的挑战。比如在青年海外人才方面，通过观察同一国家级项目入选者情况，明显可以看出东西部的差异是很大的。见图 1。

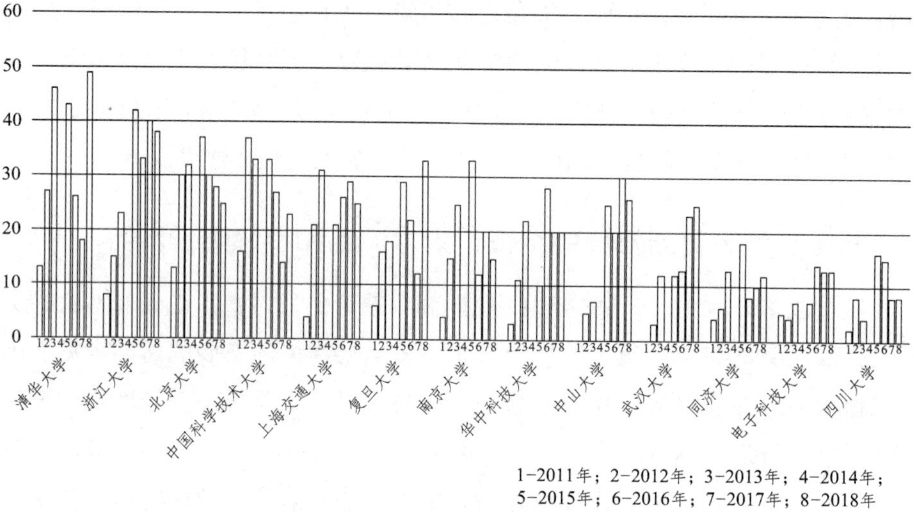

图 1　2011—2018 年国家级海外青年项目入选情况（前十三位）

为实现高等教育资源的均衡配置，形成健康稳定的高等院校师资建设，从国家到地方政府，相继出台相应的人才政策，对人才申报及人才流动等进行政策规范和导向性支持。国家人才项目层面，以长江学者申报工作为例，近年开始出现对于中西部高校申报入选的倾斜政策，包括适当放宽申报条件等。对于旨在吸引海外高层次人才的长江讲座教授项目，国家制定了东部与西部高等院校海外人才申报流动的相关政策，以促进东西部高层次海外人才动态流动、入选人才数量趋于均衡。2020 年 10 月，中共中央、国务院印发《深化新时代教育评价改革总体方案》，在破除“五唯”的同时，鼓励人才项目入选者与中西部高等院校签订长期工作合同，在稳定长期的工作时间内，为区域发展和高校贡献力量。这些国家政策的出台，均希望通过国家政策导向和支持倾斜，鼓励人才、智力向中西部地区流动，促进优秀人才在国内健康流动，进一步规范约束东部从西部高校“挖人”的现象。省级人才项目层面，以四川省人才项目品牌——“四川省天府人才计划”等为例，近年通过调整评审入选导向，逐步向已获得产业化成果的申报者倾斜，同时也尽力避免出现人才称号重叠、资源反复配置在同一人身上的现象。从政策层面上，导向配套研究资源向需要的地方流动，长效发挥人才效能，让人才发展与地区、国家需求相结合。

除了海外人才引进工作政策制度层面的积极引导和优化，人才落地的配套服务同样重要，是人才良性流动的“后勤保障”，不折不扣的“大后方”。通常，人才配套服务着力解决的是海外人才在落户、子女教育、社保、安家购房、甚至税收缴纳等方面的具体事项，是人才归国后潜心学术研究、搭建科研团队的必要基础。发展至今，在配套服务工作机制的建立上，政府部门及各具体用人单位已经经历了“摸石头过河”的阶段，逐步走向成熟。在落实中央文件关于海外人才配套服务政策的过程中，已能较好地与区域具体情况、本校实际相适应，逐步摸索出高效解决海外人才落地后的一系列服务措施，从单个“一对一”解决问题的初期阶段向服务体系化、制度化转型，并形成了国家、地方、高校三方高效的联动服务工作机制。同时，在人才落地后的配套服务中积累的实际经验、凸显的问题、有效的举措也为提炼海外人才发展规律、引才政策制度优化提供了宝贵的“一手资料”，是有我国特色人才发展道路的必要组成部分。经过发展完善，海外人才项目、落地人才数量越来越多，人才流动畅通有序，这些保证了内循环的良好发展和教育资源的有效配置。

二、海外引才工作应主动服务双循环新格局，助力国际科技竞争

在如今复杂的国际形势下，国与国之间的竞争通常表现为激烈的贸易竞争，关键是科技实力的竞争。高等院校在科技创新中有独特的使命和角色，近年来紧紧围绕这个战略基点，调动自主创新能动性攻克“卡脖子”科技难题，服务国家战略（图 2、图 3）。[①]科技竞争的实质是人才实力的竞争，人才为科技创新提供不竭动力，由此可见人才工作在科技创新中的重要作用。在

① 中华人民共和国教育部网站. 科技创新挑重担[EB/OL].（2021-03-03）[2021-05-29]. http://www.moe.gov.cn/jyb_xwfb/moe_2082/2021/2021_zl13/202103/t20210303_516855.html.

新循环格局建设中，面对严峻的国际形势，高质量的海外引才工作助力高校奋力作答科技创新这一时代课题。正如习近平总书记在科学家座谈会上提出的，“科技创新是构建新发展格局的需要。畅通国内国际双循环，也需要科技实力，保障产业链供应链安全稳定”。同时，习近平总书记也指出人才工作与科技创新的重要联系，“人才是第一资源。国家科技创新力的根本源泉在于人。要面向世界汇聚一流人才，吸引海外高端人才，为海外科学家在华工作提供具有国际竞争力和吸引力的环境条件”①。针对高等院校，习总书记提出没有高水平的师资队伍，就很难培养出高水平的创新人才，也很难产生高水平的创新成果。为加快构建新发展格局，海外人才引进工作应以如何引入高水平师资，特别是海外高端人才作为工作的方向。在具体工作开展中，海外引才应将国家战略部署与眼前工作、大局发展与局部需求相结合，特别要发挥好国际循环中的国际科技合作交流优势，吸引更多的海外优秀人才服务于科技创新，瞄准国际科技前沿领域，全面提升自主创新能力。

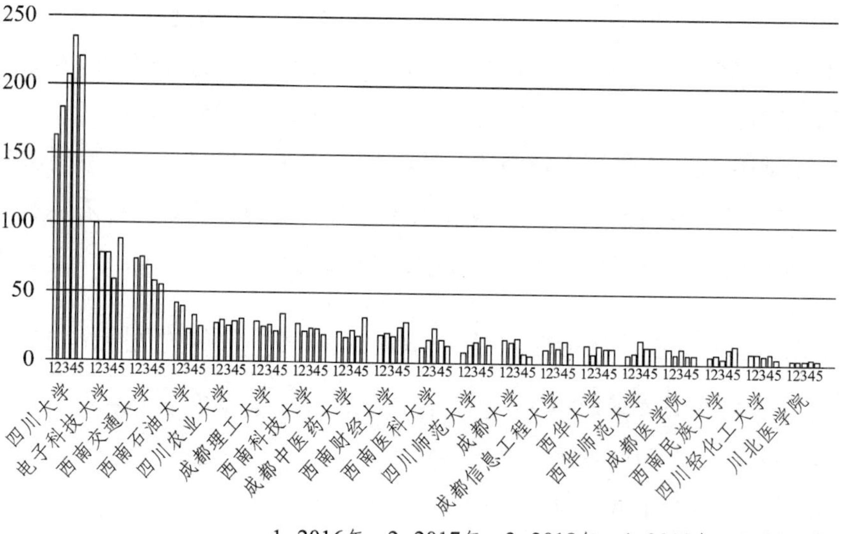

1-2016年；2-2017年；3-2018年；4-2019年；5-2020年

图 2　2016—2020 年四川省高校由各类人才承担国家自然科学基金项目情况

① 人民日报网站. 习近平在科学家座谈会上的讲话[EB/OL].（2020-09-11）[2021-05-12]. https://baijiahao. baidu. com/s?id=1677545397554648074&wfr=spider&for=pc.

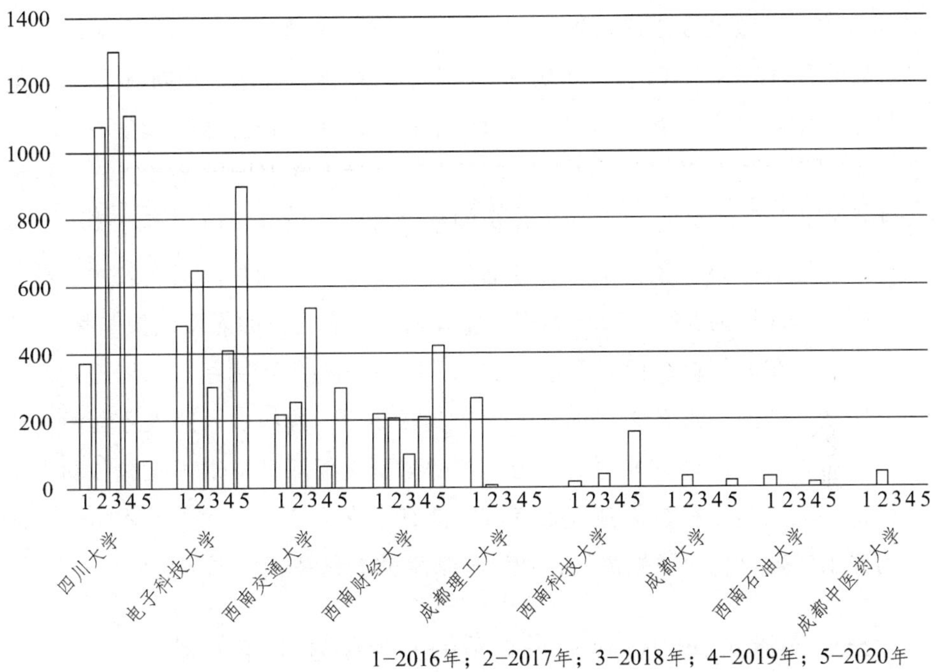

图 3　2016—2020 年四川省高校承担国家自然科学基金国际合作交流项目经费情况

正如之前论述，高等院校在科技创新中担任独特的使命角色，其科技创新开展的状况直接影响整个高等教育科技创新进程的发展。为深入了解高等院校面向国家重大需求，开展相关领域核心关键技术攻关的情况，科技部于 2021 年对两所川内高等院校进行深度调研工作。以这两所高校在“双一流”建设中的科研开展为例，电子科技大学积极主动服务国家重大需求，加强基础研究，瞄准科学技术前沿，集中攻关核心领域关键技术并取得了实质成果。西南交通大学面向新交通重点领域，在原有扎实的轨道交通研究基础上，实现了高温超导高速磁浮工程化研究从 0 到 1 的突破，并且整合国家重点实验室资源，力争建成交通特色鲜明的高水平研究型大学。

科学技术是国家发展的力量源泉，是国家竞争力的重要标志，两所高校面向国家重大需求、开展科技技术攻关，均体现了高等院校对国家的使命感和担当。两所高校在近十年的发展中，均将“人才强校”作为学校重要主战略，稳扎稳打，持续推进，并根据时代和学校发展不同阶段的特点，不断优化具体人才引进政策和措施。以尊重科研活动规律为基础，培养具有国际水平的“战略科技人才”，吸引人才聚集，打造“科技领军人才”和创新团队。[①]电子科技大学在“十一五”期间，通过建设初步解决了师资队伍储备不足的问题，在“十二五”和“十三五”期间，大力引进杰出人才。为实现杰出海外人才在数量、学科均衡分布和国际化程度等方面的提升，电子科技大学主要实施两项重要举措：依托国家、省部各级人才计划，加强高层次人才建设；以校内人才计划为抓手，对接国家人才计划，形成完备的人才成长体系。[②]西南交通大学在近年打造校内人才“金字塔”，并通过“动力组”工程提升人才服务质量，营造“近者悦，远者来”的良好环境。源源引入的人才资源，特别是作为骨干的海外人才师资，为学校的科研创新活动提供了支撑和动力。学校每一项闪耀的科技创新成果背后，都有一支强有力的优秀人才团队，他们用汗水辛勤耕耘、勇攀高峰，在世界学术前沿科技领域创下优异成绩。

三、遵循规律，优化新格局下的海外引才工作机制

（一）海外引才工作积极对接双循环构建的重点学科领域

对于双循环新格局的构建，习近平总书记做过多次讲话和指示，相关部门也专门组织了科学论证。关于习总书记讲话及下发文件，此领域的相关文件共计 27 个。在双循环新格局构建中，战略导向的重点领域计 14 个，学科涉及 74 个。[③]重点领域包含基础科学、哲学社会科学、生命健康、新一代信息技术、现代交通、脑科学、材料科学与工程、先进制造、新能源、空间科学、深地深海、国家安全、现代农业、生态保护，涉及科技研究领域的各方面。74 个学科则进一步明确构建发展的具体学科和专业领域。

高等院校在启动“十四五”规划编制时，制定科学的学科规划都是学校

---

① 人民网网站. 习近平在中国共产党第十九次全国代表大会上的报告[EB/OL].（2017-10-28）[2021-05-15]. http://cpc.people.com.cn/n1/2017/1028/c64094-29613660.html.

② 徐谡. 高校人力资源管理[M]. 北京：清华大学出版社，2016.

③ 数据引用自瞿振元专题报告《人才工作要主动服务“双循环”新发展格局建设》，上海，2021 年 5 月。

战略布局的基础性工作。在双循环构建新格局之下，高等教育积极适应双循环新格局，高等院校具体制定未来发展应主动响应国家重大需求和战略部署，在进行学科专业规划的时候主动对接科技发展重点领域和重点学科。一些顶尖大学在部署未来“十四五”规划时，通过研判学科布局和专业设置，主动将一些新兴学科与本校科研教学基础结合。以川内高校为例，四川大学将在“十四五”期间，重点推进生命与健康、物质与能源、环境与生态、信息与软件、人文与社科 5 大领域的若干科研计划，以“医学+”和“信息+”为引擎。电子科技大学的总体规划目标则是深度融入国家创新体系，围绕国家战略布局和世界科技前沿，建设国家战略科技力量，聚焦人工智能等世界前沿科技领域，以及破解“卡脖子”问题。西南交通大学结合自身办学优势，主动对接现代交通重点领域建设，并将前沿学科如人工智能等纳入学科具体规划，进而进行本校的资源配置。从以上川内高校在“十四五”规划中的学科布局可以看出，它们均主动响应国家战略部署，加强在从 0 到 1 的基础研究投入，主动服务于双循环新格局建设的需求。国内其他高校在进行本校战略部署时也均秉承对接国家战略的原则，高等教育领域各高校形成合力共同助力国家新格局建设。

双循环新格局伴随着变化。国家重大需求和相关部署发生了变化，对高等教育工作的要求也发生了变化，重点领域的人才成为迫切需要的资源，因而引才工作也应主动适应这一要求变化，将工作重心向双循环的重点领域和学科靠近，向本校的“十四五”建设战略规划靠近。借助外循环的国际合作渠道、人才的国际流动，有目的性地引才，打造国际化人才高地。根据本校具体规划，将海外人才智力引入迫切需要发展的学科领域，充实内部人才智力储备，做到“内外兼修”，保证引才的质量。在诸如人工智能这样的前沿学科领域，在顶尖人才引领领域，力争通过高端海外人才的精准引入，助力前沿领域的发展。在引入海外优秀青年人才的时候，具体引进工作也要重点考虑人才与发展学科的匹配程度，为学科发展注入活力、带入新鲜血液。甚至在引入师资博士后的工作中，可将海外人才作为规划重点学科发展的重要补充，完善引入机制和配套支持，多维度提升学科的发展建设。

（二）优化人事制度，海外引才工作有态度、落地环境有温度

从国家、省市各级政府，再到各高等院校，都先从管理架构和人才政策上对海外人才引进工作机制进行顶层设计，并先后推出人才项目品牌，聚天下英才而用之，打造人才高地。国家通过设立中央人才工作协调小组，先后打造了海外人才项目品牌与本土人才项目品牌，从国家层面搭建“外引内培”架构，形成了“海外”与“本土”人才相互补充、促进的良好发展势头。各省市也根据区域情况和具体需求，推出吸引海外人才的项目，通过项目申报、予以配套支持等措施吸引海外人才到本地工作。对于特别紧缺的高端人才，部分沿海城市甚至推出成建制引进海外人才及团队落地工作，以此吸引学科带头人落地工作，发挥对于学科的引领和强推动作用。各高校的常规海外人才引进机制包括推出诸如校内“双百计划”、高层次师资支持计划等吸引海外人才到校工作。近年，在谈及国际知名人才引进计划时，国内人才计划越来越多地被谈及。各高校在十多年的海外人才引进工作中，八仙过海各显神通，各高校自主地聚集资源，在不断摸索和实践中形成了许多可资借鉴的经验。可以说，海外人才工作是一项让优秀人才落地，不断推进各项政策落实的工作，充当现代高等教育管理工作中的“排头兵”。

高校海外人才引进工作一般依托人事部门进行，人事工作领域的许多重要机制改革举措直接影响这项工作的进行，同时，海外人才工作的开展需要人事制度的支持和革新，这样相互促进、影响的联系体现在许多方面。比如近年国内高校推行的薪酬改革，通过建立绩效考核工资体系，形成具有竞争力的薪酬体系，激发优秀海外人才在校奋发立业；实行预聘-长聘制，甚至全员聘用制度，结束“铁饭碗”局面，让人才师资像高速公路，“有进有出”；分层设置教授岗位，采用国际通行分级标准，将海外引进人才校内职称评定与国际接轨，有力支持人才工作国际化；优化社保措施，有的学校甚至推出国际国内双方案，为吸引海外人才到校工作添加实际保障；对人才子女就学等问题，通过联动附属学校及省市重点学校，为海外人才子女就学提供便利渠道，省去后顾之忧。诸如此类的人事制度改革和优化，均为海外人才引进

工作提供了有效的配合和支持。

在海外人才的校内引进程序上，各高校也积极探索科学的工作机制，规范引才到校的评审流程，尤其在落实国家加大对师资队伍思想政治和师德师风教育方面，逐步加强对海外引进人才思想政治方面的工作。经过多年摸索和总结，发展至今，海外人才引进的校内程序已经较清楚稳定，常规程序为：学院首先需对应聘海外人才的学历背景、科研学术情况等进行初步测评。由学校人才工作牵头单位对人才的材料进行复审，尤其加强了对个人背景的审查，包括是否具有不良记录等审查。学校层面，通过学术或者师资委员会定期召开会议，集体评议评审拟引进海外人才资质、学术情况及拟配套待遇，以及是否与学科发展相匹配，保证了人才引进的公正性、客观性和适用性。如有必要拟聘海外人才还将与学院资深专家学者、学校领导进行单独交流。测评办法和引进流程在海外人才招聘过程中不断改进。

（三）重点加强青年海外人才引进工作

高校青年教师大多出生于 20 世纪 70、80 年代。据相关统计，年龄在 45 岁以下的青年教师在高校教师中所占比例达到 50%以上。[①]在相关学术领域取得突出成果、具有潜力的海外青年人才，在年龄层次上有年轻化的特点，具有个性和创新性，是师资队伍中需要层次较大的群体。习近平总书记指出，要高度重视青年科技人才成长，使他们成为科技创新主力军。[②]最近几年，在海外人才引进工作中，对于青年海外人才的引进力度不断加强，已成为人才队伍中可持续发展的重要储备。在湖南大学人力资源处专门针对在海外即将取得博士学位或正在进行博士后研究、年龄在 35 岁以下的留学人员回国影响因素的研究中，通过线上线下问卷调查，从宏观因素、中观因素和微观因素对其回国工作的因素进行了研究分析。分析数据显示，对海外青年人才归国工作影响最大的因素为：政府针对海外引进人才的政策红利和国家保障海归

① 徐谡. 高校人力资源管理[M]. 北京：清华大学出版社，2016.

② 新华网. 习近平：在科学家座谈会上的讲话[EB/OL]. （2020-09-11）[2021-05-15]. xinhuanet.com/politics/2020-09/11/c_1126483997.htm

人才在国内优先发展的政策措施、公平的科研及学术氛围环境、与个人科研及学术生涯发展戚戚相关的学术资源（人、财、物）配置力度。[①]由此可见，除去国家政府层面的政策方针，另外两个起决定作用的因素都在高等院校具体的人才工作层面，高校的具体引才情况对于海外青年人才是否回国工作创业至关重要。

近年来，随着对于青年科学家、青年人才的重视增加，对于海外青年人才的科研经费投入等也相应增加。国内各高校在海外青年人才引进工作中持续探索，引进的数量实现了很大的进步，并承担更多的科研项目，在国际合作交流中发挥更大的作用，促进了师资队伍水平不断提升。高校采取的“引进来+走出去”“以才引才”的引才方式更促进了师资队伍的国际化、多元化发展。[②]青年人才自身也成为以才引才的主要群体。除了积极发挥“以才引才”优势，其他能有效吸引青年海外人才的方式还有定期举办青年学者论坛、进行国际科研合作项目等，为人才之间交流搭建平台；建立海外人才工作站，将海外引才工作与校友工作结合，变成常态化工作；提升高校软实力，打造学术自由的环境等。通过科学有效的引才方式，将高质量的优秀海外青年人才引进到高校里合适的学科及领域，与科研发展相匹配。

---

① 何敏. 海外高层次青年人才回国内高校工作的影响因素调研[J]. 中国高等教育，2018（6）：53.

② 学术桥. 湖南大学：以才引才，构建青年人才引育新生态|人才与高校发展专刊[EB/OL].（2020-11-17）[2021-05-20]. https:///www.sohu.com/a/432484680_773043.

“一带一路”倡议背景下来华留学招生工作之探微
——以西南交通大学土木工程学院为例

● 曾 晔

【摘 要】人才培养为共建“一带一路”国家政策沟通、设施联通、贸易畅通、资金融通提供支撑，是基础性、全程性的活动。本文探析了“一带一路”倡议背景下来华留学招生工作开展情况和特点，以西南交通大学土木工程学院为例，肯定了招生工作的开展在来华留学教育事业发展中取得的成就，也就存在问题提出解决路径。

【关键词】“一带一路”；来华留学；招生；土木工程

Research on International Students Enrollment in China under the Background of the “Belt and Road” Initiative
—A Case Study on School of Civil Engineering of Southwest Jiaotong University

● Zeng Ye

Abstract: Talents cultivation provides support for policy communication, infrastructure connectivity, unimpeded trade and financial integration among the “Belt and Road” countries. It is a fundamental and whole-process activity. This paper analyzes the situation and features of the enrollment work in China under the background of the “Belt and Road” initiative, takes the School of Civil Engineering, Southwest Jiaotong University as an example, affirming the achievements of the enrollment work in the development of the education cause for international students in China, and puts forward solutions to the existing problems.

Keywords: the "Belt and Road" Initiative; studying in China; enrollment; civil engineering

"一带一路"倡议是我国重要的发展战略，是主动应对和统筹国内国际发展形势的重大决策。自2013年习近平总书记提出"一带一路"倡议以来，为构建全方位开放格局，我国政府持续推进这项政策，并得到中亚、南亚、欧盟等越来越多沿线国家的积极响应。在经常被谈及的"五通"具体建设重点中，人心相通是基础，教育则是实现路径。教育部在《推进共建"一带一路"教育行动》中强调，"'一带一路'沿线国家或地区教育加强合作、共同行动，既是共建'一带一路'的重要组成部分，又为共建'一带一路'提供人才支撑"，同时也指出人才培养在构建过程中的基础地位，"为沿线各国政策沟通、设施联通、贸易畅通、资金融通提供支撑"。教育具有基础性的作用，人才培养又是以"人"为中心的培养过程，因而教育活动具有贯穿整个"一带一路"建设全过程的特点。因其先进性和导向性，人才培养为我国与沿线国家合作交流提供智力支持、人力资本，推进文化传播。[①]

伴随综合国力的提升，教育对外开放的加强，我国越来越吸引各国人民的眼光，其中，来中国留学的人数不断提升。回溯历史，新中国成立后，自1950年以来，来华留学教育事业已成为民间外交和对外援助的重要形式。[②]改革开放后，我国社会进入发展"快车道"，来华留学教育更加成为教育对外开放中非常重要的组成部分，具备外交、社会服务职能，培养了一大批知华友华的教育、科技、管理等领域人才。"十三五"期间，通过不断完善留学质量监管、优化留学生结构等努力，来华留学教育体制得到不断优化，成为教育国际合作与交流的重要内容。作为整个来华留学教育事业的源头工作，留学生招生，在发展中经历了规范招生资格、优化招生机制的变革，以质为重，为来华留学教育质量提升打下良好基础。

---

① 杨东平. 中国教育发展报告[M]. 北京：社会科学文献出版社，2018.

② 杨东平. 中国教育发展报告[M]. 北京：社会科学文献出版社，2018.

一、来华留学事业蓬勃发展，速度与深度结合

根据教育部发布的《2018 年来华留学统计》，2018 年共有外国留学人员 492 185 名，来自全球 196 个国家，比 2017 年增长 0.62%，在我国 1004 所高等院校进行学习。①到了 2019 年，来华留学学历生比例达 54.6%，比 2016 年提高 7 个百分点。我国已成为继美国英国之后的第三大留学目的国，其中，共建“一带一路”国家或地区学生占比约为 78.5%，占据来华留学生群体非常大的比例。根据留学经费来源进行统计，除去中国政府奖学金资助，自费项目留学生比例约为 87.19%。②从 2004 年开始，招收留学生的学校和数量都出现大幅度增长，在规模迅速扩张的过程中，越来越多的学校参与了来华留学生市场的角逐。部属院校和地方院校作为来华留学生招收的传统吸纳者，近年来，更多的高职院校也逐步加入这一领域，成为新兴力量。通过对比 1999 年和 2013 年招收来华留学生院校情况，可以发现，高职院校比例明显提升，在短短 4 年间，从 3%提升到 13%，实现了跨越式发展。③

伴随着来华留学生数量和参与院校数量的高速发展，来华留学管理体制也在不断优化。院校在进行来华留学生招收过程中，进一步获得政府下沉的自主权，也将管理机制向中国学生管理机制趋同。比如，自 2014 年，在中国政府奖金生申请程序中，将获得政府奖学金资助和具体高校申请分开，实现了高校也可自主选择、学生院校“双选”的程序优化。④在我国逐步发展成全球留学生最大输出国的过程中，来华留学生也稳定地保持增长，实现了学生输入输出的良性双向流动，成为我国教育对外开放事业中名副其实的生力军。在这一过程中，学历生比例、高层次人才培养比例等方面都进一步提高，生源结构得到优化。

---

① 中华人民共和国教育部网站. 2018 年来华留学统计[EB/OL].（2019-04-12）[2020-05-20]. http:// www. moe. gov. cn/jyb_xwfb/gzdt_gzdt/s5987/201904/t20190412_377692. html.

② 中华人民共和国教育部网站. “十三五”时期来华留学生结构不断优化[EB/OL].（2020-12-22）[2021-05-27]. http://www.moe.gov.cn/fbh/live/2020/52834/mtbd/202012/t20201222_506945.html.

③ 杨东平. 中国教育发展报告[M]. 北京：社会科学文献出版社，2018.

④ 杨东平. 中国教育发展报告[M]. 北京：社会科学文献出版社，2018.

二、共建“一带一路”国家或地区来华留学生招生情况综述

“一带一路”共建加快了对基础设施互通、经贸合作、金融合作的推动，进而带动人口就业率提升、货物资源流动等变化，并在科技、文化等领域进行落实性质的合作。人才培养则为共建全过程提供人才和智力支持。共建“一带一路”国家或地区群体由八个区域构成，分别是东盟 10 国、西非 18 国、南亚 8 国、中亚 5 国、独联体 7 国、中东欧 16 国、东亚 1 国、北非 1 国，共计 66 国。2000—2015 年，66 国来华留学生数从千位数 9219 上升到 183 116 人，占据来华留学生一半的比例。①特别是自 2013 年习近平总书记提出“一带一路”倡议后，针对沿线国家的具体留学生招生政策出台，来自沿线国家的来华留学生增加幅度实现历史突破，是来华留学生数量的迅猛积累 期。共建“一带一路”国家或地区留学生已成为我国来华留学生教育事业最主要的组成部分，是各高等院校、职业技术类学校留学生招收的重要来源。（见表 1）

表 1 共建“一带一路”国家或地区及部分参照国家来华留学人数（2000，2013，2015 等）②

国家或地区	2000 年/人	2013 年/人	2015 年/人	2000—2013 增长额/人	2000—2013 增长幅度/倍	2013—2015 增长额/人	2013—2015 增长幅度/%
东盟 10 国	5391	68 447	71 101	63 056	11.70	2654	4
西亚 18 国	731	10 832	12 277	10 101	13.82	1445	13
南亚 8 国	1080	30 104	43 019	29 024	26.87	12 915	43
中亚 5 国	235	20 115	23 156	19 880	84.60	3041	15
独联体 7 国	845	19 047	20 384	18 202	21.54	1337	7
中东欧 16 国	393	3340	4684	2947	7.50	1344	40

① 杨东平. 中国教育发展报告[M]. 北京：社会科学文献出版社，2018.

② 中华人民共和国教育部. 2015 年度我国来华留学生情况统计[EB/OL].（2015-04-14）[2021-05-23]. http://old.moe.gov.cn/publicfiles/business/htmfiles/moe/s5987/201503/ 184959.html.

续表

国家或地区	2000 年/人	2013 年/人	2015 年/人	2000—2013 增长额/人	2000—2013 增长幅度/倍	2013—2015 增长额/人	2013—2015 增长幅度/%
参照国和地区							
蒙古	510	8054	7428	7544	14.79	-626	-8
埃及	34	745	1067	711	20.91	322	43
韩国	16 787	63 029	66 672	46 242	2.75	3643	6
北非	216	3844	5159	3628	16.80	1315	34
撒哈拉以南非洲	1172	29 515	44 608	28 343	24.18	15 093	51
美国	4280	25 312	21 975	21 032	4.91	-3337	-13

来华留学生数量迅猛增长之后，通过对学生就读专业的数据进行整理和分析，不难发现，理工科是来华留学生最多选择就读的专业，占总数的 72.71%（见图 1）。[①]由来华留学生优选的专业特征可以看出，共建“一带一路”国家或地区对于理工科类人才培养的需求是非常大的，以满足基础设施、交通工程、合作建设和人文交流等领域的建设需要。在共同建设持续推进的过程中，也为我国理工科院校带来更多的机遇和发展空间，更多沿线国家的生源将会流入理工科专业相对集中的院校。特别在 2004 年以来，来华留学的自费生数量发展迅速，逐渐超越中国政府奖学金生，到如今，已占据来华留学生总数的九成份额。

来华留学生招生工作，除传统的外交及服务职能外，也更多地开始承担市场职能，参与教育市场的竞争。甚至有学者提出从教育市场的角度，来华留学生招生可分为品牌建设、项目包装、渠道开拓、市场营销等环节[②]，并提

① 教育部国际合作与交流司. 来华留学简明统计（2013）[EB/OL].（2017-03-18）[2021-05-20]. http://www.moe.edu.cn/jyb_xwfb/xw_fbh/moe_2069/xwfbh_170301/170301_sjtj/201703/t201703/t20170301_297677.html.

② 于书诚，沃国成，郭丽. 新时代高校来华留学管理工作实务[M]. 天津：天津大学出版社，2020.

出，许多院校的传统做法是成立国际教育学院，单独承担本校来华留学生教育，却也造成招生工作与教育市场衔接不够紧密，无法满足人才培养需求的弊端。近年，推行招生、培养、学位上的趋同融合正努力推动院校职能部门将来华留学生纳入自身职责范围，将单独由来华留学生管理培养部门的招生职责趋同融合到相关职能部门，以最终提升教育培养质量和学校整体国际化工作水平。

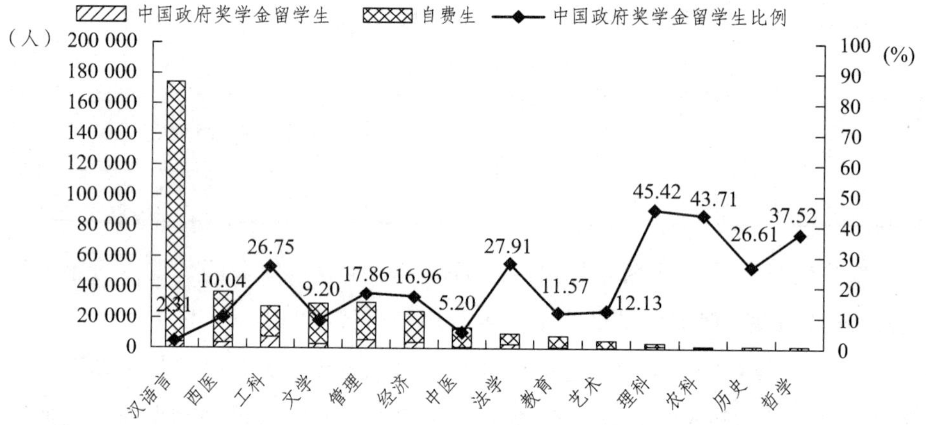

图 1　来华留学简明统计（2013）

三、土木工程学院在“一带一路”背景下来华留学生招生培养概况

西南交通大学拥有百余年的历史底蕴，早自 20 世纪 50 年代开始接收来华留学生，是最早一批进行留学生培养的高等学府。因学校在“轨道交通”方面扎实的教学科研基础，留学生在相关学科学成归国后在本国的交通基础设施建设方面贡献卓越。比如西南交通大学在 2003 年开始成建制培养越南河内交通大学留学生，不少毕业生回国后在各领域担任要职，他们中有越共政治局委员邓友、越南河内交通大学校长杜营海、越南建设大学校长黎文赏、越南城市建设环境保护部部长黎贵安、越南交通部副部长阮廷现等。[①]在新时

① 西南交大顺利通过来华留学质量认证（2018）[EB/OL].（2018-10-23）[2021-05-25]. https://news.swjtu.edu.cn/Mobile/shownews-17295-0-1.shtml.

代高校来华留学教育发展大潮中，学校主动迎接新的发展要求，并于 2017 年签约成为第三批来华留学认证试点院校，于 2018 年 4 月通过来华留学质量认证，在顶层设计、机制建设、培养结构优化等方面升级革新。土木工程专业是西南交通大学 1896 年创办时最早设立的专业，也是全国最早实行土木大类招生培养的专业。在新时代我国高等教育领域，高等工程教育已占据近三分之一的份额，在教育对外开放中有重要地位，也是“一带一路”沿线留学生生源最多进入的培养领域。

2016—2020 的五年期间，在学校受中国政府奖学金资助的来华留学生中，土木工程学院留学生所占比例居全校第一方阵，并已形成较为稳定的共建“一带一路”国家留学生占比。作为西南交通大学最富历史底蕴的工科学院，土木工程学院很早就意识到学院和学科国际化发展的重要性，在学校制定国际化战略并经过广泛调研和讨论后，明晰了通过汲取并创新教育理念、提升师资队伍国际化水平、创建高端国际化平台、深化合作拓展国际教育资源、完善国际化服务体系、打造一流的国际化人才培养环境的国际化发展思路。在教育资源国际化建设方面，学院规划清晰，从来华留学生教育、出境学生派送、外文专著教材出版、国际化办学内涵提升、国际工程教育专业认证等方面多维度提升。具体在来华留学生招生工作方面，学院提出“三步走”打造“留学土木”品牌。

土木工程学院逐步提高来华留学生生源质量和研究生学历留学生占全院学历生的比例。在新时代教育开放背景下，国家对“留学中国”计划进行升级，工作重点向提升质量方向引导。“提质增效”已成为近两年在来华留学生教育领域最频繁强调的概念。为奠定来华留学生教育全过程的良好基础，在招生入口学院严把学生质量。首先，作为学校来华留学生录取工作组成的一环，学院制定明确的学术审核通过标准，并对申请学生的学历背景、语言能力、学术水平等进行了解，形成学习能力评估。其次，在录取学生的学院流程上予以规范，对于需要集体决策的录取结果等事项应由学院会议集体审议后再通过（见图 2）。通过制度的完善来提升来华留学生招生前期筛选和符合就读条件的客观决策。

图 2　土木学院留学生培养流程

在教育国际化评价中，攻读研究生学位的来华留学生数量和质量直观反映一个学科或学院的高等教育国际化程度。扩大来华留学生研究生学历生一直是西南交通大学土木工程学院在扩大招生规模中的招生思路(见图 3、图 4)。近年来，土木工程学院以“提质增效”为原则配置人才培养的教育资源，学院稳步扩大来华留学生规模，形成“外引内培”相互促进的良性循环。在提升研究生学历生培养质量上，通过精准配对留学生导师，加强学业监督，尤其在论文撰写过程中加强全过程督导，保证论文抽检的通过率，以及优秀研究生论文的产生。在导师具体指导学生进行研究生科研任务开展时，也充分利用国际合作交流平台，促进科研成果产生。比如学院道路铁道系一名埃塞俄比亚籍的硕士研究生，就曾经将所在课题组的铁道检测项目带入本国道路检测领域，在进行论文撰写的同时，直观促进了两国同领域科研工作者的交流，也为课题组提供了宝贵的一手数据，是来华留学生科研活动与国际化交流结合很好的经典案例。

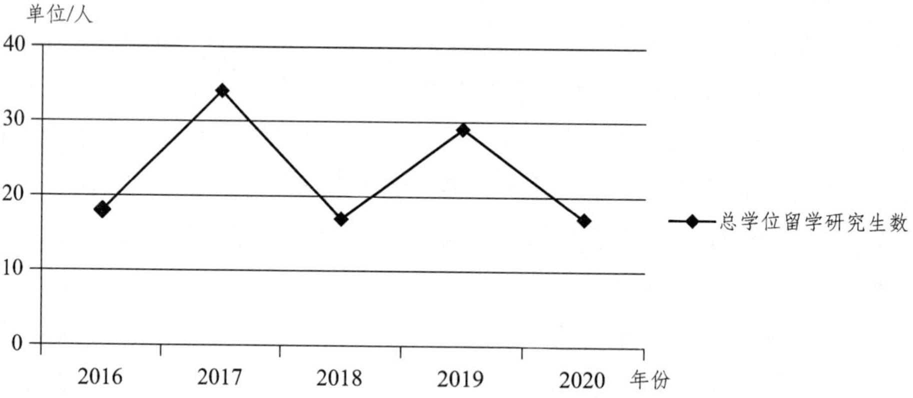

图 3　留学学位研究生数量图

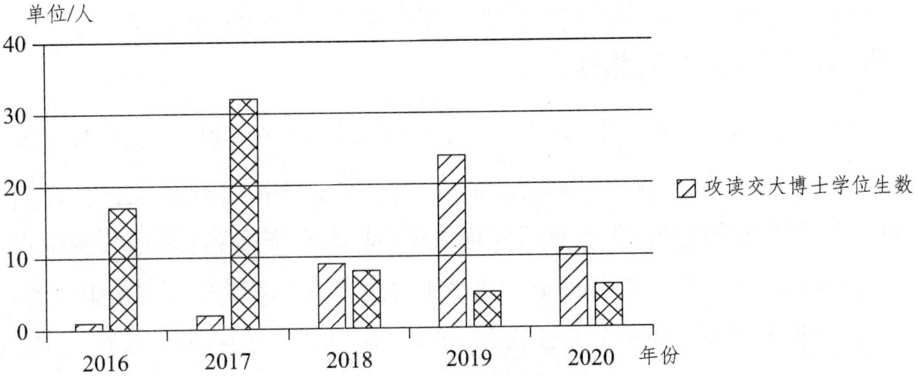

图 4　不同类型留学学位研究生数量分布图

土木工程学院通过重点建设来华留学生精品项目，提升人才培养国际化程度和质量，扩大我校土木工程教育国际影响力。中国政府资助项目方面，学院在 2015 年协助学校开设了道路与铁道工程商务部援外硕士项目班，并在 2016 年道路与铁道工程专业经学校申报教育部首批“丝绸之路”硕士项目并获批。外国政府资助项目方面，2018 年，土木工程专业作为首批入选专业，是西南交通大学为埃塞俄比亚科教部成建制培养本科留学生的两个首开专业之一。首批埃塞俄比亚科教部选派的学生从 2019 年 6 月起，开始本科阶段的学习。针对该项目，土木工程学院积极配合学校国际合作处及相关职能部门根据留学生具体特点和专业培养要求制定完备的全英文课程培养方案。针对埃塞学生班的培养方案有合力的课程设置，加强如结构力学等核心本科课程的培养设置。该班学生学习进展良好，项目推进顺利，并在学校成为具有知名度的来华留学生项目。校企协作项目方面，2012—2013 学年，协助学校与中国中铁二院联合培养了首批埃塞俄比亚高层次铁路管理与技术人才硕士班，该项目成为“我国高等工程教育国际化的典范工程”[①]。学院在这些精品项目的实施中，也提升了培养体系，建设直观的教学体系，将“看、听、实践”相结合，通过立体教学提高留学生多层面的学习能力。

---

① 西南交大顺利通过来华留学质量认证（2018）[EB/OL].（2018-10-23）[2021-05-25]. https://news.swjtu.edu.cn/Mobile/shownews-17295-0-1.shtml.

四、土木工程学院在共建“一带一路”国家来华留学招生工作中存在的问题及解决路径

（一）“一带一路”生源国存在集中现象，许多地区开发潜力较大

留学生招生市场属于教育市场的一部分。朱兴德在“一带一路沿线教育市场格局”一文中提出，“一带一路”沿线来华留学市场潜力巨大，特别是中东欧地区和海湾地区，中国教育市场尚未引起当地学生关注，当地来华留学教育市场很大程度上处于未开放状态，存在进一步开放的空间和机会。[①]尤其在当今错综复杂的国际形势之下，国家战略部署从顶层设计上为未来国际合作交流指导了方向。招生工作应两手抓，一方面保持传统“一带一路”生源国，即中亚、非洲等国的稳定招生规模；另一方面将中东欧等地区作为未来招生拓展的新区域。以土木工程学院为例，在 2016 年至 2020 年间，来自沿线国家的留学生比例较稳定地保持在 87%左右。在成功拓展案例中，比较突出的是哈尔滨工业大学，学校确定了“以我为主、突出特色、对俄引领、覆盖全球”的国际教育交流工作机制。哈工大的俄罗斯来华留学高层次人才培养基地建设非常成功，主要通过结合国家教育部哈工大中俄人才交流与科研合作基地建设、整合中俄工科大学联盟、加快哈工大-圣彼得堡大学中俄联合校园建设等来推动俄罗斯来华留学生招生工作。[②]以此为鉴，土木工程学院可整合好已有的科研平台资源和雄厚的师资力量，加强国际合作交流，来反哺来华留学生招生。学院可重点将俄罗斯、乌克兰等国生源作为未来拓展方向，提升规模的同时也可改善生源结构。

（二）招生资助项目经费来源多集中于中国政府奖学金，资助来源较为单一

自 2002 年学校经批准恢复对于中国政府奖学金生的接收以来，经过近二

---

① 朱兴德.“一带一路”沿线教育市场格局”（2019）[EB/OL].（2019-06-04）[2021-05-25]/sohu.com/318595846_699506.

② 顾建政，刘孟男，梅文章.“三个功夫”助推来华留学实践与探索[M]. 国际学生教育管理研究，上海：上海外语教育出版社，2020.

十载的发展，土木工程学院已成为学校接收中国政府奖学金资助留学生人数最多的学院之一。在 2021 年 6 月进行的学校在读来华留学生数据统计过程中发现，在读 78 名学历生中，受中国政府奖学金资助的学生数量为 56 名，自费生为 11 名。这与我国目前来华留学生自费生占总数绝对多数（近 90%）的现状形成了鲜明对比。在自费生招生方面，来华留学生的求学意愿直接影响招生工作的成效。[①]由此可见，学院留学生招生工作在自费生拓展上可提升空间很大，且应以提高留学生求学意愿为主要目标。学院除了配合好学校来华留学生招生职能部门的各项工作，深化与政府各推介渠道的合作之外，还需要增加主动谋划的措施。学院可以利用好近期学校大力推进的英文网站建设，优化学院英文网站关于来华留学生招生信息的宣传，让招生信息内容更生动。学院还可充分利用固有资源，通过国际交流活动、外事接待活动和出访、国际学术年会等作为招生宣传载体，有针对地进行自费生招生宣传。

加大与驻华企业、中资企业的合作，增加校企联合培养来华留学生项目，也是拓展留学生项目经费来源的重要方式。在这方面，土木工程学院在交通建设方面拥有得天独厚的基础，学生毕业后进入道路铁路等交通运输领域工作，不少在各工程局、勘察设计院和中资企业担任要职，这对进行校企合作提供了支持和帮助。中资企业多集中在“一带一路”沿线国家，通常在拿下当地建设工程同时，也会打包承担工程项目的后期运营权。中资企业在海外开展工程建设的同时，急需大批本土化人才进行后期运营管理。学院留学生招生工作可主动对接这一需求，多走出去与中资企业“量身定制”本土人才留学培养方案，将企业资助作为拓宽留学生经费来源的重要方式。

（三）针对“一带一路”建设所需人才培养体系不成熟，无法为招生工作提供强大核心竞争力

在招生教育市场中，核心竞争力是指学院提供的教育服务产品是否能满

---

① 陈强，王恩林，于书诚. 招生工作[C]//国际学生教育管理实务，天津：天津大学出版社，2015.

足留学生及其家长的需求，归根结底是教育质量的优质程度。[①]虽然土木工程学院在实施一些来华留学生重点项目时建设了配套的培养方案，但在针对“一带一路”建设所需人才培养的程度上远远达不到体系化、凝练到机制的程度。特别在培养“一带一路”沿线国家高层次人才上，相比国内同类型学科学院，对留学生的吸引力不够。学院在未来工作上要加大国际化课程资源、提升教学方法多样化，以及针对研究型大学在职业专门教育方面的劣势增加实践培养力度等，以提升留学生培养教育的质量。学院在思考如何将学校国际化战略、本院学科专业优势与来华留学生就业需求相结合的过程中，可以在对来华留学生专业支持、学业辅导、跨文化交际交往辅导和就业指导等方面提升质量。[②]在整个来华留学教育质量综合实力提升后，学院在对外进行招生宣传、对内进行招生管理时，可以有“手中有粮，心里不慌”的竞争实力，进而投入到来华留学生教育市场的激烈竞争中。

① 陈强，王恩林，于书诚．招生工作[C]//国际学生教育管理实务，天津：天津大学出版社，2015.

② 顾建政，刘孟男，梅文章．新时期来华留学教育的使命、问题与发展理念研究．国际学生教育管理研究[M]．上海：上海外语教育出版社，2020.

中 文 教 育

基于汉葡对比的“V+得/不+C”情貌分析及教学思考

● 王数财

【摘　要】本文从结构、认知及体貌的角度对汉语“V+得/不+C”结构进行多元观察，对比汉葡两种语言的表达逻辑和句法配置，概括式地探索葡语背景的学生在习得该补语结构时可能产生的类型偏误，进一步分析句法与思维成因，厘清补语结构不同情态的表达环境，从构式的角度提出针对性的课堂教学思路。
【关键词】“V+得/不+C”；情貌；教学

Analysis on aspect of “V+de/bu+C” and teaching exploration based on contrast between Chinese and Portuguese

● Wang Shucai

Abstract: This paper gives multi-observation to the Chinese structure “V+de/bu+C” from the perspective of construction, cognition and aspect. Based on the contrast of expressive logic and syntactic display between Chinese and Portuguese, the paper comprehensively explores possible varieties of errors from the Portuguese native students when they try to acquire the structure, then continues to analyse the reason of syntax and thinking way in order to make it clear different expressive aspect environment of complement structure. In the end, the paper proposes specific teaching suggestions from the viewpoint of construction.
Keywords: “V+de/bu+C”; aspect; teaching

作者简介：王数财，西南交通大学人文学院讲师，2011 年毕业于四川大学，语言学及应用语言学博士，研究方向为对外汉语教学、汉英对比研究。

一、问题的引出

针对外国人的汉语教学不同于本族的母语（语文）教学，语法先行的规则与结构框架往往会增加学生的记忆负担，因缺乏实际的情境操练而导致语法规则在中介语系统中相互挤压，语块之间的连接松散，“听说”能力无法先行，最终损害了语言交际的教学目标。

笔者在葡萄牙米尼奥大学任教期间，针对 1 ~ 3 年级学生开设“现代汉语听说”课，从教学效果来看，容易产生负迁移的汉语构造是偏误的“重灾区”，譬如表可能与状态补语的“V+得/不+C”结构。因缺少目的语条件，只能通过课堂教学的演练与课后作业的反馈来完成教学任务。然而，教学成效并不理想。若一味紧扣语法规则，即使有意识地简化语法术语，也无法准确传达母语者的语感；若通过强化训练辅之以情境操练，也只是以任务教学法来进行引导式的“填空”。因此，分析汉葡两种语言在概念认知、情态选择以及表达形式之间的差异，无疑可以更好地指导教学，突破传统的语法规则讲练，对汉语独特的表达形式进行解剖式的分析，为葡语思维寻找语义差值，通过汉葡对比和互译消除表达障碍，铺垫语际互通的桥梁。

二、“V+得/不+C”结构再观察

关于“V+得+C”结构，吕叔湘认为“得”是助词，连接表示程度或结果的补语。[①]学界一般将“V+得/不+C”看作“动补式”，“得/不”分别为“肯定/否定”的补语标记，C 为动词的补语成分，表现为“可能补语”“状态补语”或“结果补语”。单独看“做得好”这一短语，仍可表达歧义，除非增添句法成分或设置语境来消弭。本节试图从认知语言理论的角度来审视该构造，继续观察其认知图式与焦点语义。

（一）语义与焦点

学界普遍认为，动词是叙事句的核心成分，以动词为句子的支点，其余

---

① 吕叔湘. 现代汉语八百词[M]. 北京：商务印书馆，1994.

外围成分共同组成句子的状貌，充分表达完整的语义。单纯观察“V+得/+C”结构，C可以表示“可能”或“结果”，如“做得完”“走得到”“吃得了”等；C也可以表示“状态”或“结果”，如“写得对”“说得很清楚”“吃得多”“走得慢”等，而“可能”“状态”与“结果”之间的界限有时比较模糊，需要完整的句式或语境的参与来消除歧义。对比以下例句：

（1）我们散步的时候，走得非常慢。（状态）

（2）今天你已经吃得很多了。（状态、结果）

（3）这件事情，老板说不清楚。（可能）

（4）这么多作业你今天做得完吗？（可能）

（5）你声音太低了，我们都听不到。（可能）

（6）他们都说大华做得对，应该理直气壮。（结果）

观察例句可知，当C为形容词短语时，该结构更容易表达“状态”与“结果”义，当C为特殊补语动词“到、了、见、完、通”时，该结构更倾向于表达“可能”与“结果”义。甚至因说者与听者所关注的焦点不同，导致“结果”与“状态”的语义表达仍有歧义之处。换言之，歧义产生于语用过程中双方焦点的错位，该结构本身所蕴含的语义项有两个以上的交集。一般而言，形容词短语既能表达事物的性状，也可以表达动作行为结束之后所产生的结果。如例句（1）中的“慢”，表达的是走路的状态，例句（3）和（5）通过否定标记“不”使得整个结构表示“不可能”的语义。再看例句（4），语境的设置为疑问语气，在句中该结构表示“可能性”，而例句（6）使用陈述语气，更倾向于表示动作行为的“结果”。

因此，“V+得/不+C”结构的句法语义某种程度上取决于C的语法属性，而语义焦点却受到语用的限制与影响。换言之，说者或听者对语块的焦点产生了偏差，既可以着眼于动作行为本身的状貌，又可以倾向于动作产生之后的结果，也可以投射于动作行为的结果是否能够产生。从逻辑焦点而言，动作行为本身是语块的核心；而从语用焦点来看，动作发生之后必然会产生某种结果或者带来某种性状，此时语言符号使用者（编码者）与理解者（解码者）便可能会因焦点转移而产生歧义。

（二）认知与历时

陈安定在对比英汉两种语言结构时曾谈道，“英语结构紧凑严密；汉语结构简练明快。英语句子好比一棵参天大树，一串葡萄，一串珍珠，一树荔枝；而汉语好比一根竹子，一盘珠子，一江波涛。”[①]吕叔湘先生也曾多次说到，“汉语口语里特多流水句，一个小句接一个小句，很多地方可断可连。”[②]从这个角度来看，“V+得/不+C”结构可以看作是一个语块，即从整体上对动作行为进行补充说明，以“得/不”为语法标记，与一般的动结式相区别。“得/不”是虚语素，属于功能词，对动作行为的性状、结果、可能性作“肯定/否定”的说明。因此，该结构可以理解为美国语言学家 Goldberg 提出的构式，C 的语义功能对语境有一定的依赖作用。在一个简单句当中，“V+得/不+C”结构相对独立、完整，不与其他句子发生句法关系，动词仍然属于核心成分，标记词“得/不”在语音上弱化，作轻声处理，即“de/bu”，在节奏上属于过渡音节，不是语法重读成分。

认知语言学倾向于从功能视角探讨语言单位与概念单位之间的联系，并反映族群的语言心理。“V+得/不+C”结构映射了具有时间性的动词在时间弧度上通过延续所产生的印记，也即通过语言单位的先后顺序可以映射概念结构的认知顺序。自然语言里的因果关系总是通过“因”带来“果”，动作行为发生以后，在时间弧度的另一端产生某种效应，即结果，这是汉族人群认知因果的时间顺序，并以此映射在汉语表达当中，以 C 作为对动作行为的补充说明成分而居于动词之后。对比“V+得/不+C”结构与动结式：

（7）手机丢了，找了半天都找不到。

（8）经过三天三夜，我们终于找到了那片峡谷。

（9）你看见了没？就在东南方向。

（10）马克完全听不到女朋友在说什么。

（11）我听得非常明白，你已经不爱我了。

---

① 陈安定. 英汉比较与翻译[M]. 增订版. 北京：中国对外翻译出版公司，1998.

② 吕叔湘. 汉语语法分析问题[M]. 北京：商务印书馆，1979.

（12）找到失踪的小男孩儿以后，各大媒体争相报道。

同样是动词先行，补语后置，满足概念结构的时间顺序，而“V+得/不+C”与动结式在语义范畴上具有明显的差异。前者蕴含“可能”“状态”“结果”义，而后者顾名思义只表达“结果”义，且否定形式不同。如：

（13）找不到的话就别找了，咱们去买新的。

（14）对不起，我找了好几天了，还是没找到。

（15）如果你不能吃完的话，就别硬撑了。

（16）倘若你不写完作业，是不能看电视的。

“V+得/不+C”结构的否定标记居于中间位置，否定的是动作行为的可能性；而动结式的否定形式有两种，否定标记居于该结构之前，分别用“不”和“没”对已然和未然进行否定，否定的是动结式整个语块，而非单独否定动作结果。可见，“V+得/不+C”结构比动结式的“结果”义弱，被其他两项语义分化，在强调动作行为的结果时更倾向于使用动结式。故而可以概括“V+得/不+C”的语义差序：

当 C 为形容词时，“V+得+C”的语义差序为：状态 ＞ 可能 ＞ 结果；

当 C 为动词时，“V+得+C”语义差序为：可能 ＞ 结果 ＞ 状态；

当否定补语时，“V+不+C”的语义差序为：可能 ＞ 结果 ＞ 状态。

（三）情态与体貌

在句法上，“某一语言中的基本句型取决于主要动词所表达的语义/句法信息”[①]，动词谓语是主语发出的具有时间特征的动作行为，可对宾语施加作用，也可对事件产生影响，也可表达动作行为的后续结果，分别从静态和动态两个角度体现出动作行为的情态与体貌特征。动词的情态是指动作行为所表达的许可、意愿及可能性，属于句法语义范畴；而动词的体貌表现的是动作行为的状态，即在时间弧度上所体现出来的进行、持续与完成，属于句法逻辑范畴。“V+得/不+C”结构不是单纯地叙述动作性，而是对动作行为所展现的

---

① 束定芳. 认知语义学[M]. 上海：上海外语教育出版社，2008.

情态以及动作发生以后的结果与状态进行描摹。该结构整体上表达“可能”“状态”与“结果”义，在完整的句法环境中得以实现，可通过添加语素的形式消弭歧义，排除其他义项。如以下例句：

（17）你这么瘦，能打得开这扇门吗？

（18）这小孩儿一口气能吃得下十个包子。

（19）请问大家能听得清我在说什么吗？

（20）你问我做得怎么样？当然做得好咯！

例（17）~（19）通过添加“能”这一能愿动词来强调“V+得+C”结构的可能性，排除了“状态”与“结果”义，例（20）通过设置情境问答“V+得+怎么样”来确定动作的结果。与动结式相比，该结构中的“得”是表达“可能”与“状态”义的显性标记。若要否定“状态”或“结果”，该结构变换为“V+得+不C”，譬如：

（21）最近压力太大，公司交给我的项目做得并不好。

（22）话筒质量不行，听得很不清楚。

（23）饭菜点多了，我们两个人吃得不完。*

（24）还有两里路呢，十分钟恐怕走得不到吧。*

对比以上例句不难发现，表达否定的“结果”义时，使用“V+得+不C”；而“V+不+C”表达“不可能”的情态义。

再来观察该结构的体貌特征。动作行为自发生到结束具有时间特征，在这个时间长度中，动作行为的状态表现出体貌特征。可持续性动词和非持续性动词都能进入该结构，前者一般表达“进行”和“持续”，后者则表达“完成”。如下例：

（25）你看哪，他像一条鱼，游得多快呀！

（26）春天到了，山坡上的花儿开得特别灿烂。

（27）我的乖乖，吃得真棒！吃得真好！

例句中，C为形容词短语，分别表达进行、持续及完成，都表示动作行为的体貌“状态”。换言之，在表示体貌特征时，该结构排斥动作动词充当补语C，因为动作动词倾向于表达“可能”义，属于未然范畴，这与该结构体貌的已然性是矛盾的。再比较：

（28）太吵了！完全睡不着！

（29）学不会就不要学了，换个项目再试试。

（30）做得完做不完都不要紧，不要把身体累坏了。

作为否定的可能补语，可以从宏观上将其一致理解为未然，即动作行为的结果并未实现或不可能实现，因此讨论动作的体貌属于时间轴上的哪一个位置意义不大。

综上，当 C 为状态补语时，“V+得+C”的情态与体貌相交，即动作行为的状态体现出不同的时间特征；当 C 为结果补语时，体貌特征次之；当 C 为可能补语时，体貌特征最弱。通过差序表现为：状态—体貌 > 结果—体貌 > 可能—体貌。

三、葡语情貌的句法图式

葡萄牙语隶属印欧语系下的罗曼语族，为伊比利亚半岛西隅葡萄牙的官方语言，也称为欧洲葡萄牙语，简称欧葡。葡萄牙语在世界各大洲都有分布，主要为南美洲的巴西、非洲的安哥拉和莫桑比克、亚洲的中国澳门地区以及大洋洲的东帝汶等，各地葡萄牙语因历史、地理、社会等原因都有所变异，在语音规则、语法形式及口语表达等方面区别于欧葡。[①]本文以欧葡为比较对象，主要探讨汉葡在情貌方面的句法差异。

（一）句法实现

葡语句法规则性较强，句子的核心动词根据主语人称的不同发生变位（conjugação），根据时态计算共有 24 种[②]，主语不是必要句法成分，只在可能发生歧义或需要强调的句法环境中出现。如：

---

① 王锁瑛，鲁宴宾. 葡萄牙语语法[M]. 上海：上海外语教育出版社，1999.

② 王锁瑛，鲁宴宾. 葡萄牙语语法[M]. 上海：上海外语教育出版社，1999.

（31）Eu gosto de ti. 我喜欢你。

（32）Ele continua a aprender português. 他继续学习葡语。

（33）Tu comes pão? 你要吃面包吗？

（34）Nós queremos ir à escola. 我们想去一下学校。

（35）Vocês levantam a mesa. 你们收拾一下桌子。

因主语人称与变位动词在句法上一一对应，故而以上例句的主语都可以零出现，通过动词的变位形式便能够辨识句法主语的人称，表达更为简洁。

葡语情貌的表达主要依赖于丰富的句法形式，基本实现方式为：情态动词、表语结构、动状结构、宾语补足语结构等。情态动词和表语结构主要表达可能、意愿、许可、能力等；动状结构主要表达动作的状态与结果，副词后置于动词；宾补结构主要表达动作的状态。试比较：

（36）Posso encontrar a minha carteira. 我能找得到钱包。

（37）Consegue vencer esta competição. 这场比赛他赢得了。

（38）É possível que acabe o trabalho para casa. 他做得完作业。

（39）São capazes de escreverem os comentários. 他们写得了评论。

（40）Fala bem chinês. 他汉语说得很好。

（41）Anda tão lentamente. 走得太慢了。

（42）Faz o quarto limpo. 房间打扫得很干净。

（43）Já deixa a comida acabada. 饭吃得很干净。

以上例句中，（36）、（37）两句通过动词 poder、conseguir 来表达动作的可能性；（38）、（39）两句通过表语结构 ser possível que 与 ser capaz de 表达能愿；（40）、（41）两句通过动状结构 falar+Adv、andar+Adv 来表达状态与结果；（42）句通过宾补结构表达状态或结果。通过汉葡互译不难发现，两种语言关于情貌的表达方式在句法层面表现出明显的差异。汉语通过“V+得+C”结构来实现，有标记词“得”，补语位置固定，具体情貌对语境有一定的依赖性；而葡语属于形态丰富的屈折语，情态的表达主要依赖句法环境和配置，没有对应于“得”的语法标记。

（二）否定先行

葡语的否定词为 não 和 sem，前者属于副词，不能直接修饰名词，相当于汉语的“不”和否定动词的“没”；后者属于介词，修饰名词，相当于汉语的“没有”，不在本文的讨论范畴。在句法配置上，não 先行于所有的动词，其功能与汉语的否定一致，而英语中的否定副词 not 却后置于系动词 be。试比较：

（44）Desculpe, não posso fazer isso. 对不起，这件事情我做不了。

（45）Não é capaz de ficar sozinho em casa. 他一个人在家里根本待不住。

（46）Não é possível de terminar o projeto em dois dias. 两天之内不可能做得完这个项目。

（47）Não falo bem português, só um bocadinho. 我葡语说得不好，就会一点点。

（48）Não pode ser feito, tanto trabalho. 太多事情了，根本做不完。

（49）Se não acabe hoje, vai continuar amanhã. 如果今天做不完，那就明天再继续。

（50）Não deixá-la aberta a chave. 这把钥匙打不开门。

观察例句可知，葡语否定副词 não 总是前置于核心动词，对动作行为或状态、结果进行否定。跟汉语的“V+不+C”结构对比，“不”是该补语结构的否定标记，补语 C 的位置固定，整个结构是一个整体语块。葡语否定标记 não 充当汉语“不”的功能，而情貌的表达采用自由灵活的句法构造来完成。“V+不+C”结构中“不”否定的是动作的可能性，属于动作先行，符合汉语的概念结构和认知顺序；而葡语则否定先行，以 não 在句法上对动作或事件进行否定，而逻辑上否定的是动词的情貌。换言之，无论动作是否能够发生，或发生以后产生什么样的状态、结果，葡语都是先进行否定，然后通过句法配置表达具体的逻辑语义与情貌特征。

（三）事件焦点

二十世纪七八十年代以来，随着认知心理学的兴起与发展，认知语言理论从思维心理和表达功能的角度开辟了另外一个研究领域，即通过语言结构来观照概念结构，以此映射思维心理的表达顺序。“语言的形式和内容之间有一种必然联系，即两者之间的关系是可以论证的，是有理据的（motivated）。”[①] 然而，无论是结构形式的研究，还是认知功能的分析，都离不开语言结构本身的句法特征。

在表达“可能”的情态时，葡语的逻辑焦点在于“能不能”发生某个动作，或者某个动作的状态“是否能够”产生，在词汇系统中的选择一般为 poder 和 conseguir，或者句法语块 Ser capaz de 和 É possível de/que。除了核心动词根据人称变位以外，其余成分都按照句法配置的语序出现。可见，葡语安排的事件图式是由显性的词素与动词短语组合，它们之间是相互独立的句法单位，不是语用的语法化实现。

在表达“状态”“结果”时，葡语采用的是动状结构与使役结构。动状结构区别于英语和汉语的状中结构，后两者中副词居于动词之前作修饰性状语，汉语常以“地”为状语标记，而前者副词一般后置于动词，中间没有任何语法标记，可以表达“状态”与“结果”的逻辑语义，常见副词为 bem、perfeitamente、excelentemente、optimamente 等。而使役结构对动词有一定的句法要求，即只有表“使役”类的动词才能进入，如 fazer、deixar-se、ter 等，宾语后面的形容词充当补足语，补充说明宾语的状态，实质上是动作行为对宾语施加影响的结果。可见，葡语在表达“状态”与“结果”时，句法上是动词先行，事件图式跟汉语相似，即通过语言结构可以映射概念结构，“结果”总是出现在动作行为之后。不过，葡语对于“结果”的词类选择更加开放，可以是形容词，也可以是副词，这是句法作用的结果。

综上，“可能”的事件焦点是对“可能性”的肯定与否定，而“状态”与“结果”的事件焦点是动作行为所产生的痕迹与烙印。对比汉葡的句法实现形式可以发现，两者在表达肯定的“状态”与“结果”时，使用相似的语言结构和认知顺序，这也体现了某种程度上的思维共性，为语际翻译提供证据与可能。而表达“可能”义和否定性状时，句法差异较大。总结如下表：

---

① 赵艳芳. 认知语言学概论[M]. 上海：上海外语教育出版社，2001.

	肯定	否定	可能	状态	结果	补语焦点
V+得+C	+		+	+	+	+
V+不+C		+	+			+
Poder/Conseguir	+		+			
É possível que	+		+			
动状结构	+				+	+
宾补结构	+			+		+
Não+句子		+	+	+	+	（+）

四、教学例析与构式思考

笔者在葡教学期间，根据教学内容和重难点布置了相关语法练习，针对"V+得/不+C"结构收集学生的作业作为语料，通过整理与分析，发现学生习得该结构时产生了偏误，也有的语料属于个体性的表达错误。本节结合语料分析，就语法教学的形式与反馈来探讨该结构的教学思路。

（一）偏误示例

（1）因为总经理说得很快，所以开会不太好。

（2）他真帅的。他微笑微得很可爱呀。

（3）真的吗？我希望这件事解决解得很快。

（4）你好，我跟你们好久没有说话，你们做怎么了？

（5）对，我吃多极了。

（6）老师，我们听到。

（7）我不能看见你的 PPT。

（8）今天没办法去 Pingo doce，因为不能找到我的钱包。

（9）老师，我不听清楚你的汉语。

（10）A：这么多菜，一个人吃完吗？

B：我吃完。

以上例句为学生自然习得，在使用"V+得/不+C"结构时，或语法错误，或不符合汉语语感，需要透过语境才能更加准确地了解学生的表达意图。可以调整为：

（1）因为总经理说得很快，所以会开得不太好。

（2）他真的很帅。他微笑得很可爱呀。

（3）真的吗？我希望这件事解决得快一点儿。

（4）你好，我好久没有跟你们说话了，你们过得怎么样？

（5）对，我吃得多极了。

（6）老师，我们听得到。

（7）我看不见你的 PPT。

（8）今天没办法去 Pingo doce，因为我的钱包找不到了。

（9）老师，我听不清楚你说的话。

（10）A：这么多菜，你一个人吃得完吗？

B：吃得完。

（二）成因分析

从句法逻辑上分析，葡语在结构上重前后一致、表达上重个体思维、句法上重形式逻辑，多以长定语和包孕从句组织句式。汉语是语素语言，语素、词的灵活性主要通过语序来表现，如“V+得/不+C”结构中的补语标记“得/不”如果移位至其他句法位置，结构在语法上成立，且能够表达其他语义。而葡语的词缀虽然具有语法意义，但位置相对固定，必须粘附在实词的词根上才能出现在句法环境当中①，这是母语负迁移对葡语学生习得汉语带来的初步障碍。通过上节原始语料和修正表达的对比可以看出，关于“V+得/不+C”结构的习得有三个层次的问题值得探讨。

一是单音节动词、并列式双音节动词、动结式动词、支配式动词的使用。单音节动词进入补语结构，语法运用相对简单，而动结式与支配式动词提高了难度。动结式的内部构造为“V+Adj”，可以根据情貌表达的需要，通过添

① 王锁瑛，鲁宴宾. 葡萄牙语语法[M]. 上海：上海外语教育出版社，1999.

加语法标记的方式对其进行改造，即“V+得/不+Adj”，由此便成立补语结构，如“吃得完”“听得清楚”“看不见”。支配式的内部构造为“V+N”，若要改造结构，必须变为重动结构，即“V+N+V+得/不+C”，如“吃饭吃得很快”“说汉语说得很流利”“走路走不快”。最后来看并列式动词，语料（2）、（3）中的“微笑”“解决”都属于这种情况，该动词无法拆开使用，是一个整体的动词进入补语结构。

二是对“结果”与“可能”的情貌判断。这两种情貌在“V+得+C”结构中存在歧义，可以通过对应的否定形式来判别。“V+不+C”结构一般表示可能性的否定，如“做不好”“看不到”“吃不完”“听不明白”等，语法标记“不”是对补语部分的否定，因此在句法位置上离补语 C 比较近。而对“结果”补语的否定形式为“V+得+不/没 C”，如“写得不好看”“唱得不好听”“吃得不如我快”“扔得没有我远”等，其中“不/没 C”整体充当动词的补语成分，以否定形式出现。而且，C 只能由形容词短语充当。对学生来说，从语义上把握有一定的难度，词汇量不够、词性辨别较难、惯性记忆与表达不够等都是重要原因。

三是对主观可能性与客观可能性的认定。汉语表达“可能”性通常使用补语结构，以强调客观上的可能性，如“吃得下”“干不了”“走得动”“飞不高”等，从表达逻辑来看，客观可能性 > 主观可能性，为说话人的逻辑自洽与对方共情找到依托。而葡语逻辑对主观可能性与客观可能性的分布有明确的句法环境，这也是汉语思维在进行葡汉互译时容易产生的细微偏误。学生在使用该补语结构时，一律将 poder 代入，母语负迁移导致互译句式为“不能+VP”，表达的是说话人主观上的意愿、许可等。两种语言和逻辑的交叉影响对主客观的认定，形式与意义无法准确对应，故而导致类型偏误的产生。

（三）教学思考

对外汉语教学法是一个老生常谈的话题，自该学科成立以来便从第二语言教学理论和方法中借鉴颇多，根据课型的特点围绕视听法、认知法、任务法以及情景法而展开。然而汉语具有自身不同于其他外语教学的特点，语法构造的显性程度不如印欧语系那样高，且有另外一套汉字系统来记录汉语。北美的汉语教学提倡活跃课堂气氛，采用教学互动的形式寓教于乐，以丰富紧凑的课堂安排来衔接教学内容，学生的表达能力容易得到培训式的提高。而大洋彼岸的欧洲大陆具有深厚的汉学传统，以相对保守的语法教学见长，针对汉字和汉文化的教学研究也比较深入，学生的汉语功底相对扎实。“V+得/不+C”结构是一个凝固的语法构造，本身具有句法特性，随着学习内容的深入，该结构出现的频率越来越高，各种情态补语的讲练容易加重学生的记忆负担。因此，本文就该结构的配置与功能从多个角度提出以下教学思考。

1. 常见动词例示

该结构的出现一般在半学年以后，各版本教材编撰内容虽有不同，但根据 HSK 词汇与语法大纲，大致属于初级水平语法内容，学生需要掌握 800～1000 词汇。根据前文分析，能进入该结构的动词一般为可持续性动词，充当补语的 C 为形容词或动词。在初级教学阶段，通过常见动作性动词来进行例示，学生更容易将结构与语义建立认知上的联系，帮助大脑进行深度记忆，然后根据学生的接受程度逐步补充动词系统，从具象到抽象，从动作性到状态性、心理性等。如“找得/不到汉语书”“学得/完这一课”“看得/不见黑板上的汉字”“听得/不到录音”“吃得/不完一个披萨”“来得早”“走得晚”等。初级水平的动作动词倾向于表现身体或感官的动作行为，容易进行课堂演示，学生可以通过这种演示建立情境背景，加之针对性的训练，可以更加有效地熟悉并理解这种表达形式。

2. 构式功能教学

在学生有了基础的动词系统之后，课堂教学不能局限于单纯地讲解动词的语义功能，而应当转移到结构上来。该结构可以整体上视为一个语块，具有凝固的语义功能，在句法上是一个构式，具有明显的语法标记，课堂教学可以通过生成练习来分析该结构在句中的功能。根据前文的研究来看，可以分别从“可能”“状态”及“结果”三个层次来分析动作的情态补语。以葡语学生为例，通过汉葡互译来建立汉语补语系统，直观地展示两种语言表达补语时不同的句法配置。结构与功能是语言的一体两面，单纯地分析汉语的构造容易导致学生造出合乎语法却逻辑不通的规则泛化句，适时地根据学生的中介语状态讲解结构的功能，更能帮助学生在思维上建立架构，从表达与交际的角度融入汉语的认知系统。如“V+得/不+C”结构与“能/不能+VP”的对比与例析，“V+得/不+C”与 poder+VP、V+Adj/Adv 的语际对比与分析，透过具体的语言现象来说明两者之间各自的特点与细微的差异。

3. 句法空缺操练

语法强化训练的方式可以多样化，除了规则讲解、汉葡互译之外，还可以进行句法空缺的任务型操练，即隐藏结构的某些成分，通过空缺部分来引导学生加深印象，进行焦点练习。譬如该结构中的补语部分，可以分别设置形容词补语和动词补语，对应于不同的情态，然后扩大使用语境，在情景交际当中将该结构的表达与记忆系统中储存的汉语知识连接起来，通过“挂钩”来衔接新旧知识，扩展语言逻辑的边界。语言是思维的外化形式，每一种语言所蕴含的情态范畴不完全对等，但思维的共性为语言的对比与互译提供了可能。句法空缺的设计可以是填空、问答、添加等形式，目的是帮助学生建立一种汉语框架，通过高频输入不断地习惯某些不同于母语的表达形式，逐渐内化另一种语言体系。

4. 肯定否定切换

对于情态补语的肯定与否定是逻辑表达的两种基本态度，“V+得/不+C”结构以“得/不”作为语法标记，逻辑焦点为其后的补语。从句法上来看，补语是对动词的外围成分，但在逻辑语义下却是认知的焦点。教学过程中，肯定总是先于否定，这符合人类思维一般的认知顺序，而对于情态的否定更为抽象，且否定标记的句法位置不同。汉语将否定标记与补语成分后置于动词，而葡语将否定标记前置于动词短语，这在认知跨越上形成了较大的难度。因此，葡语学生容易将否定补语表达泛化为“不能+VC”，这是典型的母语负迁移，混杂了“V+不+C”与动结式，而类似这样的表达却没有将补语烘托为焦点，否定义成为句子的基本事件图式，即“失败、消极、负面”等语义。故而，否定的情态结构较肯定更为复杂，需要在上述操练基础之上，专门进行有针对性的切换训练，设置否定的情境表达，以对比与“不能+VC”的差异。

结语

情貌既是语法范畴，又是逻辑范畴，是说话人发出动作行为时的状态，或对行为、事件的认知态度。本文从实践教学的角度对汉语“V+得/不+C”结构进行分析，认为情貌与焦点的理解对于该补语结构的掌握至关重要。由此，本文对葡语学生的相关例句进行了类型偏误分析，提出了进阶式的教学构思，从汉葡句法对比的角度探索课堂教学基本思路与框架。因动词系统和情态的复杂性，本文不能一一深入探讨，寄于后续思考与研究。

“难度等级模式”理论下留学生汉语声调教学探讨

● 张　洁

【摘　要】本文首先强调了留学生汉语声调教学的重要性和必要性。再根据“难度等级模式”和教学实践，对母语有无声调的留学生习得汉语声调的难易度进行了比较，认为在初学声调时，有声调母语背景的留学生占有优势；而声调教学入门后，非声调母语背景的留学生常后来居上。最后对对外汉语声调教学提出了几点合理建议：起始阶段就重视声调教学，解释汉语声调的发音规律，循序渐进、坚持不懈。

【关键词】汉语教学；汉语声调；难度等级模式

On the Teaching of Chinese Tones for Foreign Students under the Theory of Difficulty Level Model

● Zhang Jie

Abstract: This paper first emphasizes the importance and necessity of the teaching of Chinese tone for international students. According to the difficulty level model and teaching practice, this paper makes a comparison between the difficulty of acquiring Chinese tones by foreign students with and without tones. It is concluded that the students with tone background have the advantage when they learn the tone. After the introduction of tone teaching, foreign students with non-tone native language background often catch up. Finally, the author puts forward some reasonable suggestions for the teaching of tones in TCFL: at the initial stage, we should pay

作者简介：张洁，西南交通大学外国语学院国际汉语系讲师，现泰国班颂德皇家师范大学教学与课程论方向博士生。

attention to the teaching of tones, explain the pronunciation rules of Chinese tones, step by step and insist on it.

Keywords: Chinese teaching; the Chinese tones

一、汉语声调教学的重要性和必要性

人类所用的语言，可以分为声调语言和非声调语言。声调语言在英语中称为 tonal language 或者 tone language。汉语作为汉藏语系的重要语族，其在语音上的一个突出特点就是“有声调而没有词的重音”①，而其他语系基本上没有声调。汉语的每个音节都包含三部分，即声母、韵母和声调，其中，声调贯通于整个音节，是音节中具有区别意义作用的音高变化。声调是汉语音节中不可缺少的组成部分，其重要性完全不次于声母和韵母，因为它也具有“区别意义”的作用，比如：“买”mǎi 和“卖”mài，仅仅是声调的不同，决定了这两个汉字的意义完全不同。

汉语中本来就存在大量的同音词，声调不同而声母、韵母相同的近音词就更多。如果留学生不能掌握声调、读准声调，就变相地模糊掉了声调的辨义作用，其习得汉语过程中所形成的中介语中，将出现不计其数的音近、音同现象，在实际的汉语口语交际中，留学生将面临极大交流的障碍。由此可见，留学生汉语声调教学的重要性和必要性是不言而喻的。

二、母语有无声调的留学生习得汉语声调难易度比较

我们知道要学好、用好汉语声调是十分不易的。那是不是母语为声调语言的留学生，比起母语为非声调语言的留学生，在学习汉语声调方面具有优势、能更快更好地掌握汉语声调呢？对此我们不能简单地下结论。

普拉克特（Practor C）1967 年从第一语言和目的语差异的角度提出了“难度等级模式”②。该模式将二语习得的难度分为六个等级：零级，两种语言中

---

① 叶蜚声，徐通锵. 语言学纲要[M]. 修订版. 北京：北京大学出版社，2010.

② 刘珣. 对外汉语教育学引论[M]. 北京：北京语言大学出版社，2002.

相同的成分，在学习中产生正迁移，不会发生困难；一级，在第一语言中分开的两个语言项目，在目的语中合成一项；二级，第一语言中有而目的语中没有的语言项目，学生必须避免使用；三级，第一语言中的某个语言项目在目的语种虽有相应的项目，但有差异，学习者必须把它作为新项目重新习得；四级，目的语中的某个语言项目，在第一语言中没有相应的项目，习得时会产生阻碍性干扰；五级，第一语言中的一个语言项目到目的语中分成两个或多个项目，学生需克服第一语言的习惯，逐项区别并运用。

笔者根据“难度等级模式”，并结合多年的汉语教学实践，认为母语有无声调的留学生在不同的学习阶段表现出不同的特点。

（一）初学声调时，有声调母语背景的留学生占有优势

对于初学汉语的母语为非声调语言的留学生来说，声调完全是一个全新的概念。他们的“声调意识”非常淡漠，这可以说是一种母语的负迁移。且不论能不能准确发出声调，仅仅是消除他们对声调的零概念，让他们接受声调的存在，都是需要千百遍地训练和培养的。他们除了要建立“声调意识”，还要在语言中枢里建立准确的声调指令，就更需要长期、耐心地学习和练习了。

而对于母语为声调语言的留学生（如泰国学生、越南学生等）来说，他们本身就拥有“声调意识”，对声调没有太大的抵触情绪，能够比较容易地接受汉语声调，可以说母语对其学习汉语声调有一定的正迁移作用。他们能够比较快地进入学习声调的状态。

（二）声调教学入门后，非声调母语背景的留学生常后来居上

在笔者的教学实践观察中发现，母语为声调语言的留学生，在声调学习上的优势并非想当然地不可撼动。实际上，在声调教学入门后，不少非声调母语的留学生，在逐渐克服了对声调的陌生恐惧心理、建立了汉语声调意识之后，能够取得非常大的进步，较之母语为声调语言的留学生，其声调的掌握和运用毫不逊色，甚至其发音更为标准。

而反观母语为声调语言的留学生，他们的声调似乎一开始就比较接近标准发音，但是总是感觉停滞不前，离标准的汉语声调总是差了一些，很难再

进步。这与他们的母语负迁移有很大的关系，因为其本来意识中的母语声调会产生极大的阻挠干扰，让其汉语声调的调值总是不容易到位，进而形成中介语的僵化。

三、对声调教学的几点建议

（一）起始阶段就重视声调教学

重视声调教学，首先需要老师一开始就帮助留学生树立正确的声调观念，明白声调辨义作用的重要性，强调它不是可有可无的，而是必不可少的。然后，在教学中，一开始就要对留学生的声调严格要求，不要放任他们自由发挥，任由他们发展“洋腔洋调”，就算老师能听懂他们的“洋腔洋调”，也要表示听不懂并及时纠正，绝不姑息，否则等留学生已经形成了自己固定的中介语，再想纠正就难上加难了。

（二）解释汉语声调的发音规律

不少老师低估了声调教学的难度，认为单纯地通过模仿训练就能够解决声调教学的问题，这是造成留学生声调困难的一个原因。对声调的性质和发生方法的讲解，是很有必要的，可以让留学生对声调有一个理性的认识，再加上感性的模仿训练，才能更好地帮助留学生学好汉语声调。

（三）循序渐进，坚持不懈

声调的教学也应该是从易到难，循序渐进的。一般是从单音节入手，相对来说比较容易。然后，过渡到双音节的教学上，不仅涉及声调的组合问题，还涉及变调的问题，难度明显加大。然后，还应该注意词组或句子层面的声调教学，让留学生掌握声调在语流片段中的规律。此外，声调教学不是只在初学阶段，而应当常抓不懈、反复持久，避免留学生在汉语词汇、语法方面取得了进步，反而声调止步不前，甚至有所下降。

（四）对教材编写的建议

现行的教材中，大部分零起点的教材在课文里都有拼音注音，但是到下一阶段就完全没有拼音了。这虽然在一定程度上能够督促留学生掌握语音，避免依赖心理，但是笔者认为这个台阶有点大，反而不利。笔者建议在第二阶段教材的课文里，可以采用只标注声调、不标准声韵母的方法，让留学生可以有更长一段时间来巩固和加强声调学习的效果。

参考文献

[1] 黄伯荣，廖序东. 现代汉语[M]. 北京：高等教育出版社，2002.

[2] 贺妮娜. 国内对外汉语声调教学研究成果综述[J]. 现代交际，2018,（5）：168，167.

[3] 李智强，林茂灿. 对外汉语声调和语调教学中的语音学问题[J]. 国际汉语教学研究，2018,（3）：26-36.

[4] 刘相臣. 对外汉语声调教学存在的问题及教学应对[J]. 佳木斯大学社会科学学报，2015,（4）：180-181，186.

[5] 刘珣. 对外汉语教育学引论[M]. 北京：北京语言大学出版社，2002.

[6] 刘洋. 对外汉语教学中的声调偏误分析及教学方法探讨[J]. 教育教学论坛，2016,（32）：271-272.

[7] 任静. 关于对外汉语声调教学的思考[J]. 西部素质教育，2018,（5）：166-167.

[8] 王柳生. 心理学视角下的高校专业课程双语教学分析[J]. 大学教育，2016,（12）：102-103，119.

[9] 王儒蕴. 汉语作为第二语言的声调偏误及教学建议[J]. 文学教育（下），2017,（5）：110-111.

[10] 王彦蕊. 论对外汉语声调教学[J]. 亚太教育，2016,（18）：79，62.

[11] 王阳洁. 对外汉语教学中声调偏误成因浅析[J]. 现代交际，2017,（3）：60-61.

[12] 叶蜚声，徐通锵. 语言学纲要[M]. 北京：北京大学出版社，2010.

[13] 张熠. 对外汉语教学中的声调偏误分析及对策[J]. 现代经济信息，2016,（2）：411.

如何完善国际汉语教师资格认证制度
——基于美国的经验

● 王海玲

【摘　要】《国际汉语教师证书》考试是用来评价应试者是否具备作为国际汉语教师能力的考试。该考试及相关评价、认证体系仅数载，还需继续成长完善。而在美国，外语教师资格证书考试肇始于 20 世纪 50 年代，经过几十年的发展已趋于统一、稳定、专业化，有值得我们借鉴的成功经验。本文即建立在《国际汉语教师证书》认证标准与美国外语教师资格证认定标准对比的基础上进行研究，首先梳理出中美两国基于第二语言教师证书认证的异同之处，其次分析美国在二语教师资格认证方面的可取之处，最后通过借鉴美国的经验，得出几点为我国国际汉语教师资格考试完善与发展的建议。

【关键词】国际汉语教师证书考试；美国第二语言教师资格证；教师评价

How to Improve the Certification System for Teachers of Chinese to Speakers of Other Languages
—Based on American Experience

● Wang Hailing

Abstract: Certificate for Teachers of Chinese to Speakers of Other Languages Test is to evaluate whether candidates have the ability to be Chinese teachers. The history of

---

基金项目：本文受西南交通大学美国研究中心 2017 年年度项目资助，项目名称“如何完善国际汉语教师资格认证制度——基于美国的经验”，项目编号：ARC2017018。

作者简介：王海玲，西南交通大学外国语学院国际汉语系讲师，泰国班颂德皇家师范大学在读博士。

examination, relevant evaluation standards and certification system is very short, which needs to be continuously developed and improved. In the United States, the foreign language teacher qualification examination began in the 1950s. After decades of development, it has become unified, stable and professional. Some successful experiences of the United States are worth learning from.
This paper is based on the comparison between the certification standard of certificate for teachers of Chinese to speakers of other languages and that of American foreign language teacher's certificate. Firstly, it combs out the similarities and differences of certification of second language teachers between China and the United States, Secondly, it analyzes the advantages of the United States in the certification of second language teacher's qualification. Finally, by learning from the experience of the United States, it obtains some suggestions for the development of China's certificate for teachers of Chinese to speakers of other languages examination.
Keywords: Certificate for teachers of Chinese to speakers of other languages examination; American second language teacher certificate; teacher evaluation

2014 年 10 月起，教育部及国家汉办开始重新举办《国际汉语教师证书》考试，此考试用来评价应试者是否具备作为国际汉语教师的能力。在此之前，仅 1990 年和 2004 年教育部分别颁布过《对外汉语教师资格审定办法》(为符合条件的教师颁发《对外汉语教师资格证》) 和《汉语作为外语教学能力认定办法》。由此可见，我国对外汉语教师资格认定考试虽历经二十余载，仍如新生儿般需待成长。而在美国，外语教师资格证书考试肇始于 20 世纪 50 年代，经过几十年的发展已趋于统一、稳定、专业化，有值得我们借鉴的成功经验。通过比较中美两国第二语言教师证书认证体系，能够提供完善《国际汉语教师证书》的新视野。

目前，将美国第二语言教师资格认证体系与我国教师资格考试制度进行对比从而促进国内教师资格考试制度的完善的论文多集中在中小学研究领域，这是因为美国第二语言教师执照考试是从教中小学的必备条件，美国高校的第二语言教师入职则是各个大学自行选拔，各有标准，不必硬性持证。但《国际汉语教师证书》的考试及认证仍可借鉴美国中小学二语教师资格认证体系。而目前这方面的研究还很薄弱，亟需借鉴优势资源来完善国际汉语教师资格认证制度。

一、《国际汉语教师证书》认证标准

《国际汉语教师证书》认证标准全球统一，流程简单，易于操作。对于考生来讲，只要符合报考条件，通过笔试、面试，网上申请获批后即可持证。

（一）考试标准

《国际汉语教师证书》的认证主要依据考试，该考试是由孔子学院总部/国家汉办主办的一项标准化考试。在考试结构上分为笔试和面试，涵盖《国际汉语教师标准（2015）》中的五大标准：汉语教学基础、汉语教学方法、教学组织与课堂管理、中华文化与跨文化交际、职业道德与专业发展。[①]考查范围包括：汉语交际能力、语言分析能力、第二语言习得基本原理、汉语语言要素教学、听说读写分项教学方法、现代教育技术应用、教学设计能力、教学资源应用能力、课堂活动组织能力、课堂管理能力、中华文化阐释与传播能力、跨文化交际能力、国际汉语教师道德修养和职业发展能力等21条分项标准[②]，此外还包括外语进行交际和辅助教学能力的考查。

（二）考试题型

笔试全部为客观题，分为基础知识、应用能力、综合素质三部分，全卷共150题，满分150分。笔试试题主要采取案例导入式设计。案例源于教学实际，形式多样，包括：教材中的课文、教学大纲和计划、教案和教学日志、课内外活动方案、学生作业和答卷、网络多媒体教学资源、学术论文和调研

---

① 国家汉办，孔子学院总部. 国际汉语教师标准[M]. 北京：外语教学与研究出版社，2015.

② 国家汉办，孔子学院总部.《国际汉语教师证书》考试大纲[M]. 北京：人民教育出版社，2015.

报告、教师事迹、新闻报道等。面试是对笔试达到要求的考生进行的考官小组面试。面试着重考查考生综合运用各种方法设计教学方案、组织实施教学过程、完成教学任务以及用外语进行交际和辅助教学的能力，同时考查考生的沟通交际、心理素质、教姿教态等基本职业素养。面试采用结构化面试和情景模拟相结合的方法，准备时间 30 分钟，考试时间 25 分钟，包括说课、试讲、问答和外语能力考查。考官根据考生面试过程中的表现进行综合评分，满分 150 分，其中中文部分总分 100 分，外语能力考查总分 50 分。①

（三）认证标准

《国际汉语教师证书》考试主要面向海外孔子学院（课堂）从事汉语教学的教师、志愿者；同时面向有志于从事国际汉语教育工作的各类人员，包括海内外各类教育机构的教师及相关专业学习者，基本报考条件是具有大学本科以上学历（含应届本科毕业生）。笔试通过分数线为 90 分，面试通过分数线为 90 分，包括中文部分合格线 60 分和外语合格线 30 分。笔试、面试均合格可以申领证书。

证书五年有效，在有效期内，如果持证教师完成继续教育培训，可申请延长期限。继续教育围绕《国际汉语教师标准（2015）》和《国际汉语教师证书》考试标准及能力要求进行。持证人员继续教育的形式以接受培训为主，同时需进行教学实践（提供教学实践证明）。继续教育培训采用学分制，分为线上课程和线下课程，每五年累计不少于 100 学分，其中线下课程不少于 20 学分。线上课程采用微课形式，持证人员完整学习全部视频课程，并完成课后思考题，可获得继续教育线上课程 80 学分。线下以讲座、会议的形式开展，讲座主题涉及教学法、课堂管理、高效语言学习等，均聘请国内外知名教育专家，包括聘请全美外语教学学会（ACTFL）认证培训师，持证人员全勤出席一场讲座，获得继续教育 10 学分。②

---

① 国家汉办，孔子学院总部.《国际汉语教师证书》考试大纲[M]. 北京：人民教育出版社，2015.

②《国际汉语教师证书》官网. http://www.chineseteacher.org.cn.

二、美国第二语言教师认证标准

美国第二语言教师的认证历经几十年的发展，已十分成熟。目前主要由地方政府主导，专业机构负责组织实施。除了美国各州有自己的认证考试标准之外，还有四大全国性认证机构：NCATE（美国全国教师教育评估委员会）、NBPTS（美国国家专业教学标准委员会）、INTASC（美国州级新教师评价与支持联盟）、ABCTE（美国优质教师证书委员会）。INTASC 负责职前，NCATE 负责入职，NBPTS 和 ABCTE 负责在职和职后，形成了四位一体的格局。且几个机构分别建立了“新教师资格认定制度”“教师教育专业标准”“优秀教师资格认定制度”，这些标准伴随着教师度过整个职业生涯，促进教师的个人能力发展，从而最终确保美国的教育质量。

（一）第二语言教师的考试标准

第二语言教师要获得教师执照，需参加美国考试服务中心 ETS 研制的 Praxis 系列考试，它包括学业技能评估（Praxis Core Academic Skills for Educators）、学科专业评价（Praxis Ⅰ Pre-Professional Skills Tests）、单一科目评估（Praxis Ⅱ Subject Assessments）、课堂行为评估（Praxis Ⅲ Class Performance Assessments）。①其中前二者是学术能力评价测试，学业技能评估主要面向入职前的教师，学科专业评价主要面向教育专业的高校学生，测试内容为英语形式的数学、阅读和写作。单一科目评估是对资格证申请者所要教授科目的细化测试，约有 120 个科目可选。若申请汉语教师，则选择世界语（汉语）科目。课堂行为评估是评价新入职教师第一年的教学表现，主要考察课堂教学的表现、教学的准备材料、半结构性访谈。通过 Praxis Ⅱ后，向所在州申请获批后可取得第二语言任教资格。

（二）第二语言教师的评价标准

美国同时对外语教师在职前、入职和在职三个阶段也都做了详细的专业

---

① 美国考试服务中心 ETS 官网. http://www.ets.org.

教学评价标准。

1. 职前标准

美国培养教师，不仅是要培养具备扎实基础知识的教师，更侧重培养具备专业能力的教师。教师可以充分调动学生的参与积极性，并且在自己对于文化理解的基础上融会贯通，使学生不仅可以学好语言，更可以掌握语言背后的文化。NCATE 的评价体系最具代表性，它与对外语教师培养方案认证结合在一起，通过候选人在各方面行为的表现，将其划分为“接近标准”“达到标准”“超越标准”三项。不仅具有极强的针对性和操作性，并且能对还未入职的外语教师的职业发展规划起到一定的引导作用。

2. 入职标准

第二语言教师需要具备理解语言和第二语言的规律，有计划地教学，并且需要反思自己的教学，在此期间，监管督促学生的学习。除了需要具备过硬的专业素养以外，要把真正的语言拿到课堂上，充分使学生产生兴趣，同时评估也可以为学生家长提供信息。

3. 在职标准

美国外语教师的在职标准，具体体现在 NBPTS 与外语教师专业发展标准中外语教师必须具备的专业知识技能技巧，并且围绕交流沟通、文化理解、融会贯通、文化比较和社区运用这五点进行标准的评判。美国外语教师评价体系体现在教师执照考试和实际教学评估两部分。通过不断的筛选，来保证教师的质量水平。实际教学评估主要采用档案袋评价项目以及评价中心的评价题目。档案袋评价项目包括学生的作业样本、课堂教学录像和教师与学生家长之间的交流合作。评价中心的题目则考察教师应该掌握的学科专业知识。

三、中美第二语言教师与国际汉语教师认证体系比较

国际汉语教师证书的考试主要是选拔性考试，对应试者之前的身份仅做学历上的考察，没有职前、入职、职后的系统性。

（一）职前教育

中国国际汉语教师的职前教育主要由各个高等院校承担，按照《普通高等学校本科教学工作水平评估方案》，每五年由教育部组织专家对本科教学工作进行评估并评级。各个高等院校培养出来的有志于从事国际汉语教育工作的报考者均可考取国际汉语教师证书。美国第二语言教师的职前教育主要由 NCATE 负责，其由 33 个全国的专业性教育协会和公共组织构成，通过对教师教育机构进行科学有效的评估来保证职前教师教育质量，对外语教师的职前教育提出了更加详细并且更加具有权威的外语教师认证标准。

（二）认证过程

中国的国际汉语教师证书认证过程为：笔试、面试、申请证书、继续教育。在美国若想成为一名教授汉语的中小学教师，需要通过 INTASC 主持综合评价体系，包括学科知识考试和教学知识考试。其中评价体系包括：普通教育能力测试（知识考察和能力考察）、专业教学能力测试（教学知识、教学能力、个性品质）、学科能力测试（听说读写技能、语法知识、文化理解与语言习得）。几乎每一个州都需要申请者提供 Praxis Ⅰ系列测试及格以上的成绩作为对申请者教学技能的基本考查。汉语教师申请者还需要参加 Praxis Ⅱ中编号为 5665 的科目——世界语言（普通话）专项科目测试[Chinese（Mandarin）: World Language]，测试合格后申请者才有机会获得教师资格认证。

（三）在职发展

中国的国际汉语教师取得资格证后，证书 5 年有效。5 年内要参加汉考国际的线上与线下课程才可以持续认证。该继续教育是通过授课、讲座等形式对持证教师整体的培训，对单个教师是否必须提供个人教学工作发展情况没有明确规定和具体要求。

而美国许多州的教育机构已经开始采用“网络化电子档案袋”（ePortfolios）模式，它是在教师档案袋的基础上提出的概念，指教师作为学习者、教学者、研究者、课程开发者等各种角色于一体的整合式学习、工作情景档案袋，其依托于电脑和互联网进行学习、交互、反馈和评价，建立并完善自己的档案袋信息，并基于此实现教学质量的提升和自身的持续发展。这种终身发展、不断反思的思想也反映在 Praxis 系列考试中。教师认证考试不再是对有志于从事二语教学的人的最终考核，明确的认证模式与标准构成了系统化的考试制度，不同阶段的资格考查为二语教师的反思提供了可参考的目标，也为二语教师建立了终身学习的理念和发展方向。

通过中美国际汉语教师认证的职前教育、认证过程和入职后三个阶段的对比，我们可以看到：第一，与中国相比，美国拥有权威的独立的教师教育机构评价机构，即美国全国教师教育认证委员会，确保教育机构的办学质量，其综合化和一体化的职前教育使其一开始就将理论与实践相结合，做好了准教师的职前教育工作。而中国的职前教育单位虽然有教育部组织专家监督、检查、评级，但五年一次的评估专家团的成立仅服务于教育部的教学检查工作，而非专业地、权威地、独立地服务于教师培训单位的认证系统，与美国 NCATE 相比，中国国际汉语教师职前教育评价体系不够完善。

第二，与中国相比，美国第二语言教师认证做到了职前、入职、在职一体化。作为美国外语教师资格证书考试评价系统的三大认证机构，NCATE、INTASC、NBPTS 通过教师教育专业标准、新教师资格认定制度以及优秀认定制度这样三个连续的质量控制不断促进教师的成长与发展。

第三，与中国相比，美国的二语教师证是分层级的，有临时教师资格、有期限教师资格和永久教师资格之分，认证层次更全面，尤其是作为美国教师评价的载体，“教师档案袋是美国教师评价体系中重要的评价工具。教师档案袋有教学管理者、同行教师、学生以及校外人员的相关评价和该教师自我的反思与自我评价，全方位、多角度地评价教师，更科学地将评价的‘量’与‘质’有机结合起来”①。

① 温荟如，崔秀兰. 中美国际汉语教师评价体系比较研究[J]. 长春师范大学学报，2017，36（5）：138-140.

四、国际汉语教师资格认证制度的完善策略

我们借鉴美国教师资格认证的经验，针对国际汉语教师资格认证制度的不足，可以从以下几个方面进行完善。

（一）增加评价体系，自我评价与他人评价相结合

国际汉语教师资格认证考试不能只是单纯的知识和能力测验，而是需要更多地关注教师的教学实践与业绩。我们在考查国际汉语教师资格申请者时，可采取标准化考试和评估结合的方式。美国二语教师资格认证的评估方式就包括教师档案袋、实践技能测试、现场考查和调查等多种方式来考查教师在教学中的实际情况和实际教学能力。档案袋评价方式已经被各级美国二语教师资格认证制度以及欧洲许多国家教师资格认证制度所采用。教师档案袋的建立过程是教师对已有经验进行系统化整理的过程，是对自己成长的记录过程，也是教师对自身教育教学进行反思的过程。以美国 NBPTS 认证制度为例，档案袋评估和水平测试在总成绩中所占的比例为 60%和 40%，充分体现了对教师实践和业绩的重视。我国可以效仿美国，建立国际汉语教师资料库，成立专家小组，定期对教师进行听课评价。教师也需要定期提交由该教师所在部门直接领导签字的工作报告表，包括课表、教案等。自我评价与他人评价相结合能够更好地考查教师将知识技能应用于教学实践的能力，增强教师的专业发展意识和能力，也可大大提高国际汉语教师资格认证制度的可信度。不仅是教师、学生、家长以及社会舆论都会充分相信通过国际汉语教师资格认证的教师是有实力的、优秀的。

（二）通过多种举措鼓励教师继续教育与终身学习

美国的二语教师资格证书都有不同的有效期。这让拿到证书的教师也需不断为自我知识能力的提高、教学技能的培养而努力，始终保证教师团队是优质而专业的。我国可以效仿美国，拿证后 5 年一期的继续教育可以采用多种模式。首先，继续教育内容方面，延续线上与线下相结合的模式，但不能分期分段学习，而要变成常态，让学员随时可以报名学习。其次，证书的再

认证方面，5 年期的继续教育不可以学完课程答几道题或者听完讲座写份心得体会就能轻松过关，而是要交教案、交教学录像等具有实操性质的作业。最后，汉考国际可设立国际教师证书的层级化，即通过笔试、面试取得的证书为初级证书，然后在不同时限内完成有梯度的继续教育内容后可得到中级、高级等不同级别证书，通过层级上升的方式鼓励教师终身学习。

通过以上举措，可以有效推动教师在各个阶段树立专业发展的意识，使国际汉语教师资格认证成为伴随国际汉语教师专业发展历程的指导与鞭策。阶段化资格认证为国际汉语教师的反思提供了一个可参考的目标，帮助教师建立终身学习的理念和发展方向。

（三）增强基础能力与职业素养的考核

基础能力不仅指汉语本体、二语教学法等专业能力。美国第二语言教师被要求考数学，这是入职教师的一个基本要求。我国国际汉语教师标准缺失对考生数学和基础自然科学学科方面的考查，该项内容是否必须考查，可从长论证。但笔者认为，可在标准中作出相应的具体规定，如国际汉语教师应具备何种程度的数学和其他自然科学知识储备以及相应能力。

除此之外，对于教师的逻辑能力也需有一定的要求。逻辑思维能力包括了对知识体系、生活、文化、人际和语言能力的判断，逻辑性的高低决定了人的思维能力的强弱。对于教师逻辑能力的考查，可参考逻辑学的考核大纲，以融入的形式补充进考试中去。这可以促使受试教师重视并提高对逻辑思维的认识，在语言理解和运用及跨文化交际方面增强表达能力，并在日后教学中发挥作用，如系统地制定出适合学生学习的方法、系统性地安排课程内容、选择性地使用教材和补充材料等。

美国外语教育委员会通过的 ACTFL/CAEP 语言教师培养项目标准（2013）和国际汉语教师标准均明确提出了“职业发展与道德规范”标准，但是二者可应用性不同，美国通过职业道德标准把被评价者划分为“达标”“可接受”“不可接受”三个质量层次，其中“可接受”是教师入职的最低标准，而国际汉语教师标准对被评价者仅列举出“应知应会”的内容，缺乏可评判性。

在一项对国际汉语教师证书考试的研究中①，通过对比试题不同板块得分率，对比不同考生（汉语国际教育专业考生和其他考生）试卷得分率，得出“职业道德与专业发展”是所有考生的弱项的结论。

由此可见，我们应增强对考生职业素养的考核。具体可通过两个方面，一是在面试中文部分环节增大“职业道德与专业发展”的分数比率；二是在5年期继续教育培训中多设置对该部分的考核。

（四）对考试试题、内容和题型进行改善

国际汉语教师资格考试的目的是挑选出有实力、有资质的人员进行对外汉语教学工作。而国际汉语教师证书考试的考题在内容以及考题设计方面仍然有不少不足之处，需要加以完善。笔者认为考试可以在以下几个方面改进完善。

1. 细化考试类型版本

Praxis学业技能评估和Praxis I 学科专业评价分别针对准教师和教育专业的学生进行测试，对测试对象进行了区分。国际汉语教师证书考试目前有通用和本土两种版本，前者针对中国公民，后者针对非中国籍人士。笔者提议借鉴美国模式，将通用版再细分为汉语国际教育专业版和非汉语国际教育专业版。根据杨琳静的研究②，非汉语国际教育专业本科生与汉语国际教育专业本科生总成绩比分差为2.4%，非汉语国际教育专业研究生与汉语国际教育专业研究生总成绩比分差为2.3%，这说明专业学生并没有显示出其优势，而非专业学生通过自学几乎可以达到专业学生的水平。因此可针对汉教专业和非汉教专业分别出题，增加专业版题目的难度。

2. 增加中国文化方面题目的难度与深度

中国文化方面的题目主要偏重于知识点的单纯记忆而非深入理解，缺乏

① 杨琳静，李亚男，张园，等. 国际汉语教师评价标准及考试分析[J]. 云南师范大学学报（对外汉语教学与研究版），2019，17（2）：69-75.

② 杨琳静，李亚男，张园，等. 国际汉语教师评价标准及考试分析[J]. 云南师范大学学报（对外汉语教学与研究版），2019，17（2）：69-75.

区分度，难以反映考生的真实水平。因此应该增加这部分考题的难度与深度，同时设置主观题，例如让考生谈谈自己对某部中国文学作品的看法、让考生简短精练地介绍某种文化现象，等等，通过这样的方式全方位地考查学生的文化知识积累与文化素养。例如：

原题：儒家中孟子与荀子的观点存在着根本的对立，持“人性本恶”观点的是：（荀子）。

更改后的题目：儒家中孟子与荀子的观点存在着根本的对立，有支持性善论的孟子，也有支持性恶论的荀子，请你就性善论及性恶论，谈谈自己的理解。

3. 在试题中体现对语言综合运用能力的考查

Praxis Ⅱ汉语科目考试重视对语言综合运用能力的考查，将文化内容渗入到听力理解、阅读试题中，写作更是体现了“好的语言教师应该是好的语言运用者”的思想。反观汉语国际教育证书考试，虽然题型是案例导入式，但是全部是客观选择题。因此笔者建议增加主观性试题，如让考生就特定的教学目的编写一份教案，或根据实际教学案例解决问题，或就跨文化冲突谈看法。

通过以上列举的方式，增加考试难度与深度，扩展考试内容的广度，提高考试的合理性与权威性，以此更有效地选拔对外汉语教学人才。

（五）改善该资格证的含金量和相关福利

中国的国际汉语教师资格证书仅限于作为海内外学校、教育机构选聘和评价汉语教师的一个参考依据，国际汉语教师在海外从事一到两年的汉语教学返回国内后，面临着与国内社会工作环境脱节的困扰，与此同时，该资格证书在其他教育领域含金量很小。而美国的入职及在职教师考核体系不仅促进了第二语言教师的专业发展，更由于其专业性和权威性，让通过该考核的教师获得更好的职业发展。

面对国际汉语教师归国就业问题，我们认为国家汉办应推出相关政策为国际汉语教师提供后续职业保障，在提高国际汉语教师综合素质和就业门槛的同时，增加国际汉语教师的工作福利，为从事汉语推广的志愿者和汉语教师减少后顾之忧。例如：① 获得该资格证书并从事了海外汉语推广两年以上的工作人员在考研及考公务员时考虑适当加分；② 获得该资格证书并从事了海外汉语推广两年以上的工作人员考虑加入国家汉办长期海外汉语教师行列；③ 获得该资格证书并从事了海外汉语推广两年以上的工作人员，在国内中小学教师选拔过程中，其教学能力及综合素质在与其他备选教师处于同一水平的情况下，考虑优先录取。

结语

美国二语教师资格认证制度有可以为我所用的宝贵经验，对它的研究可以为我国国际汉语教师证书的发展与完善提供参照。归根结底，国际汉语教师证书考试是为了考评并培养优秀的国际汉语教师，要达到国际汉语教师终身发展的目的，还需要国家汉办提供促进教师长效发展的机制，完善符合各种教师层次的测试框架和继续教育形式。

参考文献

[1] Frankhart C M. Requirements for certification of teachers, counselors for elementary and secondary schools [S]. Eighty-Fourth Edition: University of Chicago Press, 2019-2020.

[2] Chen H L, Light T P. Electronic portfolios and student success: effectiveness, affordability, and efficiency[J]. Washington: AAC&U, 2010, 9-16.

[3] Hein H. Teacher certification systems[J]. Pacific Resources for Education and Learning, 2006, 63-71.

[4] Lieberman A, Miller L. Teacher-transforming their world and their work [M]. New York: Teachers College Press, 1999.

[5] 陈德云. 美国优秀教师专业教学标准及其认证：开发、实施与影响[M]. 北京：北京师范大学出版社，2012.

[6] 史洪阳. 美国 Praxis 系列考试及其对汉语国际教育硕士培养的启示[C]// 北京大学对外汉语教育学院. 第七届北京地区对外汉语教学研究生论坛

文集，2014.

[7] 王添淼，方旭，付璐璐. 美国二语教师专业发展有效途径及启示[J].云南师范大学学报（对外汉语教学与研究版），2014，12（1）：15-21.

[8] 王添淼，史洪阳. 构建国际汉语教师资格认证制度——基于美国的经验[J]. 语言教学与研究，2016（1）：32-39.

[9] 温荟如，崔秀兰. 中美国际汉语教师评价体系比较研究[J]. 长春师范大学学报，2017，36（5）：138-140.

[10] 徐浩. 外语教师教育重点问题研究[M]. 北京：外语教学与研究出版社，2016.

[11] 杨琳静，李亚男，张园，等. 国际汉语教师评价标准及考试分析[J]. 云南师范大学学报（对外汉语教学与研究版），2019，17（2）：69-75.

人 文 交 流

以中华优秀传统文化为载体，在留学生管理中讲好中国故事

——以汉语进修生学习峨眉派武术体验为例

● 唐　敏

【摘　要】在“一带一路”倡议的大背景下，我国来华留学生（以下简称“留学生”）人才培养步入提质增效阶段，其中留学生管理是非常重要的环节。中华优秀传统文化体现中国精神、蕴藏中国智慧，是彰显文化自信和展现文化软实力的重要载体。如何向留学生讲好中国故事、传播中华优秀传统文化，是体现新时期留学生管理工作质量的重要指针。本文以西南交通大学国际教育学院汉语进修生学习峨眉派武术为例，基于在留学生管理中讲好中国故事的现存困境，对如何将中华优秀传统文化融入留学生管理、讲好中国故事进行了探讨。

【关键词】中华优秀传统文化；留学生管理；武术

Making a Better Narrative about China in the Management of International Students with the Excellent Traditional Chinese Culture as a Carrier: Take the Experience of Emei Martial Art Learning from Chinese Language Students as an Example

● Tang Min

Abstract: Under the strategic background of the “Belt and Road” initiative, with the continuous development and expansion of the cause of studying in China, it has stepped into the stage of improving quality and efficiency. The excellent traditional

作者简介：唐敏，西南交通大学国际教育学院原峨眉留学生科科长，助理研究员，主要研究方向为高等教育、国际化办学、教育心理学、发展心理学等。

Chinese culture embodies the Chinese spirit and Chinese wisdom. It is an important carrier to demonstrate cultural confidence and cultural soft power. How to make a better narrative about China to international students and spread the excellent traditional Chinese culture is an important evaluation criteria to the management quality of international students in the new era. Based on the existing difficulties of telling Chinese stories in the management of international students, this paper discussed how to make a better narrative about China in the management of international students and how to promote the dissemination of excellent traditional Chinese culture by taking the experience of Emei Martial from Chinese language students as an example.

Keywords: Chinese excellent traditional culture; management of international students; martial arts

引言

随着全球化的不断推进和中国综合实力的不断提升，我国已经成为世界第三大、亚洲最大的留学目的地国家。[①]教育部在 2010 年颁布的《留学中国计划》中提出："加强中国法律法规，优秀传统文化与国情教育，帮助来华留学人员客观了解中国社会发展情况。"现阶段，因留学生的规模已经较大，在留学生管理工作中融入中华优秀传统文化面临着新的挑战，比如语言障碍、文化差异、留学生个体差异、留学生管理人员自身素养等问题。在留学生管理中讲好中国故事任重而道远。西南交通大学国际教育学院利用峨眉校区的地理优势，在汉语进修生管理中融入峨眉派武术学习体验，本文以此为例，对如何以优秀传统文化为载体，在留学生管理中讲好中国故事进行了初步探索。

一、在留学生管理中讲好中国故事的意义

其一，以中华优秀传统文化为载体、在留学生管理中讲好中国故事有助

① 成立. 精准实施跨文化适应策略，缓解来华留学生管理"痛点"[J]. 学周刊，2020(26): 183-184.

于弘扬中华优秀传统文化，彰显文化自信。2014 年 10 月 15 日，习近平总书记在北京主持召开文艺工作座谈会并发表重要讲话时说过："中华优秀传统文化是中华民族的精神命脉，是涵养社会主义核心价值观的重要源泉，也是我们在世界文化激荡中站稳脚跟的坚实根基。"[①]在"一带一路"的战略背景下，我国优秀传统文化的国际内涵和国际视野日益彰显，吸引留学生主动来华学习和研究中国传统文化是让我国优秀传统文化"走出去"的重要举措。[②]在留学生管理中，向各国留学生展示更多具有中国特色、体现中国精神、蕴藏中国智慧的优秀文化，是向世界展现中华文明软实力和提高国际传播影响力的重要渠道。

其二，以中华优秀传统文化为载体、在留学生管理中讲好中国故事有助于培养亲华友华留学生，消弭世界对中国的误解和偏见，促进国际文化交流。留学生是中国与世界各国的文化使者，在留学生管理工作中以文载道、以文传声、以文化人，能够让留学生感受到中华文明的魅力和亲和力，消除一些外国人对中国的固有刻板印象和错误认识，加深世界对中国的了解和认同，有助于提升中国的国际形象和国际地位。

其三，以中华优秀传统文化为载体、在留学生管理中讲好中国故事有助于提高留学生综合素质、促进其全面发展。中华传统文化内涵丰富，可以充分融入留学生课堂内外，进行多样化的课程教学设计和课外活动安排，如书法、民乐、武术、服饰等内容，从德智体美等方面全方位育人，促进留学生身心健康发展。

二、在留学生管理中讲好中国故事的现状及困境

（一）文化差异和语言障碍

由于文化、语言、生活习惯等方面的限制与差异，很多留学生在离开自

---

① 新华网. 习近平：在文艺工作座谈会上的讲话[EB/OL].（2015-10-14）. http://www.xinhuanet.com/politics/2015-10/14/c_1116825558.htm.

② 汪明义. 发展素质教育 贡献中国智慧[N]. 光明日报，2017-12-19（13）.

己所熟悉的文化和生活环境之后会产生巨大的落差感和焦虑感，出现“文化休克”的现象。[①]不同的文化之间必然存在着冲突之处，留学生对我国文化习俗并不一定适应，文化价值观的差异导致留学生对我国文化的认同感不高。语言上的障碍也限制了留学生与当地人的交流，让留学生无法在短时间内融入当地环境。此外，由于语言上的障碍和国内外不同的教学体系，导致留学生的学习难度较大，完成基本的专业课程学习就已经十分艰难，如果要将中国传统文化融入他们的学习中去，无疑会加重他们的学习负担，且枯燥、抽象的理论知识往往无法引起留学生的学习兴趣，导致他们无法认真去感受中国传统文化的魅力，不利于我国传统文化的传播。

（二）留学生个体动机差异

就像我们的英语学习可以区分为“日常英语”和“商务英语”一样，汉语进修生的学习需求也存在差异，其学习汉语的目的不尽相同，个人的志趣也存在较大差异。[②]大部分汉语进修生是为了学历或工作需求掌握汉语，对中国传统文化没有太大的学习积极性，对于学校组织的文化和社会体验活动参与度也不高，常常导致活动开展存在困难，在留学生中讲好中国故事缺乏有效的开展路径。

（三）留学生管理工作人员自身素质有待提高

留管人员是留学生在中国的引路人，留学生对于中国文化、语言、习俗、处事方式的了解大多都来源于留管人员。但是，一些留管人员的传统文化融入意识薄弱，对中华优秀传统文化在留学生群体中的传播不够重视，没有对留学生起到良好的引导作用，导致留学生对于学习中华优秀传统文化的主观意识不强。此外，一些留管人员自身对中华优秀传统文化的了解不够深入，不能承担起传播和教导的角色，导致传统文化的传播路径通常局限于课堂。

---

① 林绮婷. 来华汉语进修生校园适应问题探究[J]. 产业与科技论坛，2015（14）：122-123.

② 陈昌娟，钟英华. 面向 21 世纪中高级汉语进修生培养目标和培养规格的定位与教学思路的思考[J]. 语言文字应用，1998（3）：46-50.

三、如何在留学生管理中讲好中国故事

习近平总书记指出："支持中华医药、中华烹饪、中华武术、中华典籍、中国文物、中国园林、中国节日等中华传统文化代表性项目走出去。积极宣传推介戏曲、民乐、书法、国画等我国优秀传统文化艺术，让国外民众在审美过程中获得愉悦、感受魅力。"[①]其中，中华武术是我国优秀传统文化的特色标签和"形象大使"，是我国五千年文化发展的缩影，能够充分彰显我国文化的历史底蕴、提升我国优秀传统文化的国际影响力，具有丰富的文化内涵和文化价值。

武术作为我国优秀传统文化名片，具有较高的国际知名度。很多留学生都对武术具有一定了解和向往，将开展武术体验作为突破口，更能够引起留学生的文化交流和学习兴趣，吸引他们主动深入了解我国优秀传统文化。因此，在留学生教育中融入武术体验，有利于进一步构架起多元化的文化体验平台，更好地展示和传播我国优秀传统文化。西南交通大学峨眉校区坐落于世界双遗产峨眉山脚下，有得天独厚的地域和人文优势，在对汉语进修生的教学和管理中，充分融入了峨眉派武术的学习体验，获得了很好的成效。

（一）将以峨眉派武术为代表的中华优秀传统文化充分融入留学生校园生活

首先，利用对外汉语课堂讲解和展示经典的中华优秀传统文化，让留学生基于自主学习兴趣接受系统性的中国文化教学，对中国传统文化形成基本的认知和了解。尤其是汉语进修生，汉语本身就是中国传统文化的一部分，不同的文化组成部分之间存在关联性和协同性，让汉语进修生学习武术的历史和演变过程，可以让留学生将其和中国语言文字的演变历史结合起来，能够帮助留学生构建起一个更加完善的知识体系。[②]

---

① 新华网. 习近平：在文艺工作座谈会上的讲话[EB/OL].（2015-10-14）. http://www.xinhuanet.com/politics/2015-10/14/c_1116825558.htm.

② 韩爱芳，李卫华. 武术国际化传播新途径——以郑州大学西亚斯国际学院留学生武术教学为例[J]. 科技经济市场，2014（3）：167-168.

其次，组织留学生参加以传统文化为主题的各种校园文化活动，在趣味性十足的实践中感受传统文化的魅力，增强留学生的文化认同感。例如西南交通大学国际教育学院邀请峨眉派武术传承人定期来峨眉校区教汉语进修生练习传统的峨眉拳法和峨眉剑术，从留学生中选拔出一批优秀苗子进行集中培训，经过艺术编排，汉语进修生代表的峨眉派武术表演在学校各大文艺汇演中备受瞩目，不仅在师生中有很好的宣传效应，也让留学生群体产生了很强的文化自豪感和认同感。

（二）组织留学生体验以中华优秀传统文化为主题的社会活动

局限于课堂的理论讲解和校园活动无法让留学生对中国传统文化形成一个全面深刻的认知，必须走进社区，通过实地感受加深留学生的印象。由于留学生背景各异，不同类别的学生由于学习基本需求不同，导致其在各类活动中的积极性也不一致。有些学生对于中国的经济发展比较感兴趣，对于参观企业一类的社会活动参与度较高；有些学生对于中国的文化历史兴趣浓厚，乐于参加博物馆参观、书画展览等社会活动；有些学生比较热爱娱乐活动，对于戏剧观看、武术比赛等社会活动的参与积极性比较高……在组织留学生体验社会活动的时候，应当做好前置调研，基于留学生的兴趣设置活动日程，提高留学生的参与度和体验兴趣。

西南交通大学国际教育学院以峨眉派武术体验为切入点，积极与当地社区和峨眉武术协会互动，带领汉语进修生走进当地社区，多角度了解峨眉派武术文化，如参观峨眉派青龙武馆，了解峨眉山武医文化，参加每年在峨眉山举行的世界武术锦标赛，屡屡获奖，还参加峨眉派武术祭祖传承仪式，参与峨眉武术协会针对乡镇留守儿童开展的公益活动，等等，使留学生深度理解了中华武术文化的生命力和仁爱、正义等价值观。

此外，在社会活动的开展过程中，应当安排好讲解人员，对参与的社会活动的文化背景和内涵展开介绍，在留学生中宣传好中国故事。

（三）提升留管人员综合素质

留管人员的自身素养关系着留学生管理工作的质量，应当加强对留管人员的培训，提高留管人员的文化传播意识和文化基本素养，将中华优秀传统文化融入渗透到留学生管理工作中，潜移默化地向留学生传播中华优秀传统文化。例如，学校可以组织留管人员每天开展武术工间操，不仅可以帮助留管人员更好地理解武术文化的内涵，修身养性、强身健体，也可以向留学生展示中国文化在生活中的日常融入方式，引起留学生效仿和学习的兴趣。同时，留管人员在组织开展留学生安全教育活动的时候，也可以将武术融入其中，向留学生传授武术防身招式，使其更好地明白武术的用处，并将武术融入留学生的日常生活中，增强其对武术的认同感。

四、总结及展望

中共中央政治局于 2021 年 5 月 31 日下午就加强我国国际传播能力建设进行第三十次集体学习，习近平总书记在主持学习时强调，讲好中国故事，传播好中国声音，展示真实、立体、全面的中国，是加强我国国际传播能力建设的重要任务。[①]党的十八大以来，我们大力推动国际传播守正创新，积极推动中华文化走出去，着力提高国际传播影响力、中华文化感召力、中国形象亲和力、中国话语说服力、国际舆论引导力。以“一带一路”倡议背景为依托，应当将中国传统文化融入留学生管理工作中，从学习和生活处着手，根据留学生的文化和兴趣偏好以及学校所在地的地域特色，设置文化课程和活动。毛泽东主席曾提出新青年的教育应当“野蛮其体魄，文明其精神”，在留学生管理中，以传统武术为突破口，开展留学生中国传统文化教育，有利于提高留管人员综合素质，促进中国传统文化国际化和留学生综合发展，提高留学生管理工作质量，推进外国优秀留学生“引进来”、我国优秀传统文化“走出去”。

---

① 求是网. 习近平在中共中央政治局第三十次集体学习时强调 加强和改进国际传播工作 展示真实立体全面的中国[EB/OL].（2021-06-01）. http://www.cqvip.com/QK/96923X/201401/48685397.html.

疫情影响下高校中外合作办学的文化冲突及适应策略

● 肖　薇

【摘　要】新冠疫情使高校的中外合作办学面临着挑战与机遇，也加剧了原有的文化冲突。本文分析了中外合作办学中的办学文化冲突、教学文化冲突和管理文化冲突，探索了减少冲突的策略，即跨文化适应策略。

【关键词】中外合作办学；文化冲突；跨文化适应；机制

The Cultural Conflicts and Adaptation Strategies Of Chinese-Foreign Cooperation in Running Schools of Colleges and Universities under the Influence of the Pandemic

● Xiao Wei

Abstract: Chinese-Foreign cooperation in running schools of colleges and universities faces challenges and opportunities because of the COVID-19 epidemic which also aggravates the original cultural conflicts. This paper analyzes the cultural conflicts of education, teaching and management in Chinese-foreign cooperation in running schools and explores strategies to reduce conflicts, namely, cross-cultural adaptation strategies.

Keywords: Chinese-foreign cooperation in running schools; cultural conflict; cross-cultural adaptation; mechanism

---

作者简介：肖薇，助理研究员，西南交通大学国际合作与交流处综合与合作推进办公室科员，主要从事中外合作办学、跨文化、大学国际交流合作研究。

随着新冠病毒变异株的蔓延，各国疫情防控形势越发严峻。新冠肺炎疫情引发的蝴蝶效应，史无前例地影响到国际关系、国家经济，乃至具体行业，甚至每一个人。各国各地出入境、签证和航班等政策限制，使得全球范围内的学生流动受阻，部分学生留学计划被迫改变，延迟或取消。

作为我国教育事业的有机组成部分和教育对外开放的重要形式，高校中外合作办学被誉为高校教育体制机制改革的“新引擎”。而随着全球高等教育迎来后疫情时代，以引进国（境）外优质教育资源为特点，实现国内多样化教学资源供给，凸显学生“不出国留学”优势的中外合作办学，也将面临前所未有的挑战与机遇。一方面，中外合作办学项目无论是“2+2”或“3+1”模式，后面两年或一年在（国）境外合作高校培养学生的方案，都暂将搁浅，而逐渐向“4+0”不出国（境）门的培养模式过渡。另一方面，教育部允许部分中外合作办学机构和项目适当增加招生名额，为原计划出国留学、受疫情影响出国受阻的学生提供国内就学机会。该政策的颁布，在保证教育公平的前提下，缓解了学生入学压力，疏通了学生就读出路，也为中外合作办学注入了更多优质的生源，促进中外合作办学及合作院校自身教学质量的提高。

然而，不同的文化规约了不同的教育价值观。①文化的冲突具体体现在合作双方在办学文化、教学文化和管理文化的冲突，这也是跨文化交际摩擦的呈现。疫情加剧了高校中外合作办学原有的文化冲突。

一、办学文化冲突

中外合作办学涉及不同文化下的两所高校或机构。目前，绝大部分的中外合作办学项目（机构）都是由公办高校引进并组建的，中外合作办学项目一般依托于公办高校中的学院，而中外合作办学机构往往成立了新学院，但都和母体（公办高校）联系紧密。我国公办高校的首要职能是为国家、为党、为社会培养人才，还承担着科学研究、社会服务、文化传承及国际交流与合作的重要责任，是我国事业单位的重要组成部分。其资金来源主要是国家财政

① 钟凯. 风险及规避：中外合作办学中的文化冲突问题研究[J]. 江苏高教，2018（11）：48.

拨款。公办高校的产权性质、主要资金来源及职能责任都彰显了公益性特点。

中外合作办学的海外合作院校大多为国外的私立院校，具有明显的市场性（营利性）特点。例如，很多英美澳高校以市场性为导向，在与中方高校的合作中，除了根植于办学文化中的乐于向外进行文化输出的特性展示，还有可观学费的利益驱动。疫情影响到各行各业，低收入家庭的学生因为无法负担学费，不得不取消读大学的计划。与此同时，国际生入境入学受阻，也将导致国际学生的入学率下降。对于运营周转依靠学费来支撑的学校来说，经济损失巨大。一些学费占比资金来源高达 70%的小型文理学院宣布破产倒闭，大型的私立院校，包括哈佛、耶鲁等的顶尖高校都采取了领导层减薪，暂停招聘和重审预算甚至裁员等措施。

公办高校的相关财务政策明确规定不允许盈利，而中外合作办学项目（机构）的运行和维护基于市场需求，必须实行高收费和高投入的机制。有学者认为，中外合作办学的本质是教育服务贸易，是优质高等教育资源在国际教育领域流动引起的市场交易行为。所以，中外合作办学具有明显的市场性特征，其所代表的文化是效益观念为核心的市场文化。[①]中外合作办学中外方收取的学费，因为疫情影响，划拨将会加大占比或外方要求整体上调学费。但我国部分地方的中外合作办学学费有上限要求，如上海市的上限为每年 15 000 元，远远低于合作外方院校对本土学生收取的学费，甚至无法满足基本的办学成本。

合作的外方高校大多为私立高校，这导致了中外合作办学中公益性和市场性偏向的冲突。如果合作的是公立高校，这种冲突是否可以避免呢？比如合作方是以公立高校为主的德国高校？德国的公立大学属于政府高等教育工程的一部分，因而大部分公立大学对学生都不收学费，无论是本国学生还是外国留学生，都仅在入学程序上收取 200 欧左右的注册费。教师的酬金由政府财政拨款，且有明确的政策限制，在海外任教也不能有额外工资，这直接导致了德国教师到海外任教的积极性不高，很难实现中外合作办学中三分之

① 孟中媛. 中外合作办学中的文化冲突与超越[J]. 中国高教研究，2008（11）：386-387.

一的德籍教师要求；并且，德国部分州的政策不支持“4+0”双学位项目（未在德国就读则不能颁发德国高校学位），因而只能采取获得“3+1”中德双学位或“4+0”中方单学位的合作模式。

二、教学文化冲突

中外合作办学的文化矛盾与冲突更为直接和明显地体现在教学文化上。中外合作办学的教学是一种跨文化教学，在与教学相关的各个方面都可能出现文化冲突的现象[①]，包括课堂教学方式、教材选用、人才培养模式、课程设置、学业考核、科研评价等方方面面。

（一）课堂教学方式

根据《教育部关于当前中外合作办学若干问题的意见》，外国教育机构教师担负的专业核心课程的门数和教学时数应当占中外合作办学项目全部课程和全部教学时数的三分之一以上。[②]在实施过程中，某些办学机构的外籍教师比例甚至远远高于三分之一，如上海的纽约大学外籍教师占比 80%，北京工业大学的都柏林学院外籍教师占比 70%。外籍教师的教学方式强调互动，老师往往利用丰富的形体语言与面部表情，以及勾勒的简笔画，营造出生动活泼的课堂氛围。上课地点也不局限于教室，外籍教师更喜欢根据课程内容需要，选择适合的场景。同时外籍老师提倡批判性思维，鼓励学生提问，课堂讨论，基于调研或数据分析，发表见解独特的观点。中国教师的教学方式更侧重知识点的梳理和掌握，在十多年中国传统教学文化的熏陶下，中国学生更习惯于老师说，学生听，老师板书（展示 PPT），学生记笔记的知识输出与输入模式。随着中国教学改革的深入，翻转课堂越来越普及，但中国学生和外籍教师在互动交流、批判性提问、创新性解答、动手实践的现实表现及教师期待方面仍然有很长的路需要跋涉。

---

① 孟中媛．中外合作办学中的文化冲突与超越[J]．中国高教研究，2008（11）：387.

② 中华人民共和国教育部．教育部关于当前中外合作办学若干问题的意见[EB/OL].（2006-02-07）[2021-05-27]. http://old.moe.edu.cn//publicfiles/business/htmlfiles/moe/moe-174/201006/89021.html.

在疫情的影响下，外籍教师无法入境，绝大多数的中外合作办学项目（机构）不得不采用线上教学的方式。直播课对上课设备、网络平台等都要求较高，也因时差原因，大多的线上课程采用了录播方式，使得课堂互动大打折扣。

（二）教材选用方面

根据《教育部关于当前中外合作办学若干问题的意见》，引进的外方课程和专业核心课程应当占中外合作办学项目全部课程和核心课程的三分之一以上。[①]教材作为教学资源的重要组成部分，是课程的主要依托。很多中外合作办学项目（机构）使用的都是原版的外方教材，并作为招生宣传亮点明确写在招生简章里。但原版教材对语言要求相当高，很多中外合作办学项目（机构）从大一起就开设了专业的语言课，难度和强度不低于专业外语学院，甚至更严格，比如周末都安排了语言课程。学生的语言学习压力很大。同时，原版教材描述的场景、传递的文化观念是基于西方文化设计的，在中方的环境下使用外方的原版教材，容易导致水土不服——外方教材内容与中方的实际需求脱节，使得中方学生对教材甚至整个课程产生困惑、排斥情绪。

外籍教师授课偏向于使用讲义，讲义可以随时更新，让学生了解与课程相关的最新知识，但讲义缺乏系统性和连贯性。某些外籍教师任意添加补充材料，使得教学内容变得随意。这种教学方式，与中方以统一的教材为依托、系统严谨的教学方式形成冲突。

（三）学业考核方式

中国学生的学业考核以考试为主，无论是期中考试还是期末考试，都指挥着学生去努力学习，通过抄写笔记、重复练习、模拟考试等方式梳理记忆知识，以期获得较高的分数。“分分分，学生的命根”，可见，学生对分数的重视，也凸显了学业考核的单一性。外方的教育更强调自主学习，注重学生综合能力的培养。大多外籍教师不理解考试对中国学生的意义，也不主张平

① 中华人民共和国教育部. 教育部关于当前中外合作办学若干问题的意见[EB/OL].（2006-02-07）[2021-05-27]. http://old.moe.edu.cn//publicfiles/business/htmlfiles/moe/moe-174/201006/89021.html.

时测验，这对中方学生的学习自觉性要求很高。也因为中西方思维差异的原因，外籍教师面对完成了指定阅读任务，却提不出自己观点的学生感到困惑。外籍教师更看重学生的学习过程，包括个人展示，团队合作、课堂讨论等，所以考核方式更为多样，也允许学生对最后的考核结果提出异议。

此外，外方看重知识产权，对学术引用规范要求很高。但中国传统文化以引经据典为文采展示的一种方式，对引用的出文规范性的重视度就有待商榷了。

三、管理文化冲突

中外合作办学的管理委员会由中方和外方共同组成，行政管理则多由中方担任。中外管理文化观念的差异及外籍教师和中方教师的不同诉求都会对管理委员会及日常的行政管理工作造成困难。

第一，中国文化推崇集体主义，看重集体价值与目标，鼓励个人履行集体赋有的义务和责任，以维护集体利益；中外合作办学中由西方文化占主导地位的外方文化推崇的是个人主义，看重个人利益与个人需求，把个人看作独立的个体，不会将个人与集体利益一起考虑或采取行动。体现在语言中，如英文中的小写字母 i，表示“我”的时候，都必须大写。本次疫情防控效果中西差距如此之大，也是中西方文化差异之大的体现。中国是一个高权力距离文化社会，这意味着中国人对不公平及权力分配差异的现象通常会持有一个宽容的态度。对他们而言，权力的分配差异是一种自然结果；[①]与此相对，西方是一个低权力距离文化社会，很难接受不公平的权力分配，除非是在既定的政策制度下产生的。疫情阻断了中外管理者及被管理者面对面的交流机会，线上沟通的效果往往差强人意；也减少了外教与同事及学生互动的交流机会，这是外教重要的社交和了解中国文化的途径，而可能导致他们产生孤独与失落感，体现为对管理人员的消极配合甚至不配合，加大了中外合作办学中的管理难度。

第二，为了降低教育投入成本，某些中外合作办学项目没有实质性地引

---

① 楚树龙. 国际关系基本理论[M]. 北京：清华大学出版社，2003.

进外方核心课程，聘请的外籍教师也多为临时招聘，没有经过系统、专业的上岗培训，在教学过程中也没有健全的监管机制，导致他们的教学质量难以保证。还有一部分临时招聘的外籍教师，来中国的目的主要是旅游或增加人生的阅历，对中国的社会文化、教学环境及学生状况都缺乏必要的了解，也缺少在中国生活的实际经验。当文化的不适应性越加明显时，他们选择离开中国。此外，部分由外方学院派出的专业课老师，到中方连续任课时间不超过两周，之后要回到外方学校担任教学任务，这种飞行教学降低了教学的连贯性，也给人员管理带来诸多不便。而此次疫情则进一步加大了外籍教师工作的不稳定性和不适应性。

第三，中方教师队伍的发展影响中外合作办学项目的可持续发展。目前，普遍存在的中方教师管理上的困难来源于母体学校激励机制不够多。如果新招聘刚毕业的博士，因晋升通道较窄不容易招进来，所以大部分专业教师都是从母体学院招聘。这些教师在本学院承担的教学任务就已经远超其考核要求，而备一门新课花费时间长，加之超额数倍的课时费无法在校内人员身上落实，因此并不愿意承担过多的教学任务。同时，在中外合作办学项目任课的老师，在职称评定等晋升问题上也没有相应的优待政策，还不如在母体学院取得的科研成果实在，所以中方教师在授课方面动力不足，配合管理方面也不够积极。

此外，行政管理人员在日常管理中，如果对中外合作项目没有做到深入了解，没有较强的跨文化交际沟通能力，容易导致对项目的发展信心不足，项目老师和学生产生心理和情感的疏离，老师也难以提供优质的服务，这也会抑制中外合作办学的成效。

四、跨文化适应策略

跨文化适应是由个体所组成，且具有两种不同文化的群体在连续接触的过程中所导致的两种文化模式的变化。[①]怎样实现跨文化适应呢？

---

① 王丽娟. 跨文化适应研究现状综述[J]. 山东社会科学学报，2011（4）：45.

首先，中外双方无论是管理层、师生还是行政工作人员都要明确中外合作办学的核心，即寻求共识、追求共赢。共赢是建立在达成共识的基础上。跨文化适应为达成共识提供了可能性。跨文化适应的要点，一是连续接触，二是适应两种文化模式的变化。连续接触为两种文化的充分融合创造条件，以实现两种文化模式的变化，最终形成可兼容多元文化的第三种文化。

其次，在办学文化方面，要理解市场文化的真正内涵。市场文化的核心是效益，分为效率与利益，效率为重，利益次之。而重点包含的理性、科学、自主、创新等观念也是公益性大学所提倡的，这都要求教育者与管理者不断改革创新，在正确的市场观念指导下，实现中外合作办学的公益性目标。

最后，疫情促进了在线教学的蓬勃发展，也为中外老师相互间的观摩学习提供了不受时间和地点限制的便捷。中外老师可以通过录播课程相互交流学习，直播课程也有录播视频；也可以随时召开视频会议，探讨教学方法；根据中方就业市场实际需求和学生特点，结合外方先进教育理念，编写适合中外合作办学的教材，而不是完全的“拿来主义”；中外老师传递双方文化，展示双方形象，阐释双方理念的同时，也汲取双方文化中的优秀和合理因素，让学生真正理解世界的多元化；对学生采用多样化及连续性的课程考核方式，注重对学生多次累加的学习过程进行考核和评价，包括平时作业、课堂参与和展示、小组项目和实践操作等，而不局限于考试或论文成绩。同时考试内容着重考核学生综合运用理论知识解决实际问题的能力，减少标准化答案，鼓励独立思考及创新。

为了有效地实现跨文化适应，还要不断健全完善体制机制：

第一，完善健全招聘机制。根据中外合作办学的特点，招聘一批具有较强的跨文化交际能力的行政管理人员，具有扎实的专业知识、丰富的教学经验、较高的与国外专家沟通交流的能力，最好是有海外求学或生活背景的中方教师和喜欢并了解中国传统文化的外国专家。在工作合同中，用清晰的字眼明确双方的责任义务和权利，并将岗位职责、教学规范、教学要求等明确写进合同里；同时还应在合同中明确：管理人员的服务质量和中外教师的教学质量直接与绩效奖金挂钩。

第二，完善健全管理机制。完善上下联动、公平规范又饱含人文关怀的管理机制。管理委员会成员与行政管理人员通力合作，建立健全日常师生管理制度、备课检查制度、听课制度、学生问卷调查制度、业绩评估制度、奖惩制度等。通过流程图，细化管理的具体工作流程。中外教师进行合署办公，并定期举办文化沙龙、教研活动和学术讲座，在充分的交流沟通中，体现对师生的人文关怀，让师生感受到集体的温暖。

第三，完善健全考核机制。构建科学的评价与考核机制，采用同行比较、师生评价、部门监督、自我评价相结合的方式，使评价内容充分体现出行政管理人员的服务质量、教师的教学质量和综合素质。整个评价考核过程要做到公平公正，并及时反馈考核结果。同时，完善激励机制、构建出能够充分反映管理服务成效或教师教学能力和教研成果的奖励体系。

结语

文化冲突是由文化差异所产生的矛盾，这种冲突并不是不可调和。在了解认识差异的基础上，适应对方文化，求同存异，不断完善体制机制，并加强监管，实现双方共同利益最大化。中外合作办学项目和机构在加大教育对外开放利好政策的带动下，定能实现良性的可持续发展。

来华留学生跨文化适应的社会支持浅谈

——以西南交通大学汉语言进修生为例

● 徐　鹰

【摘　要】如何吸引和留住优秀国际学生已成为各高校的共同课题。以西南交通大学汉语言进修生为例，积极推进政府、高校和社区、专业人士对国际学生的社会支持，从生活、学习、与当地居民交流等方面支援他们，有助于提升国际学生对新环境的跨文化适应和对学校的文化认同，顺利完成学业；同时，吸引越来越多的优秀来华留学人才，扩大学校的知名度和影响力。

【关键词】国际学生；跨文化适应；社会支持

A Study on Social Support and Cross-Cultural Adaptation of International Students in China

—A Case Study of Chinese Language Students of Southwest Jiaotong University

● Xu Ying

Abstract: How to attract and retain superior international students is a hot topic for all Chinese universities and colleges. Take Chinese language students of Southwest Jiaotong University for example. Social support from authorities, universities, communities and professionals help international students in their study, life and interaction with the locals so that they can be efficiently adapted to the new

---

作者简介：徐鹰，西南交通大学国际教育学院留学生管理人员，硕士，研究方向为国际教育、对外汉语教学。

environment and local culture, which will contribute to the influence and reputation of universities and colleges.

Keywords: international students; cross-cultural adaptation; social support

一、背景

据教育 2020 年 12 月发布的“十三五”期间教育对外开放工作情况，2019 年，来华留学学历生比例达 54.6%，比 2016 年提高 7 个百分点。“十三五”期间，教育部共审批和备案中外合作办学机构和项目 580 个（独立法人机构 7 个，非独立法人机构 84 个，项目 489 个），其中本科以上 356 个。外事管理聚焦简政放权，授予“双一流”建设高校一定的外事审批权，为高校开展对外合作交流提供更大的自主性和便利性。先后出台《学校招收和培养国际学生管理办法》（简称“42 号令”）、《来华留学生高等教育质量规范（试行）》和《中国政府奖学金工作管理办法》，规范高校接受国际学生的资格条件，来华留学生结构不断优化，来华留学质量规范与监管体系不断完善。我国高校国际学生管理进入提质增效阶段，如何吸引和留住优秀留学人才已经成为各高校的共同课题。国际学生是一个相对特殊的群体，他们身处异国他乡，面临学业、生活和人际关系压力，如果不能很好地适应国外的生活，留学生不仅仅会在学习方面出现困难，更可能产生心理不适，出现各种心理健康问题，甚至有可能产生校园突发危机事件，引发社会舆论。

2018 年，WHO 在全球 8 个国家 19 所大学进行了一项关于国际学生心理健康的调查研究发现，被调查的 13 984 名全日制留学生中，35%的学生存在至少 1 种生活中常见的心理障碍。[①]为此，不仅需要政府建立较为完善的留学生政策体系、相关管理制度和标准，也需要各高校认识到跨文化冲突对留学生的影响，积极推进各部门对留学生的社会支持，从学习，生活，与校内师

---

① Auerbach R P, et al. WHO World Mental Health Surveys International College Student Project: prevalence and distribution of mental disorders[J]. Journal of Abnormal Psychology, 2018, 127(7): 623-638.

生、当地居民交流等方面支援留学生，帮助他们适应、认同当地文化，积极融入当地社会生活，从而提升留学生对中国文化的体验和接纳，扩大学校知名度，提高地区影响力。

二、国际学生跨文化适应和社会支持

（一）跨文化适应

跨文化适应涉及的内容广泛，包括气候、饮食、语言、服饰、行为举止、人口密度、政治经济环境等，既有物质的因素，更多的是精神因素。最早根据居住时间提出的 U 曲线模式理论，把留学生在异文化环境中跨文化适应变化描绘成“接触→冲突→适应”这种轨迹。文化环境和个体都是不断发展变化着的，跨文化适应也应该是一个动态发展的过程。从跨文化适应测量角度，跨文化适应可以划分为心理适应和社会文化适应两个维度。心理适应主要涉及个体心理层面上的健康和满意度。如果个体感受到的心理压力较小，较少产生抑郁、焦虑等负面情绪，对当地生活满意度较高，则认为其心理适应较好。社会文化的适应是指适应当地社会文化环境的能力，适应在当地的日常生活及人际交往。如果个体感觉在东道国的社会生活困难较少，人际交往顺利，则认为其社会文化适应较好。影响跨文化适应的因素，从宏观上看，有东道国文化社会因素、本国社会文化因素。微观方面有个体特征，包括人格特征、个人生活能力、海外学习目的、外语能力、出国准备情况、对东道国文化的了解程度、海外生活经历、跨文化培训经历等，这些都会影响到留学生个体层面的适应状况。另外还有个体与当地文化环境互动的状况，包括与东道国居民接触的程度、跨文化接触的时间长度以及社会支持，包括咨询服务及社会支持网络、社区的规模、种族和民族的多样性等。①

（二）社会支持及其作用

不同于其他影响因素的争议性，社会支持在跨文化适应中的积极作用在

① 刘永辉，鲁力进. 留学生跨文化适应的地域社会支持探讨——以日本福冈县为例[J]. 吉林省教育学院学报，2020，4（36）：152.

国内外研究中得到确认。所谓社会支持，是个体从他人获得的物质或精神帮助，既可以从本国人那里得到，也可以从当地人那里获取。充分的社会支持既可以帮助旅居者解决在当地的住宿、交通、饮食、社交等方面的困难，又可以帮助他们更好地认识和理解当地的语言、文字、社会习俗、价值观等，并建立起完整有效的社交圈子，最终促进他们跨文化适应。Ramsay 等人以澳大利亚大学一年级的东道国学生和国际学生为对象，将社会支持分为情感支持、物质性支持、信息支持和陪伴支持四类，研究社会支持的类别、支持程度、满意度与校园生活适应程度之间的关系，其研究证明：得到更好社会陪伴支持的学生对校园环境适应满意度越高；相对东道国学生，国际学生更渴望得到情感、物质和信息方面的支持。[①]尽管各学科领域的研究者对社会支持的概念界定不尽相同，然而一致认同：社会支持使个人相信自己受到重视、尊重和爱护，可以帮助他们应对主要的生活压力和日常生活中的挑战，提高个体的社会适应性。

目前，国内外的研究普遍认为，社会支持是国际学生跨文化适应中最重要的影响因素之一，也是高校帮助国际学生适应校园环境，解决他们在生活、学习和心理等方面实际问题的有效途径。留学生离开自己的母语和本族文化，进入不同语言和社会文化生活，面临着各种不确定和不安因素，如果能获得社会支持而形成新的人际关系，可以促进留学生对环境的适应。社会支持和日常生活息息相关，被支持者得到精神上的安定，将减轻跨文化环境的压力，跨越与支持者文化中不同的习惯和文化，从而获得应对日常生活的能量和精神力量。

2020 年初爆发的新冠肺炎疫情不仅严重威胁着人们的生命健康安全，更对人们的心理造成了巨大冲击。受其影响，境外留学生无法进入中国学习，境内留学生有家难归，较之普通的中国大学生，更易在学习、生活、家庭等方面出现问题。疫情初期，因为对未知病毒的恐惧，担心中国政府不能控制

---

① Ramsay S, Jones E, Barker M. Relationship between adjustment and support types: Young and mature-aged local and international first year university students[J]. Higher Education, 2007, 54(2): 247-265.

疫情，我校原计划让留在中国过寒假的 9 名汉语言进修生在家长的要求下请假回国，另有 2 名学生申请退学回国。一个月后，中国国内疫情得到有效控制，境外部分国家疫情肆虐。境外留学生因本国疫情失控强烈要求返校；校内学生因封闭管理产生焦虑、恐慌情绪，出现失眠等症状。5 月，中国疫情防控进入常态化阶段，国际学生暂停流动，境外学生无法入境，在华留学生不敢离境，一方面担心自己和家人的平安，另一方面学业、工作计划被打乱，长期防控管理产生的焦躁、忧虑等心理问题难以排解。当下建立较为全面的社会支持帮助来华留学生提升跨文化适应能力，显得尤为重要。

三、有效推进国际学生跨文化适应的策略

我们可以按照支持主体将社会支持分为四类：由政府和相关机构主导的正式支持，以社区为主导的“准正式支持”，由个人网络提供的社会支持，由社会工作专业人士和组织提供的专业技术性支持。这四类支持相互交叉，相互补充，形成政府主导、多元并举的社会支持系统框架。

（一）正式支持

2016 年 4 月，中共中央办公厅、国务院办公厅发布了《关于做好新时期教育对外开放工作的若干意见》，同年 7 月，教育部印发《推进共建“一带一路”教育行动》，这两个文件确立了我国来华留学生教育事业近中期发展的方向和路径。2017 年 3 月，教育部、外交部和公安部联合签发了《学校招收和培养国际学生管理办法》（简称“42 号令”），2018 年 9 月教育部出台《来华留学生高等教育质量规范（试行）》，明确提出了今后我国来华留学生教育规范管理和质量保障的目标。①

比如，我校国际学生可以申请国家留学基金管理委员会提供的政府奖学金、学校校长奖学金，还有地方政府奖学金、企业奖学金等资金支持，极大地解决了一部分国际学生的经济困难。国家留学基金管理委员会为提高国际

① 周波，佐斌. 来华留学事业发展的政策导引和制度保障[J]. 国际学生教育管理研究，2020（1）：13-18.

学生对中国社会的认识，增加他们对中国文化的了解，还持续开展了“感知中国”社会实践与文化体验活动，取得了良好效果。每年教育部中外语言交流合作中心主办的“汉语桥”世界大学生、中学生中文比赛和全球外国人汉语大会，至今已有一百多个国家上百万人参加。“汉语桥”中文比赛激发了各国青年学生学习汉语的积极性，推动了汉语与中华文化在世界范围内的影响。42号令规定汉语和中国概况为高等学历留学生教育必修课。“中国概况”课程涉及内容广泛，涵盖经济、社会、地理、人文、政治、外交等各个领域，系统全面地向留学生介绍中国的基本情况。这些国家方针政策的引导和制度保障，既帮助来华留学生全面了解中国的法律法规、风俗文化，也有助于提升来华留学生跨文化适应能力和综合素质，进一步保障来华留学教育的质量和管理水平。

（二）准正式支持

各高校留学生的人数与大学的知名度、招生力度及地域影响等不无相关，但是高校在吸收和留住留学生方面的社会支持也发挥着举足轻重的作用，具体表现为对留学生学业的支持、留学生参加校园活动的支持、留学生与社区交流的支持和留学生生活的支持。

各高校对国际学生的社会支持可以从招生录取工作入手。我校在汉语言进修生录取材料中附上新生入境的相关要求和注意事项、学校所在地的交通信息、天气、饮食、宗教信息，以及入学的物质准备。通过发送有中英双语的视频、图片资料，介绍报到流程、校园生活条件、学生活动等内容，让学生提前了解未来学习生活的环境，做好面对未来新环境的心理准备。同时，招募来华时间较长、具备较强语言能力的国际学生参与迎新工作，尽量安排同母语的老生接待新生，一方面拉近新生与学校的距离，一方面老生为新生起到示范作用。

在入学教育中，各高校将中国法律法规、校规校纪、国情校情、中华传统文化和风俗习惯等内容，融入跨文化交际专题教育中。除了推荐阅读书籍、观看视频，也积极引导国际学生积极参与到校园学生活动中去。学校组织国际学生参加公益活动、中国重大节日的庆祝活动、文化活动、体育赛事、技能培训、学术交流等课外活动。通过参加丰富多彩的课余活动，如武术大赛、汉语配音大赛、参观名胜古迹、志愿者活动等，增加国际学生对中国文化立体化的认识和体验，培养自身才艺，结交中外朋友。同时，组织国际文化节、国际美食交流活动、特色运动项目赛事等活动，为国际学生提供展示本国文化的平台。2019 年我校新年元旦晚会上，国际学生既表演了本国的民族舞蹈，也在舞台上放声歌唱中国民歌《茉莉花》。在学习这首民歌的时候，国际学生不仅体验到了汉语言文化的韵味，也了解了中国 56 个民族的不同特色。疫情也推动一些线下活动转到了线上进行，借助网络技术，通过各大电视、网络平台向全世界传播汉语言和中华文化。从 2020 年底“峨眉女侠凌云”试运行，我校与教育部中外语言交流合作中心联合推出一系列 YOUTH TALK 中外青年云对话，旨在讲好中国故事，传播中国青年形象和当代中国活力，展示中国文化和语言魅力，促进中外青年交流与理解。

高校主动与地方政府、社区保持密切联系，为国际学生融入当地生活提供条件。以我校汉语言进修生所在峨眉校区为例，峨眉山作为世界文化与自然双重遗产、国家 5A 级旅游景区、中国四大佛教名山之一，拥有丰富的自然资源和历史、宗教、武术、茶等文化资源，是国际学生体验中国文化的宝藏之地；峨眉山市民也见惯了不同肤色、不同举止的外国人士，一般不会把国际学生当“稀奇”看，而是当作自己的“邻居”或者“孩子”。正月十五，在校国际学生穿上中国传统的民族服装参加峨眉山市元宵节花车游行，体验当地的民俗文化。每逢端午、中秋等节日，社区组织相关庆祝活动，也邀请国际学生一起写对联、包粽子、做月饼、品尝地方小吃、表演歌舞。峨眉山是峨眉派武术的发源地，当地有习武的传统，武术大师长期来学校指导学生习武。学校专门请武术大师为国际学生开课教授峨眉武术，其中三名学生对武术很感兴趣、深入研习，作为表演嘉宾在第六届中国四川峨眉山国际武术节惊艳亮相。

（三）社会支持和专业技术性支持

在当前全球疫情防控背景下，专业人士的社会支持也日益凸显。2020 年

9 月 11 日，国家卫生健康委员会官网发布工作方案，要求高等院校均需设置心理辅导（咨询）室和心理健康教育课程，配备心理健康教育教师，将心理健康教育作为所有学生的必修课，进而全面提升大学生群体的心理健康水平。由于国际学生作为大学生中少数群体的特殊性，心理援助的作用尤为重要。疫情初期，我校两名语言进修生亲姊妹没有航班回国，囿于一室，因生活矛盾发生口角，将对方手机格式化删除了所有保存的珍贵照片，甚至发生肢体冲撞。留管人员得知情况后，将她们安置于不同宿舍，跟她们谈心，请学校心理咨询老师分别做心理疏导。一周后，两姊妹又亲热地一起出门了。2020 年 2 月，了解到留校国际学生的焦虑、紧张等负面情绪积聚，我校国际教育学院管理人员立即联系学校心理咨询中心，请既精通英语又具备跨文化交际能力的资深心理老师连续三天开展线上团体辅导。团体辅导后，心理老师反馈：在疫情这类突发性压力事件中，国际学生最突出的心理需求是情感支持。早期，口罩等防控物资紧缺，因为留管人员及时说明情况、协助购买、关心学生生活困难，让他们感到温暖和安慰；通过在线与老师同学交流当下自己的想法和感受，心理压力也有所缓解。开学后，全部中外学生在线上课，中国学生都在家上网课，整个校区只有十几名国际学生，心理咨询中心特意为他们预留了个案辅导时间。2020 年秋季新学期伊始，考虑到 2020 级新生受疫情影响在中国至少待了一年，不能回家跟亲人团聚，国际教育学院再次邀请心理老师到教室为国际学生做团体辅导，帮助他们舒缓压力，明确自己的学习目标，认识新同学和老师，尽快适应新校园。

值得注意的是，传统的社会支持行为一般发生在亲密的人际关系中，但随着计算机网络技术的发展和普及，越来越多的人开始从网络中寻求社会支持。网络作为一种融合了个人交往和大众传媒两种优势的新兴媒介，在人们的生活中发挥着越来越大的作用。与面对面的社会支持相比，网络社会支持受时间和地域的限制较少，因此特别适合缺乏现实社会支持的留学生群体。互联网上有关新冠肺炎疫情的信息传播迅速，但各个国家地区对于疫情的认识和态度却大相径庭，疫情在各个国家的发展趋势也不尽相同，相关报道中存在着很多夸大甚至是扭曲的消息，如果留学生缺乏正确辨别的能力，偏听偏信，更会加重紧张、焦虑、恐惧、悲观、烦躁、抑郁等不良心理，甚至引发一些生理问题。所以，信息支持是必要的，也是必须的。政府发布及时、权威的新闻通报，学校官网、学院公众号、学生微信群随时准确更新国家政策、防控要求及学校相关规定，当国际学生及时获得真实有效的信息，才能做出正确的判断。

四、问题和探讨

通过我校汉语言进修生的案例，可以看到有效的社会支持不但可以增进国际学生对本校的认同感，帮助他们提升跨文化适应能力，也能促进高校的国际化，为本地经济和社会发展注入活力。当然，对留学生的社会支持还有各种问题和争议。一是我国高校心理教师缺口较大，同时具备外语交流能力和跨文化交际能力的心理教师更是凤毛麟角。而国际学生作为中国高校中的少数群体，受语言交流障碍等因素影响，所有相关工作都集中在留学生管理团队。国际学生心理疏导工作主要依靠留管人员早发现、早报告，及时联系专业人士干预。这样对留管人员的专业素养和从业能力提出了更高的要求。二是对国际学生社区活动的支持力度不够。虽然，一般社区都欢迎国际学生参加当地的群众活动，但是受一些政策法规的限制，特别是因为现在疫情防控的要求，国际学生还是很难参与社区服务这类活动。2020 年 2 月，峨眉校区的国际学生为乐山出入境管理部门拍摄了疫情防控宣传小视频，当晚就上了微博热搜。我校一名巴基斯坦籍学生参与社区疫情防控志愿宣传活动，戴上口罩，背着大喇叭，在小区里劝说居民非必要不外出，遵守防控要求。这些国际学生的行动，通过媒体和口口相传，将中国的防疫措施和效果真实地传播到世界，也为我校的留学教育发展贡献力量。所以，做好国际学生的社会支持工作，同时也发展了各高校的留学教育事业。

加快和扩大新时代教育对外开放背景下行业特色高校开展中外人文交流的路径与对策

——以西南交通大学为例

● 任　军

【摘　要】文章以加快和扩大新时代教育对外开放背景下行业特色高校如何开展中外人文交流这一问题为切入点，剖析了西南交通大学作为行业特色高校开展中外人文交流的四条有效路径：开展中外合作办学、参与国际组织、开展国际科学合作、开展国际培训。文章认为，应当将中外人文交流的理念蕴含于具体的工作之中，以实现中外人文交流的目的。最后，文章提出了行业特色高校做好中外人文交流的对策：加强党的领导、提升高校的国际传播能力、培养学生参与中外人文交流的意识和能力、打造开展中外人文交流干部队伍、加强行业中外人文交流研究。

【关键词】教育对外开放；行业特色高校；中外人文交流；西南交通大学

Paths and Measures of Undertaking International People-to-people Exchange of Universities with Industry Features against the Background of Accelerating and Expanding the Opening-up in Education Sector in the New Era: Taking Southwest Jiaotong University as an Example

● Ren Jun

Abstract: Starting with the discussion on how to accelerate and expand international people-to-people exchange in industry-specific universities under the background of education opening up in the new era, this paper analyzes four effective paths of Southwest Jiaotong University as a universities with industry characteristics in this field: developing Chinese-foreign cooperation in running schools, participating in international organizations, carrying out international scientific cooperation, and offering international training. The paper believes that the concept of international people-to-people exchange should be embedded in specific work in order to achieve such a purpose. Finally, it puts forward the measures for universities with industry characteristics to excel in international people-to-people exchange: strengthening party's leadership, enhancing international communication capabilities of universities, cultivating awareness and capacity of students to participate in international people-to-people exchange, building a professional team of international people-to-people exchange, and strengthening research in this field.

Keywords: education opening up; universities with industry characteristics; humanities exchanges between China and foreign countries; Southwest Jiaotong University

2017 年 7 月，中共中央总书记、国家主席、中央军委主席习近平主持中央全面深化改革领导小组会议，审议通过了《关于加强和改进中外人文交流工作的若干意见》(以下简称《意见》)。10 月，党的十九大报告指出，“加强中外人文交流，以我为主、兼收并蓄”。11 月，教育部设立了教育部中外人文交流中心，“承担中外人文交流机制项目的具体组织实施，参与组织安排中外人文交流机制高级别会晤、双方会议等活动，参与协调对接中外人文交流机制外方委员会，宣传推广中外人文交流成果等”①。这一系列举措都充分表明了党中央、国务院在新时代教育对外开放背景下对中外人文交流工作的高度重视。

① 教育部. 教育部关于设立教育部中外人文交流中心的通知[EB/OL]. (2017-11-08)[2020-01-10]. http://www.moe.gov.cn/srcsite/A04/s7051/201712/t20171201_320385.html.

一、问题的提出

《意见》的出台为我国高校投身中外人文交流事业创造了良好的政策环境，提出了明确的要求。然而，在世界处于百年未有之大变局的背景下，开展中外人文交流面临复杂的国际环境。例如，“2017 年起，美国国内掀起了一股质疑中美人文交流、抹黑中国在美人文交流活动的强劲逆流”[①]。尽管如此，我国教育对外开放的脚步却并未减慢。2019 年教育部召开全国教育外事工作会议，动员部署加快和扩大新时代教育对外开放工作。在这种新形势下，“我们拿什么和世界交流？我们将为世界呈现一个什么样的中国？我们将为人类文明贡献什么样的新成果？这是中外人文交流的核心命题”[②]。作为同时承担着人才培养、科学研究、社会服务、文化传承创新和国际交流合作五大重要使命的高校，是开展中外人文交流的重要主体。而行业特色高校“具有为生产实践服务的优良传统，具有了解并解决行业技术难题的优势”[③]，在中外人文交流中具有不同于一般高校的特色与优势。教育部中外人文交流中心也注意到了一点，与多所行业特色高校联合设立行业中外人文交流研究院，推动行业中外人文交流的研究。然而，这一研究领域尚属起步阶段，鲜有研究成果。本文以西南交通大学为例，通过对该校近几年中外人文交流的实践，探索分析行业特色院校中外人文交流的路径与特点，并在此基础上反思行业特色高校做好中外人文交流的对策。

二、西南交通大学中外人文交流的实践分析

西南交通大学创建于 1896 年，前身是山海关北洋铁路官学堂，是中国第一所工程教育高等学府，也是中国土木工程、矿冶工程、交通工程高等教育

---

① 韦宗友. 美国对华人文交流的看法及政策变化探析[J]. 美国研究，2019，33(3)：60-79，6-7.

② 张骥. 何以交流：中外人文交流的三大源流[J]. 世界知识，2017（23）：21-22.

③ 赵沁平. 发挥行业特色高校优势 为行业科技进步做出更大贡献[J]. 中国高校科技与产业化，2005（5）：48-50.

的发祥地。改革开放以来轨道交通领域产生的院士几乎全部出自该校。目前，西南交通大学已构建起世界轨道交通领域最完备的学科体系、人才体系和科研体系。该校的发展定位是“到建校 150 周年、中华人民共和国成立 100 周年前夕，将学校建成交通特色鲜明的世界一流大学”①。作为这样一所行业特色高校，近年来在中外人文交流中也充分显示了这一特点与优势。

（一）中外合作办学在中外人文交流的作用

人文交流的英文翻译为“people-to-people exchange”，即人与人之间的交流。“人文交流旨在通过沟通和交流，追求情感和文化上的理解与认同，并将其转化为具有亲和力和感召力的柔性力量。”②中外合作办学这方面具有显著优势，其系统性引进外方合作大学优质教育资源的特点从根本上为中外人文交流的长期持久发展搭建了平台。西南交通大学充分依托学科优势，在土木工程、机械设计制造及其自动化、计算机科学与技术和电子信息工程四个专业与英国利兹大学开展中外合作办学，设立了不具有独立法人资格的中外合作办学机构——西南交通大学-利兹学院。根据教育部对中外合作办学引进师资的量化要求，“外国教育机构教师担负的专业核心课程的门数和教学时数应当占中外合作办学项目全部课程和全部教学时数的三分之一以上”③，这就意味着大批利兹大学的教师要成建制、长时段地在西南交通大学开展教学。这从机制上就为促进中英之间的人文交流创造了有利条件，与教师的短期交流访问有本质差别。一方面，这些教师在西南交通大学校园里工作，有机会亲身体验学校的治理、管理、办学传统、校园文化、教育教学理念，并通过与学生、中国教师、管理服务人员进行大量接触、交流，进而以西南交通大学为窗口认识中国大学、中国高等教育，理解中国大学师生的精神与品质。另一方面，这些教师在成都生活，通过与成都普通民众的交流互动，了解中国

---

① 侯倩. 西南交大召开双代会：为“双一流”建设凝心聚力[EB/OL].（2019-11-19）[2020-01-10]. https://news.swjtu.edu.cn/shownews-19480.shtml.

② 邢丽菊. 何以人文：中外人文交流的意义[J]. 世界知识，2017（23）：18-20.

③ 教育部. 教育部关于当前中外合作办学若干问题的意见[EB/OL]. [2020-01-10]. http://old. moe. gov. cn//publicfiles/business/htmlfiles/moe/moe_174/201006/89021. html.

普通市民的生活，体验巴蜀文化、中国文化。这一过程就是实实在在的人文交流的过程。每一位参与其中的教师、管理人员都是中英人文交流的实践者、见证者，都是中英人文交流的纽带与桥梁。

中外合作办学的初衷是优质教育资源，但引进只是基本要求，还要消化、吸收、融合、创新。这一互动甚至是博弈的过程，同样也是中外人文交流的过程。在利兹学院管理制度的融合创新发展中，中国语境中的“辅导员”并未直接翻译为英文，而是采用“辅导员”的汉语拼音“Fudaoyuan”。这一作法不仅让“Fudaoyuan”这个词语进入英方管理人员和教师的话语体系，同时让他们更加了解中国高等教育体制机制及其特点。与此同时，利兹大学的导师制引入到利兹学院，创新性地形成“辅导员+导师制”的学生支持模式。这一过程促进了中英高等教育的互学互鉴，形成了西南交通大学-利兹学院独特、创新的人才培养模式、治理模式、管理模式。

（二）参与国际组织在中外人文交流的作用

“国际组织以其同政府的关系为划分标准，可分为两大类：政府间组织和非政府组织。”[①]西南交通大学充分依托其在铁路领域的学科优势，加入了铁路合作合作组织（Organisation for Co-operation between Railways，英语缩写为OSJD）和国际铁路联盟（International Union of Railways，法语缩写为 UIC）。前者为政府间组织，后者为非政府组织。虽然两个组织的性质、开展的活动和发挥的作用均有所差别，但共同之处是为多国专业人员提供了围绕特定议题进行交流、议事的平台。这一天然属性也使多元文化之间的人文交流成为必然。西南交通大学通过参加、承办这两个国际组织的活动，不仅展现参与人员自身的专业背景、专业知识和跨文化沟通能力，更体现其所代表的西南交通大学的文化和中国文化。

一方面，西南交通大学鼓励有关专家学者和部门负责人“走出去”参加两个组织举办的各类会议，参与发言、讨论，贡献专业知识。以 2019 年为例，

---

① 饶戈平. 论全球化进程中的国际组织[J]. 中国法学，2001（6）：126-136.

西南交通大学的代表参加了铁路合作组织总局长（负责代表）会议、铁路合作组织“铁路运输领域职业教育/培训问题临时工作组”会议，铁路合作组织基础设施和机车车辆专门委员会专家会议、国际铁路联盟亚太工作座谈会、国际铁路联盟铁路创新论坛、第27届国际铁路联盟亚太区域会议、国际铁路联盟第五届世界铁路培训大会等，在与其他国家代表的交流中，共同促进有关工作的推进，共同为铁路领域的发展贡献智慧。

另一方面，学校把两个组织的专业人士“请进来”，承办两个组织的有关专业会议。例如，2018年承办了国际铁路联盟“亚洲铁路培训网”（APNRTC）第10次会议，2019年承办了铁路合作组织基础设施和机车车辆专门委员会的专家会议。2020年，虽然受疫情影响无法参加线下会议，但全年共参加了15场线上工作会议，包括铁路合作组织（OSJD）铁路运输领域职业教育第十六次会议、国际铁路联盟（UIC）高速铁路高校联盟（AUHSR）全会等。通过参与会议组织，为不同文化背景的人士进行跨文化交流搭建平台，展示学校国际化的面貌，展示学校教职员工的敬业精神、专业素养和精神品质。

（三）开展国际科学合作在中外人文交流中的作用

“科学从本质上是国际性的。”①通过科学研究的国际交流合作，解决学科前沿问题、现实问题，推动人类科学进步。在这一过程中科研工作者们培养的跨国友谊正是人文交流的成果。西南交通大学充分发挥学科优势，召开高端国际学术会议，开展国际科研合作。例如，2017年，西南交通大学充分发挥轨道交通学科群的知名度和影响力，发起举办了第一届国际轨道交通学术会议，汇聚全球同行为全球轨道交通的发展贡献智慧。2019年，举办了第六届地球观测与环境变化国际会议暨第八届地理信息技术与自然灾害管理国际会议，共同探讨全球可持续发展面临的挑战和灾害及应急管控。2019年，举办了第六届交通运输工程国际学术会议，聚焦交通运输工程学科前沿。由于参与其中的专家学者们具有相似的学科背景、解决前沿问题的共同追求，因

① 樊春良. 对外开放和国际合作是如何帮助中国科学进步的[J]. 科学学与科学技术管理，2018，39（9）：3-20.

此在这一过程中必然进行着中外人文交流。

同时，在联合解决国际性的难题中，培养和增进科学家之间的友谊。例如，西南交通大学与俄罗斯莫斯科国立交通大学联合成立“中俄冻土研究中心”，开展冻土方面的研究；与国内企业和巴西里约热内卢联邦大学、阿根廷里奥夸尔托国立大学成立“中国-拉共体轨道交通联合实验室”，开展中拉间共性关键技术、前沿引领技术、现代工程技术的攻关创新，特别是开展巴西-秘鲁“两洋铁路”、阿根廷-智利“两洋隧道”等项目的可行性、前瞻性基础研究。通过联合设立实验室、中心，中外科学家形成学术共同体，形成共同的愿景，解决共同面临的难题，促进相互之间的理解以及对对方文化的认知与认同。

（四）开展高端国际培训在中外人文交流中的作用

在中华民族伟大复兴的战略全局和世界百年未有之大变局的“两个大局”中开展中外人文交流，“我们需要超越以强调中国传统文化为主流的阶段，向世界提供更多当代中国的发展成果和人文成果，展现一个更加全面的中国、发展中的中国和面向未来的中国”①。西南交通大学发挥在铁路领域的学科优势和丰富的国际教育经验，通过向多个国家提供铁路领域的国际培训，实现中外人文交流。例如，在2016年第四次中印战略经济对话中，西南交通大学和印度铁道部签署了《中印高速铁路高层管理人员培训项目服务合同》。此后，学校为印度铁路各职能部门高级技术和管理人员举办了8期培训班，印度铁道部各单位298名学员参加。此外，还承办了商务部多个培训项目，例如“发展中国家铁路建设工程与运营管理研修班”“经济走廊建设发展与互联互通合作研修班”“埃塞俄比亚铁路司机培训海外培训班”“加纳铁路发展官员研修班”“中印缅孟经济走廊国家铁路建设规划与管理研修班”“大湄公河次区域基础设施建设投融资与管理研修班”“老挝铁路技术海外培训班”，等等。在提升学员们业务能力的同时，无形之中更提升了对中国的认识、认知和认同。

① 张骥. 何以交流：中外人文交流的三大源流[J]. 世界知识，2017（23）：21-22.

例如，阿塞拜疆代表谈道，“不仅学习了铁路通信信号专业的知识，也加深了对中国的了解”[①]；老挝代表谈道，“在研修班期间不但学到了经济走廊建设发展与互联互通合作方面的专业知识，也了解到了中国改革开放的发展速度和建设成就。参观了名胜古迹，了解了丰富多元的中国文化。希望中国在未来举办更多的此类研修班，增强中国与其他国家间的交流”[②]；吉布提代表谈道，“不但学到了知识和技能，而且和中方人员建立了深厚的友谊，度过了难忘的时光”[③]。通过各个国际培训项目的开展，向国外输出我国铁路发展方面的经验，为学员们个人职业的发展和本国经济社会的发展带去实惠，有助于在本国、在国际上进一步提升我国的国际形象。

（五）小结

中外人文交流工作的开展绝不能仅仅停留在举办文化活动的表层，不能为了中外人文交流而中外人文交流，而应借助有效载体，“化无形于有形”，把中外人文交流的理念贯穿在具体的工作实践之中，“润物无声”般地实现中外人文交流的目的。行业特色高校由于与行业发展紧密结合，在这方面具有不可替代的作用。上述对西南交通大学开展中外人文交流四条路径的分析不难看出，中外合作办学系统引进外国教师，国际组织本身由多元文化的人员构成，国际科学合作凝聚有共同科学理想和追求的中外科学家，开展国际培训促进互利共赢。虽然路径不同，但殊途同归，中外人文交流的理念蕴含于过程之中，从而最终实现中外人文交流的目的。

---

① 西南交通大学远程与继续教育．“2019 年发展中国家铁道通信信号技术研修班”在西南交通大学圆满结业[EB/OL]. [2020-01-10]. http://www.xnjd.cn/site/cnl/channel/home/110101/news-read?id=21116.

② 西南交通大学远程与继续教育．“2019 年经济走廊建设发展与互联互通合作研修班”在重庆圆满结业[EB/OL]. [2020-01-10]. http://www.xnjd.cn/site/cnl/channel/home/110101/news-read?id=21533.

③ 西南交通大学远程与继续教育．2018 年埃塞俄比亚铁路运营管理海外研修班在埃塞亚的斯亚贝巴圆满结业[EB/OL]. [2020-01-10]. http://www.xnjd.cn/site/cnl/channel/ home/110101/news-read?id=21116.

三、行业特色高校中外人文交流的反思与对策

（一）加强党对中外人文交流工作的领导

2018 年 6 月召开的中央外事工作会议上，习近平总书记发表重要讲话强调，我国对外工作要坚持以新时代中国特色社会主义外交思想为指导。2018 年 9 月召开的全国教育大会上，习近平总书记发表重要讲话强调，加强党对教育工作的全面领导。做好高校中外人文交流工作，必须坚持党的领导，坚持社会主义办学方向，树牢“四个意识”，坚定“四个自信”，坚决做到“两个维护”，把牢教育对外开放的大方向，确保党的路线方针政策在教育外事工作中不折不扣地贯彻执行。在工作实际开展过程中，坚持“外事无小事”的原则，严肃外事纪律，抓好涉外管理。

（二）提升大学的国际传播能力

2018 年全国宣传思想工作会议上，习近平总书记强调，“展形象，就是要推进国际传播能力建设，讲好中国故事、传播好中国声音，向世界展现真实、立体、全面的中国，提高国家文化软实力和中华文化影响力”①。面对加快和扩大新时代教育对外开放的新形势新要求，高校提升国际传播能力促进中外人文交流是当务之急。要思考如何把学校的办学实力、水平、质量转化为国际影响力，让国外的学生、学者、大学、科研机构、政府组织、企业和普通民众更好地认识、了解中国高校，并产生信任、好感，进而促进交流与合作。例如，在国际传播中，加强高校英文网站建设至关重要。在网站的版式设计上要参考借鉴国外一流高校的网站，在语言上考虑英语读者的文化背景和接受程度，绝不仅仅是把中文网站的信息进行翻译，而是要有取舍、有重点，注重跨文化交流的特点，通过讲好学生的故事、学者的故事、学校的故事，以此讲好中国的故事。

---

① 新华网. 习近平：举旗帜聚民心育新人兴文化展形象 更好完成新形势下宣传思想工作使命任务[EB/OL]. [2020-01-10]. http://www.xinhuanet.com/politics/2018-08/22/c_1123310844. htm.

（三）培养学生参与中外人文交流的意识与能力

“日益增加的国际、国家、地区间的文化冲突督促学术界帮助学生从全球视角思考问题，并学会欣赏不同文化。”[①]大学生是中外人文交流最广大的群体，也是未来中外人文交流的主力。因此应当瞄准当下，着眼未来，通过形式多样的活动，让学生们树立中外人文交流的意识，提升中外人文交流的能力，成为中外人文交流的使者。例如，通过开设通识课、讲座、工作坊，培养青年学子跨文化交流的意识；邀请学成归国的校友现身说法，以国际比较的视角讲述世界与中国，传递爱国之情，激发报国之志；针对中外合作办学，加强党组织建设，加强“大思政”引领，培养具有家国情怀、全球胜任力的人才；开展海外实践，让学生们走出中国看中国、看世界，提升国际视野。

（四）打造一支开展中外人文交流工作的干部队伍

高校开展中外人文交流工作虽然与国际化工作、国际交流合作与交流工作有重合之处、有相似之处，但不能简单地等同。在加快和扩大新时代教育对外开放的背景下，有必要打造一支开展中外人文交流工作的干部队伍，根据党和国家对中外人文交流的要求，探索有效开展中外人文交流的方式方法，统筹谋划、组织实施好本校的中外人文交流工作。对内，做好各部门之间的协调工作、向全校师生的政策宣讲工作，推动中外人文交流工作有序开展；对外，做好国际交流工作，扩大全球合作的“朋友圈”，扩大中外人文交流的平台。

（五）加强行业中外人文交流的研究

每个行业都有各自的特点，每所大学都有各自的特色。在行业特色大学开展中外人文交流中，要以行业为依托，把中外人文交流贯彻其中，做到行业特色与中外人文交流的相互融合、相互适应、相互促进。因此，要加强这方面的研究，有针对性地分析行业特点，把握行业趋势，找到契合行业发展的中外人文交流的路径与策略。例如，西南交通大学于 2019 年 7 月与教育部

① 简·奈特. 激流中的高等教育：国际化变革与发展[M]. 北京：北京大学出版社，2011.

中外人文交流中心成立了“铁路行业中外人文交流研究院”，依托铁路行业的特色与学科优势开展相关研究。

结语

2016 年中办、国办印发的《关于做好新时期教育对外开放工作的若干意见》的重点部署工作中，中外人文交流是重点之一。2019 年，教育部召开全国教育外事工作会议，动员部署加快和扩大新时代教育对外开放工作。2020 年,《教育部等八部门关于加快和扩大新时代教育对外开放的意见》出台。几年之间，从“做好”到“加快和扩大”，高校开展中外人文交流再次迎来重大政策利好，行业特色院校在这一过程中大有可为，更应抓住机遇，挖掘行业特色赋予的独特属性，依托特色优势学科，为我国中外人文交流事业做出不可替代的贡献。

国别区域

中日两国吸引国际学生举措研究

● 徐云丽

【摘　要】本文通过视频会议讨论及对一线工作者进行访谈等方法，对比分析了中日两国国际学生教育的学生规模、国别结构，以及日本高等教育国际化、吸引国际学生举措。借鉴日本成功经验，为我国来华留学生教育提质增效提供政策建议，以期促进来华留学生教育又好又快发展。

【关键词】中国国际学生；日本国际学生；对比分析；政策建议

Research on the measures of China and Japan to attract international students

● Xu Yunli

Abstract: Through video conference discussion and interviews with front-line educators, this paper compares and analyzes the student scale and structure of international student education in China and Japan, as well as the internationalization of Japanese higher education and measures to attract international students. Learning from the successful experience of Japan and providing policy suggestions for improving the quality and efficiency of China's international students' education promote the sound and rapid development of international students' Education in China.

Keywords: international students at China; international students at Japan; comparative analysis; policy suggestions

作者简介：徐云丽，研究方向为资产与实验室管理、高等教育管理。

一、问题的提出

来华留学生教育已成为我国高等教育事业的重要组成部分，开展来华留学生教育工作是我国教育对外开放的重要内容，来华留学生教育的规模、质量及学生国别结构直接影响我国与世界各国人文交流、教育科技交流的质量与成效。全球国际学生的流动受各国文化传统习惯、经济发展水平、高等教育水平等多种因素的影响。如何准确把握全球国际学生流动总体趋势，在全球国际学生教育竞争与合作中，贡献中国力量，已成为我国高等教育需积极面对的课题。

近年来中日两国积极推进高等教育国际化，大力吸引国际学生。积极借鉴日本高等教育国际化和吸引国际学生成熟、有效举措，汲取其成功经验，提升我国接收、培养国际学生能力，可促进我国高校与世界高水平大学开展学生交换、学分互认、联合培养国际学生项目等工作，从而实现来华留学生教育又好又快发展。

二、中日两国国际学生规模及生源结构对比

2010 年我国教育部出台了《留学中国计划》，该计划预计到 2020 年，我国将成为亚洲最大的留学目的地国家。全年在我国内地高校及中小学校就读的外国留学人员达到 50 万人次，其中接受高等学历教育的留学生达到 15 万人。早于我国 2 年时间，2008 年，当时日本只接收了 12 万名国际学生，日本文部科学省发布了日本接收 30 万外国留学生到日本留学深造的计划，预计到 2020 年赴日本留学人数达到 30 万人。经过近 10 年的努力，两国基本实现了各自拟定计划。

表 1　中日两国国际学生总数近 10 年统计

年份	中国 来华留学生人总数	日本 国际留学生总数
2019		312 214
2018	492 185	298 980
2017	489 172	267 042

续表

年份	中国 来华留学生人总数	日本 国际留学生总数
2016	442 773	239 287
2015	397 653	208 379
2014	377 054	184 155
2013	356 499	168 145
2012	328 330	161 848
2011	292 611	163 697
2010	265 090	141 774

数据来源：教育部来华留学生统计 2018 年年鉴，JASSO international students in Japan 2019。

表 2　我国来华留学生按照国别排序前 30 名国家

序号	国别/地区	学生人数	占比	序号	国别/地区	学生人数	占比
1	韩国	50 600	10.2%	17	德国	8079	1.6%
2	泰国	28 608	5.8%	18	尼泊尔	6986	1.4%
3	巴基斯坦	28 023	5.7%	19	尼日利亚	6845	1.4%
4	印度	23 198	4.7%	20	加纳	6475	1.3%
5	美国	20 996	4.2%	21	英国	6415	1.3%
6	俄罗斯	19 239	3.9%	22	乌兹别克斯坦	6323	1.3%
7	印度尼西亚	15 050	3.0%	23	坦桑尼亚	5673	1.2%
8	老挝	14 645	3.0%	24	埃塞俄比亚	5532	1.1%
9	日本	14 230	2.9%	25	意大利	5386	1.1%
10	哈萨克斯坦	11 784	2.4%	26	津巴布韦	5225	1.1%
11	越南	11 299	2.3%	27	也门	4747	1.0%
12	孟加拉	10 735	2.2%	28	新加坡	4718	1.0%
13	法国	10 695	2.2%	29	吉尔吉斯斯坦	4614	1.0%
14	蒙古	10 158	2.1%	30	赞比亚	4342	1.0%
15	马来西亚	9479	1.9%		其他国家	123 513	25.1%
16	缅甸	8573	1.7%		总计	492 185	100%

数据来源：教育部来华留学生统计 2018 年年鉴。

表 3　日本国际学生按照国别排序前 29 名国家

序号	国别/地区	人数	占比	序号	国别/地区	人数	占比
1	中国	134 020	43%	17	德国	949	0.3%
2	越南	73 389	23.5%	18	俄罗斯	831	0.3%
3	尼泊尔	26 308	8.4%	19	意大利	789	0.3%
4	韩国	18 338	5.9%	20	柬埔寨	751	0.2%
5	斯里兰卡	7240	2.3%	21	英国	730	0.2%
6	印度尼西亚	6756	2.2%	22	巴西	548	0.2%
7	缅甸	5383	1.7%	23	巴基斯坦	470	0.2%
8	泰国	3847	1.2%	24	澳大利亚	457	0.1%
9	孟加拉	3527	1.1%	25	新加坡	438	0.1%
10	蒙古	3396	1.1%	26	加拿大	437	0.1%
11	马来西亚	3052	1.0%	27	墨西哥	427	0.1%
12	美国	3000	1.0%	28	瑞典	419	0.1%
13	菲律宾	2852	0.9%	29	西班牙	491	0.1%
14	乌兹别克斯坦	1942	0.6%				
15	印度	1869	0.6%		其他国家	7 995	2.6%
16	法国	1635	0.5%		总计	312 214	100%

数据来源：JASSO international students in Japan 2019。

通过对表 1、表 2、表 3 的对比分析，可以看出，近年来，中日两国积极推进高等教育国际化，大力吸引国际学生，两国在国际学生教育方面制定了类似的计划和政策，取得了类似的成效，与此同时也面临着同样的挑战，对比分析中日两国国际学生教育的学生规模及国别结构，可以看出，近十年来中日两国国际学生规模稳步扩大，但两国国际学生生源存在国别结构不平衡，欧美发达国家学生占比偏低、发展中国家学生占比较高等现象。相对我国来华留学生而言，日本接收的国际学生中，来自东南亚国家留学生占比更高，欧美和非洲学生占比较低；国际学生国别分布更为不均衡，中国、越南、韩国、尼泊尔四国留学生数占日本国际学生总数的 80%。

尽管如此，日本作为率先进入发达国家行列的亚洲国家，相对我国而言其高等教育整体水平较高，国际学生教育在制度建设、基础设施等方面已积累了一定的经验。尤其是近年来，日本政府为促进日本高等学校国际化水平的提升，在接收、培养国际学生的能力方面，采取了系列举措，取得了相应的成效，值得我国借鉴。

三、日本吸引国际留学生主要举措及成效

（一）整体提升大学国际化水平

一个国家高等教育的质量与国际化程度，直接决定该国国际学生教育质量与规模。日本文部科学省通过国际化 30-国际化据点整备事业（Global 30 Project-Establishing University Network for Internationalization）、国际化人才培养推进项目（Project for Promotion of Global Human Resource Development）、超级国际化大学计划（Top Global University Project）等项目全面提升大学的国际化能力，以增强大学国际学生的招收与培养能力。2009 年日本推行国际化 30-国际化据点整备事业计划，13 所大学获得该计划支持。该计划通过支持相关大学全英文国际课程项目的开设、国际化校园环境的建设、海外招生办公室的设立等，提升日本高校接收高质量国际学生的能力。2012 年日本启动国际化人才培养推进项目，加强日本大学与国外大学的合作与交流，提升日本大学国际竞争力。通过筛选、国际化人才培养推进项目支持 11 所全面国际化大学（A 类）、31 所学科或学院国际化大学（B 类），全面提升其国际化人才培养能力。2014 年日本政府推行的超级国际化大学计划，通过政府支持、推进日本高水平、创新型大学的整体国际化，从而引领、带动全国高校的国际化，全面提升日本高校的全球竞争力。目前受到该计划支持的 A 类大学（顶尖型）13 所，B 类大学（国际化牵引型）24 所。

（二）推进与国外大学开展交换学生项目

2011 年日本政府启动“大学交换生项目（Inter-University Exchange Project 或 Re-Inventing Japan Project，IUEP）”，支持日本大学与美国及亚洲国家（或

地区）开展学分互认的国际交换学生项目，促进日本学生出国留学，吸引国外学生赴日留学。IUEP 项目根据达成目标将资助对象确立为 A、B 两类项目：A 类项目促进日本高校和国外大学学生的互换学习，为日本培养国际社会通用人才；B 类项目建立日本大学与世界高校的“双向教育”，构建全球协作型高等教育。2011—2018 年之间，IUEP 项目委员会对 485 项大学申请进行了评审，最终 112 项申请入选资助。该项目的实施，进一步促进了日本大学国际交换学生项目的建设，促进了日本大学与国外大学的学分互认工作，为日本大学国际教育项目构建了质量保障框架体系，实质推进了高等教育的国际化。

（三）构建“留学日本”全球网络体系

为实现“30 万人留学日本计划”，满足日本企业国际化需求，推进高水平国际学生在日就业，日本文部科学省于 2019 年启动了“留学日本全球网络计划”，该计划在俄罗斯和独联体国家、中东地区、东南亚、西南亚、非洲、南美洲等 6 个区域设立“留学日本海外基地”，各基地与当地政府、各类组织、外交使团、教育机构、企业合作，收集、发布各类“留学日本”信息，通过组织开展“留学日本”教育展览、赴当地中学、大学校园宣讲、借助当地留日校友力量，向当地有意赴日留学青年提供个性化、精准“留学日本”信息。“留学日本海外基地”通过在当地开展学术日本语培训、现场录取等工作，吸引、招收当地高质量的国际学生；通过在当地构建留日校友网络，个性化地向当地学生提供留学日本、日本生活以及留日毕业后在日工作机会等信息。该计划在日本国内“日本学生服务组织”机构内设立总部办公室，总部办公室与 6 个海外基地协同工作，收集、分析全球各区域留学日本发展趋势，并在国内构建在日留学生网络体系，积极寻求日本相关组织机构支持“留学日本”工作。通过邀请和筛选的方式，日本文部科学省确定了冈山大学、北海道大学、东京大学、筑波大学、九州大学负责 6 个海外基地的建设。

（四）完善国际学生教育支撑体系

为增强日本接收国际学生的能力，日本积极构建国际学生教育校内外支撑体系，构建了与欧美发达国家教育接轨的国际学生奖学金体系、日本语水平考试与日本语培训全球网络体系、国际学生宿舍体系。日本文部科学省协同日本相关部门优化了国际学生签证、入境、居留许可办理手续，并持续推进国际学生的就业工作。文部科学省筛选了北海道大学、东北大学、东洋大学等 12 所大学参与“国际学生就业提升计划（program for enhancing employment of international students）”，通过在相关大学开设国际学生在日工作技能培训课程，短期、中期实习项目，提升国际学生在日就业能力。国际学生毕业后，文部科学省继续支持归国留学生建立同窗会组织，以为他们的活动提供支持等方式，维持和强化留日群体人际网络。

四、来华留学项目设计及政策建议

（一）对标欧美发达国家国际学生教育，服务“一带一路”倡议

基于日本高等教育的国际化历程和国际学生教育成就，结合欧美发达国家派遣留学生到亚洲国家的内生需求，以及我国教育对外开放现状及目标，今后很长一段时间，我国高等学校接收的国际学生将仍然以发展中国家生源为主。这并不意味着我国高等教育对外开放和来华留学生教育仅面向于“一带一路”沿线国家或发展中国家。积极借鉴欧美发达国家高等教育先进经验，系统提升我国高校国际化能力，将是未来较长一段时间我国高等教育发展的重要目标。通过与欧美发达国家高校交流互动，促进我国高校国际化能力、国际化人才培养能力建设，在此基础上提升我国高等教育服务“一带一路”倡议的能力，为我国乃至“一带一路”沿线国家培养国际化人才。为实现此目标，我国高等教育仍需加强基础性工程建设，即积极对标欧美发达国家先进高等教育，持续加强我国高校师资队伍国际化能力建设、设立与国际接轨的人才培养方案，构建校内外国际化人才培养保障体系，从而实现高等教育质量的全面提升，通过高等教育质量的全面提升带动来华留学生教育的提质增效。

（二）依托“双一流”高校高质量特色留学项目，与欧美发达国家高校开展交换学生项目

在服务“一带一路”倡议，吸引发展中国家国际学生来我国留学的同时，

我国高等学校需注重来华留学生生源国别的均衡性问题。吸引欧美发达国家高水平大学学生到我国高校留学交流，是倒逼我国高等教育国际化水平提升的重要方式。依托“双一流”高校设立一系列特色、高水平的国际课程项目，推进与欧美发达国家高校开展交换学生项目，是实现这一目标可行且有效的路径。国际间高校交换学生项目通常是以加强不同国家之间的交流，增进国家间的了解、文化沟通和学术交流，促进各国之间的友好往来而设立。为了与国外大学开展交换学生项目，我国高校需在特色优势学科领域，设计出与国际接轨的人才培养方案，构建国际化的师资团队。通过交换项目的开展，将进一步促进我国高等学校系统性地了解国外高校人才培养方案的设计、课程具体内容与教授方式、学业考核标准、学生毕业能力要求等，同时促进我国高校了解、学习国外高校人才培养外部服务保障体系的建设，从而促进我国高校人才培养体系建设内涵式发展。通过交换学生项目的开展，我国高校也将为国外合作高校贡献优质生源和高等教育的中国智慧与经验。

（三）构建全球来华留学生立体招生网络体系

来华留学生的招生工作牵涉到国家教育行政主管部门、政府奖学金管理机构、我国驻外使领馆、高等学校、汉语水平考试机构等多个单位和组织，招生录取工作包含来华留学生申请材料的审核、奖学金申请材料的评审等多个环节。我国高校的国际竞争力及其国际声誉、来华留学生教育奖学金的吸引力、招生录取环节设计的科学性，以及我国高校教师对来华留学生工作的投入与积极性等多方面决定了来我国高校就读的国际学生质量。我国高校可借鉴日本、欧美发达国家做法，稳步推进我国汉语水平考试考点、中外语言交流合作中心（海外孔子学院、课堂）建设，充分发挥我国教育国际交流机构驻外网点功能，鼓励有条件的高校赴海外建立国际分校，设立海外招生办公室网点，充分发挥国外使领馆前哨把关作用，通过设立与国际接轨且有全球竞争力的奖学金项目，招揽全球优秀青年来我国留学。

（四）持续完善来华留学教育校内外服务管理支撑体系

持续推进我国来华留学生教育校内外服务管理支撑体系建设。校外管理方面，国家相关部委需进一步细化并出台有关来华留学生在我国就读期间的勤工助学政策、最低薪酬标准、外籍公民劳动合法权益及保障制度；进一步完善高层次、优秀来华留学毕业生在我国就业、创业激励与管理机制，让来华留学生教育事业成为培养、吸引、挑选全球高端外籍人才的“孵化器”“人才池”。积极推进来华留学生校外生活、住宿社会化管理，确保来华留学生在我国开展的各项活动有法可依。在校内管理方面，高等学校需稳步推进来华留学生教育校内“趋同化管理”，在教育管理过程中，分析来华留学生教育管理的差异化环节，求同存异，确保来华留学生教育人才培养质量标准、毕业要求与国内学生一致。加强来华留学生的法律法规教育，注重中外学生校内“公平”，避免校内二级机构“圈养”来华留学生，确实做到中外学生融合，相互学习，互为促进。

德国高等院校教授聘评机制概述

● 陆　霞

【摘　要】德国大学教授是一个学科领域内教学与科研的组织与执行者，最高级别的大学教授还是院系、教研室或研究所的行政管理者。德国高校学术自由、教授治校的组织发展模式，自洪堡以后，对世界各国高校影响颇深。但在近几十年发展过程中，该模式也导致德国高校不少人才流失。本文简明扼要地介绍了德国高等院校教授的分类级别以及教授评聘的机制与流程，供国内高等院校教师及人事制度改革提供参考。

【关键词】德国；教授；评聘

An Overview of the Appointment and Evaluation Mechanism of Professors in German Universities

● Lu Xia

Abstract: German university professors are the organizers and executors of teaching and research in a subject area, and the highest-level university professors are also the administrators of departments, teaching and research sections or research institutes. The academic freedom of German universities and the organizational development model of professorial governance have had a profound impact on universities around

---

本文部分资料来源于对来自德国亚琛工业大学、杜伊斯堡-埃森大学、波鸿鲁尔大学、明斯特大学、锡根大学、南威斯特法伦应用技术大学等高校相关部门工作人员、教授、博士等进行问卷调查及电话问询。

作者简介：陆霞，现任西南交通大学国际合作与交流处副处长，2012 年 11 月 16 日至 2018 年 11 月 28 日先后在我国驻德国法兰克福总领馆、驻杜塞尔多夫总领馆教育组工作，历任二秘衔、一秘衔教育领事。主要从事大学国际化、中德人文交流、德国高等教育研究。

the world since Humboldt. However, in the course of development in recent decades, this model has also led to the loss of talents drain in German universities. This paper succinctly introduces the classification levels of professors in German universities, as well as the professor's evaluation mechanism and process, which can provide references for the reform of faculty and personnel systems in domestic universities.
Keywords: Germany; professor; employment and evaluation

一、背景情况

德国高校基本分为三类：一是大学（Universität，简称 Uni），包括综合性大学以及各类专业高校，如工业技术大学（Technische Universität，简称 TU），师范大学（Pädagogische Hochschule）和神学院（Theologische Hochschule），等等。此类高校为传统高等教育学府，基础科学研究和教学工作并重。Uni 有资格授予学士、硕士和博士学位。二是应用技术大学（Fachhochschule，简称 FH），英语翻译为 University of Applied Sciences。此类高校从 1969 年起才开始设立，多为工程技术和经济管理等应用学科，文科类和基础研究不是其工作重点，它注重实用性专业人才的培养和应用科学研究。FH 有资格授予学士、硕士学位。目前，随着教育体制改革，各州政府逐步赋予 FH 授予博士学位的资格权。三是艺术、音乐大学（Kunst-und Musik-Hochschule），此类高校为数不多，有资格授予学士、硕士学位。一般不授予博士学位，比较注重专业考试（演奏技能），如 Staatsexamen 或 Konzertexamen（国家考试或毕业考试）。在某种特定情况下可授予博士学位，如明斯特音乐学院属明斯特大学的一个院系，其纯理论研究的专业即可授予明斯特大学的博士学位。

在欧洲高校体制 1999 年改革（博洛尼亚进程，"Bologna Prozess"）之前，欧洲各国高等教育的体制不同。德大学学制为 5 ~ 6 年，毕业生授予 Diplom（理工科）或 Magister（文科）学位，即硕士学位。应用技术大学学制为 4 年，毕业生授予 FH-Diplom 学位。1999 年欧洲各国签订《博洛尼亚协议》，计划在十年之内实现欧洲高校体制统一。德国于 2010 年基本完成改革。现大学、应用技术大学和各类专业高校学制（Regelstudienzeit）基本相同，即为，学士学制为 3 ~ 4 年，硕士学制为 1 ~ 2 年（各学科有区别）。攻读博士学位学制平均为 4 ~ 5 年。另外，学生通常以参加国家考试（Staatsexamen）结束大学学业的三门学科——医学、法律及教育学的学制基本没有因博洛尼亚进程而改动，因这类专业的毕业生常常会担任国家公职，因此学业和考试的内容要由相关法规加以规定。德国高校之间的教育水平相对均衡，并基本相互认可。近 20 年来，以学科为基础的高校排名也在德兴起，但与英美的精英高校攀比传统相比，仍有天壤之别。

二、德国高校教授的称谓（等级）

根据联邦统计局 2013 年 10 月 22 日公布的数据，2012 年 12 月止，德国共有 43 862 名教授（8957 名女教授），其中 52%在综合性大学和技术大学，40%在应用技术大学（FH），8%在其他各类特种专业高校。

（一）W1（C1）、W2（C2、C3）、W3（C4）级教授

2005 年以前，德高校教授分为 C1、C2、C3、C4 四个等级。从 2005 年起，教授分 W1、W2、W3 三级，大致 W1 对应 C1、W2 对应 C2 及 C3，W3 对应 C4。简单说，C 级系列是旧系统，W 级系列是新系统。新旧系统的主要差别在工资方面。旧系统比较注重资历，工作时间越长，工资相应越高，而新系统则将教授工资分成基本工资与津贴两大块，通过工资高低与津贴挂钩来激励大学教授多出成果。

W1 教授也叫“Junior Professor”（“青年教授”），是教授级别中最初级的职位。其实从严格意义上讲，它不算教授职位，而是受美国高校教师体制影响，为防止人才流失，以及鼓励青年优秀科研人员独立带团队的一种举措。“青年教授”任期有时间限制，一般为 5 ~ 6 年。W2 级教授为一般正职教授，只主持本教职（Professur）工作，但不主持教研室（Lehrstuhl）工作。W3 级教授是教授最高的等级，也称“终身教授”，一般主持教研室工作（Lehrstuhlinhaber），即行政管理与科研教学两肩挑，且其行政管理权限很大，只要不触及法律及其规定，学校不会干预其管理工作。比如，他拥有教研室

或研究所人事权，其签字很有分量。学校对 W3 级教授没有考核，没有行政约束。而 W3 级教授在教学及科研上则享受学术自由（Akademische Freiheit），只是校方对其有必须上课的约束。新任职的 W2 和 W3 教授有 1 年或数年的试用期，试用期通过后，才得到终身教职。

（二）Uni-Professor（Uni-教授）

在德大学（Uni）里，教授分类齐全，W1、W2 与 W3 级均有设置。德国综合性大学一般为公立院校，在公立高校任职的 W2 和 W3 教授一般为终身教职，其具体称谓是 Uni-Professor（大学教授），属国家公务员（Beamter），他们没有罢工的权利，同时也不能被校方随意解聘。

（三）FH-Professor（FH-教授）

在应用技术大学任教的只有 W1 和 W2 级教授。通常情况下，为与 Uni-教授区别开来，其具体称谓是 FH-Professor（应用技术大学教授），相当于雇员（Angestellter），与校方签有合同，有任期时间限制。FH-教授的薪金没有 Uni-教授的高，另外，FH-教授的工作重点为教学，而 Uni-教授的工作侧重于科研。

（四）apl.Professor（ausserplanmaessiger Professor“计划外/客座教授”）

德国大学聘评教授程序复杂、要求较高。为与国际接轨，更重要的是为吸引人才，有些高校制定自己的政策，如有 5 年的相等资历，取得特殊的成绩，最近 2 年独立领导研究团队等，这样的人会被高校聘为计划外教授。或者一些工科院校为在公司工作的优秀人员提供这一职位，让其来校授课，使此头衔有名誉的含义，类似客座教授。此级教授概念较为模糊，聘任程序也相对简单。

三、德国教授遴选机制与流程

（一）教授候选人资格

① 教授候选人必须拥有博士学位。

② W1 级教授候选人从优秀博士毕业生中挑选，一般不需要完成教授资格论文（Habilitation）。

③ W2 和 W3 级教授候选人一般须完成教授资格论文（Habilitation）。即在发表了博士论文（Dr.Arbeit）之后，还必须撰写博士授课论文或者是课题研究论文（Habilitation）。尤其针对文科及理科专业领域。

④ 发表了教授资格论文之后，就可以申请成为大学的 Privatdozent（简称 P.D.，“有博导资格的授课教师”）。不过 P.D.不是申请教授的必要条件，一位博士在发表了教授资格论文之后就可以直接申请成为教授。教授与高校内其他教师或科研人员的最直接区别是有带博士的资格，教授即博导。

⑤ 如果候选人能证明自己在所在专业领域有“相当资格”能力，可免去教授资格论文。“相当资格”可以是：有多年管理经验的知名企业高管（工商管理科系）；所在领域技术领先公司研发部经理或资深专家（技术工程科系）；有关机构有多年运营经验的资深专家如法官、审计师等（有关科系）。

⑥ 应用技术大学对 W2 级教授候选人的要求除学术水平外，还要有 5 年以上的相关工作经验，其中至少三年要在高校以外（工商企业）工作。

总体来说，实际工作经验在应用学科中越来越重要。近 10 年来任命的技术工程和工商管理科系教授一半以上没有做教授资格论文。而文科和社会科学的教授则和以前的情况一样，大都要做教授资格论文。

（二）教授聘任具体流程

① 所有的待聘教授职位都会在学术性的网站上或者在学术刊物或学术性报纸[如 *Die Zeit*（《时代周报》）]上公开发布。招聘广告里会明确写明所要招聘教授的具体要求，例如学术水平、工作经历、授课经历，等等。

② 针对每一待聘教授职位，大学组成相应的“任命委员会”（Berufungskommission，即专家评审小组）。候选人的预选、面试和终选由“任命委员会”负责。

③ “任命委员会”通常由 10 名左右成员组成。除了 5 ~ 6 名教授外，还有学生代表、大学员工代表。委员会主席由一名教授担任。

④ 委员会从申请人中初选出 5 ~ 7 人，邀请他们到大学进行面试。面试过程一般由两部分组成：其一，公开部分：应聘人在大学上一堂“试讲课”（Probevorlesung）。讲课题目事先由“任命委员会”指定。“试讲课”是公开的，任何人均可以旁听，所有听众可对讲课内容提问。其二，非公开部分：应聘人向“任命委员会”作自我介绍，并回答“任命委员会”成员提出的各种问题。

⑤“任命委员会”对面试结果进行评价，由此得出优胜者排名名单。一般来说，有三名优胜者按顺序列入名单。

⑥ 优胜者名单需提交学院管理委员会（Fachbereichsrat）认可。最后由大学校长办公室确认。

⑦“任命委员会”主席按优胜排名邀请第一名优胜者来校和校长进行“任命谈话”（Berufungsgespräch）。谈话时，院长通常也在场。谈话的内容涉及学术专业，主要是确认任聘条件。谈话后，第一名优胜者须在一定期限内答复是否接受聘任。当然，该申请人亦可选择不接受聘任，并以自己此次排名（Reihenfolge）去申请其他大学的教授职位。

⑧ 若第一名优胜者在期限内没有接受任聘，“任命委员会”主席将邀请第二名优胜者与校长进行“任命谈话”。若三名优胜者都没有谈成，招聘程序须从第一步重新开始。

⑨ 德国教授招聘过程以漫长、缜密闻名，从第一次登报到新教授上课，通常需要 1 ~ 2 年。

⑩ 优胜者接受聘任后，由大学校长（有些州是由州文化部长）来任命教授。

以上的招聘过程，适用于 W2 和 W3 级教授，W1 级教授招聘过程相对简单。另外，教授候选人一般非本校人员，目的是为防止裙带关系，也为防止本所、本专业近亲繁殖，阻碍学术研究发展。如果本校人员特别优秀，可要求其先去外校应聘，拿到教授聘任资格，再回校应聘，以免优秀人才流失。

结语

德联邦制是一个复杂体制，它由联邦中央政府和 16 个联邦州组成。各联邦州掌握大部分的国家管理权力，也就是说，德国的国家管理中联邦制因素占主体。因此，教育也主要由州负责管理，且不同联邦州享有不同的自主权。联邦政府出台由联邦议院（Bundestag）与联邦参议员（Bundesrat）共同审议并通过的《联邦高等教育法》（*Hochschulrahmengesetz*），通过政策指导和经费杠杆等宏观政策来指导及调控联邦各州内的高等教育。各州则制定具体的《州高等教育法》（*Hochschulgesetz*），对本州的高等教育进行微观的指导与调控。

各州高等院校虽绝大多数是公立大学，但其管理、人事权完全在大学本身，政府并不直接参与大学的具体管理和运作。因此，德国大学比较独立，拥有广泛的自治权利和充分的学术自由。在德国，没有联邦教育部组织的教授评审或任命。教授聘选机制也会因州的不同、甚至学校的不同而异，当然终不会脱离州制定的《高等教育法》基本框架与规定。上面的介绍主要以北威州高校为例。

大学教授在德国是一个很受人尊敬的职业。与其评聘艰难过程有关，也与一朝“终身教授”，则享有终身待遇分不开。而事实上，只有这个“终身教授”退休，或别的特殊原因致位置空缺，该职位才有可能被校方拿出来面向社会重新公开招聘。所以，德国大学这种教研室或研究所式“终身教授”制度也在一定程度上限制了德国大学教师的发展，并造成一定的人才流失。自德威廉・冯・洪堡的高等教育思想对世界各国近代教育作出卓越贡献之后，在高等教育发展、国际教育日益全球化的进程中，德国也对自身的教育体制进行改革，如教授 C 级体系的更换等。如何借鉴德国高等院校教师发展体系改革并为我所用，值得我们深思与商榷。

德国应用技术大学目前状况及发展前景

● 陆　霞

【摘　要】德国应用技术大学是“德国工程师摇篮”，其办学理念及对德国经济增长与社会发展做出的巨大贡献，已众所周知。本文拟在此基础上结合其最近发展状况及未来发展趋势，做进一步介绍，以期对国内相关领域有所帮助。
【关键词】德国；应用技术大学；办学理念

Research Report Series of German University of Applied Sciences —Current situation and development prospects

● Lu Xia

Abstract: The German University of Applied Sciences is the “cradle of German engineers”. Its university operation philosophy and great contributions to German economic growth and social development are well known around the world. This article intends to introduce its recent development status quo and future development trends, in order to help related fields for Chinese universities.
Keywords: Germany; university of applied sciences; university operation philosophy

一、背景情况

德国高校大致分为三类：综合性大学（Universität，简称 Uni.）、应用技术大学（Fachhochschule，简称 FH，英语译为 University of Applied Sciences），以及艺术与音乐等专业类高校（Kunst-und Musik-Hochschule）。德国政府 2016

本文部分资料来源于对来自德国南威斯特法伦应用技术大学等高校相关部门工作人员、教授等进行问卷调查及电话问询。

年公布的数据显示，德国拥有 415 所高校，其中 106 所综合性大学、6 所师范高等院校、16 所神学院、51 所艺术高等院校、207 所应用技术大学和 29 所管理专业高等院校。

应用技术大学（FH）在德发展分为三个阶段：

第一个阶段是 1969 年前，应用技术大学属于中等职业教育范畴的工程师学校（Ingenieurschule）和其他中等专科学校。历史可追溯到普鲁士时期的工程师学校，当时工业发展迅猛，综合性大学（Uni.）培养的实用型人才匮乏。现今约 1/3 应用技术大学前身的名称都为“国立工程师学校”（Staatliche Ingenieurschule）或“高级专科学校”（Höhere Fachschulen）。

第二个阶段是 1969 年至 1999 年，该阶段是应用技术大学高速发展阶段。应用技术大学在该阶段被纳入高教系统，教学是重点，研究为应用型。1976 年，德国通过《联邦高等教育法》（HRG），应用技术大学享有与综合性大学同等地位，不仅科研教学独立及自由得到保障，应用技术大学毕业生亦可获得 Diplom 的学衔，例如 Diplom-Ingenieur（FH），约等同于综合性大学学士学位。学制比 Uni.少一年，即减少基础理论学习。

2000 年起，应用技术大学经历了其发展史上第三阶段，该阶段也是深刻变化的阶段。1999 年欧洲高校体制改革（博洛尼亚进程，“Bologna Prozess”）之前，德国综合性大学学制为 5 ~ 6 年，毕业生授予 Diplom（理工科）或 Magister（文科）学位，即硕士学位。应用技术大学学制为 4 年，毕业生授予 FH-Diplom 学位，相当于学士学位。1999 年欧洲各国签订《博洛尼亚协议》，计划在十年之内实现欧洲高校体制统一（德国 2010 年基本完成改革）。现综合性大学、应用技术大学和各类专业大学学制（Regelstudienzeit）基本相同：学士学制为 3 ~ 4 年，硕士学制为 1 ~ 2 年（各学科有区别），博士学位学制平均为 4 ~ 5 年。根据博洛尼亚进程及高等教育法规定，应用技术大学硕士生可在有博士授予权大学里继续攻读博士学位。

“博洛尼亚进程”在德国一直存有争议。Uni.在施行本-硕分离制 10 多年后，不仅学生有抱怨，目前经济界也出现了大量批评声音。据德新社 2015 年

4 月 23 日的报道，德国工商总会（DIHK）的一项民意调查结果显示，仅 47%的企业对在校学习仅 3 年即毕业的本科生的职场表现感到满意，且企业满意度越来越低。受访企业约有 2000 家，其中满意度最低的企业多为小型企业、旅游以及服务性行业、医疗服务行业。来自这些行业领域的企业，约 3 家就有 1 家期望本科生在大学期间加强实践导向的学习与培养。情况在 2007 年还较为乐观：67%的企业对本科生的职场表现表示满意，即便 4 年后（2011 年），表示满意的企业还占 63%。对于本科毕业生丢掉声誉，德工商总会会长埃里克·施韦策认为原因在于人们过分看重高等教育的学术性，而忽视实践性。

二、应用技术大学现状及发展前景

（一）高就业率促进学术及社会地位稳固上升

与 Uni.的情况相反，“博洛尼亚进程”给德国应用技术大学带来发展契机。应用技术大学不仅与综合性大学学制相同，学生所获学位一致，其硕士毕业生亦享有攻读博士学位同等资格（在有博士授予权大学进行），目前，各州相继赋予其授予博士学位的资格权。由于应用技术大学立足于学生专业能力培养，强调实践，与市场及企业关系密切，其毕业生就业情况比综合性大学理想。以南威斯特法伦应用技术大学（Fachhochschule Südwestfalen）为例，该校经济工程系曾于 2013/2014 冬季学年对 2004 至 2013 年 10 年间共 100 名毕业生进行调查，结果显示就业率为 100%，毕业生平均在毕业 2 个月后就业，其中 40%学生还未毕业，就已与企业签订了聘用合同。

由德联邦教研部（BMBF）资助的德国高等教育和科学研究中心（DZHW）2016 年公布的调研结果显示：应用技术大学与综合性大学的毕业生三个半月内能签订用工合同，应用技术大学本科和硕士毕业生就业水平更高，达 60%；综合性大学本科毕业生就业比例为 46%，硕士生为 76%。针对不同专业，应用技术大学本科生首次全职就业毛收入年均 35 100 欧元，硕士生年均 40 200 欧元；综合性大学本科生、硕士生则略低，分别为 30 200 欧元、38 500 欧元。

应用技术大学毕业生更强的实践导向和与此相关的相对高就业率导致应

用技术大学近年来越来越受学生青睐。联邦统计局 2014 年 11 月 26 日公布最新数据显示，2014/2015 冬季学期综合性大学（Uni.）在校学生人数为 1 706 262 人，应用技术大学（FH）为 894 903 人（不含管理类应用技术大学 Verwaltungsfachhochschule），其他高校为 2 698 425 人；2013/2014 冬季学期，综合性大学（Uni.）1 674 345 人，应用技术大学（FH）为 846 517 人（不含管理类应用大学），其他高校总共为 2 616 881 人。即：2014 与 2013 年相比较，应用技术大学就读人数增幅最大，达 5.7%，其他高校为 3.1%，综合性大学增幅最小，仅为 1.9%。

（二）发展现状与诉求

随着应用技术大学在德国社会和经济发展中作用及贡献愈发显著，学校谋求更大发展、更多认同，展示更多诉求。

1. 要求与综合性大学同行（教授）同工同酬

应用技术大学最初办学宗旨是以教学为重，但从 20 世纪 80 年代起，高校法规定其也要进行科研活动，不过核心要求有别于综合性大学。例如：科研项目不是直接与某一教授挂钩，而是分配给学校；科研属于应用型研究，因而某些研究领域甚至是综合性大学几乎或根本没有涉足，等等。

进入 90 年代，尤其是“博洛尼亚进程”之后，学制改革、硕士生体制引入，应用型为主的科研发挥着越来越重要的作用，并且大学专业设置也朝着多专业化、综合化的方向发展。当然囿于历史及传统，多专业及跨学科发展仍会局限于应用科学领域，如除了传统工程技术科学领域，可纳入经济管理学等专业，但难以涵盖人文科学。

应用技术大学在德国的发展可谓如火如荼，但是该类大学教授级别设置与综合性大学教授级别设置相差较大。联邦统计局于 2013 年 10 月 22 日公布的数据中清楚显示：截至 2012 年 12 月，德国共有 43 862 名教授（8957 名女教授），其中 52%在综合性大学（Uni.）和技术大学（TU），40%在应用技术大学（FH），8%在其他各类专业高校；按 C 级旧系列来看，应用技术大学教授级别主要集中在 C2 与 C3 之间，没有综合性大学最高级别的 C4 教授。

相关统计数据如下表所示：

	C4 级	C3 级	C2 级	编外教师（Lehrbeauftragte）
综合性大学	5518	3344	653	28 376
应用技术大学	0	4588	4250	43 841
总人数	6029	8584	5357	81 179

2. 要求赋予学校博士授予权

拥有博士学位授予权，是一所高校学术地位的重要标志之一。但这个诉求遭到部分综合性大学反对，他们认为应用型研究很难具有综合性大学基础型研究的学术地位。综合性大学享有学术独立自由，强调基础型科学研究，根本原因是其研究经费主要来自政府。而应用技术大学50%的科研经费来自企业，这势必对“学术自由”带来一定影响，且虽能保持应用型特色研究，但难以确保进行综合性大学致力的基础型研究。所以，在博士授予权这个问题上，部分综合性大学有异议。

3. 要求更改学校名称

应用技术大学想将 Fachhochschule 改名为 Hochschule（高等学校，去掉意为专科的“Fach”），或者按英译 University of Applied Sciences 改为 Hochschule für angewandte Wissenschaft（应用科学大学），甚至改为 Universität（综合性大学）。这同样招来部分综合性大学反对。有人认为，“高等学校”这个名称实际上是所有高校的总称，而“应用技术大学”这个名称才能够明确地表现这类学校的应用型和实践性强的办学特点。况且，应用技术大学不能授予博士学位，也几乎没有基础学科领域的科研项目。例如亚琛工业大学（Rheinisch-Westfälische Technische Hochschule Aachen）拥有博士授予权后，由于传统原因仍然不能冠以大学（Universität）的称号。

（三）发展前景预测

在教育事业领域一直处于领先地位的巴符州于2005年率先进行了应用技

术大学的名称改革，新的《州高校法》规定高等专科学校一律去掉“专科”（Fach）二字，变成“高等学校”（Hochschule，简称 HS）。该州业界人士认为，“高等学校”（Hochschule）和“应用科学大学”（Hochschule für angewandte Wissenschaft）这两个新概念可以更好地体现高等专科学校的新面貌和新任务。直至 2010 年，通过州立法，巴符州、柏林、不来梅、汉堡、北威州、下萨克森州、萨尔州、萨克森以及萨克森-安哈特州内几乎所有公立应用技术大学纷纷更名为高等学校，甚至英文名称使用了 university。

联邦宪法法院（Bundesverfassungsgericht）则于 2010 年 4 月 13 日认定，应用技术大学教授与综合性大学教授享受学术自由等同等权利；通过州立法，应用技术大学需进行应用型科研任务。

2014 年 2 月，巴符州政府再次批准了新的高校法草案，决定赋予该州应用科技大学博士学位授予权，即具备资质的应用科技大学教授拥有指导博士研究生并授予博士学位的权利。巴符州也由此成为德国第一个在综合性大学之外的学术机构颁发博士学位的联邦州。紧随其后的是黑森州和石荷州，它们也计划赋予其州内应用科技大学中科研实力较强的专业和教授以独立的博士学位授予权。

在黑森州，尽管部分综合性大学反对，反对党褒贬不一，州科学部长鲍里斯·赖茵（Boris Rhein）仍在 2015 年 3 月 3 日州议会上宣布，赋予本州应用技术大学博士授予权。此外，州政府与联邦政府将联手向州内应用技术大学投入 1 亿 7 千万欧元经费，加强其应用型科研，以此促进产学研融合。允许学校更名为“Hochschulen”或“Hochschulen für angewandte Wissenschaften”，旨在提升其地位，鼓励更多学生就读应用技术大学。

一言以蔽之，应用技术大学要求更改校名、提高教授待遇、争取博士授予权等，是其向前发展过程中必然的诉求；各联邦州根据各州实际情况进行立法，以满足应用技术大学进行改名、获取博士授予权等的诉求，这也是应用技术大学向前发展的必然结果。但无论是更改校名，还是争取博士授予权，其发展终究不会脱离应用技术大学之所以存在的核心与本质，即，专注学生专业能力培养、强调实践型的应用、保持与市场及企业的密切关系，否则必将式微，无前景可言。

三、对我国高等职业教育启示

在联邦体制下，德国每个州在文化教育方面是自主的，甚至像州高校法草案，往往也只是一个“方向性”的决议，具体执行条款都有可能在实际操作中由学校自主决定。但从北威州应用技术大学教授协会会长托马斯·施德尔策·罗特（Thomas Stelzer-Rothe）教授目前致力的应用技术大学发展工作来看，我们基本能勾勒出德国应用技术大学未来的核心发展目标：争取博士授予权、多专业及跨学科设置建设，在重教学与实践的优良传统下，兼顾应用型科学研究，对社会和经济有所创新。德国应用技术大学在德国发展历经两个多世纪，已是体制成熟、成效显著的教育模式。无论眼下的争取博士授予权，还是多专业设置等诉求，不过是“锦上添花”，意在全面提升应用技术大学的地位，对德国社会及经济发挥更大作用。

我国高等职业教育尚处在探索阶段。据报道，2000 年后近 700 所“专升本”的地方本科院校将逐步转型，从事现代职业教育，重点培养工程师、高级技工、高素质劳动者等。另外，我国现有近 2500 所高等院校，改革完成后，将有 1600 至 1700 多所学校转向以职业技术教育为核心。在此，可借鉴德国应用技术大学的发展经验：一是在人才培养模式上，转型高校应淡化基础型学科研究，强化应用型专业人才培养。二是改变当前职业教育学制短，学生不能继续攻读更高学位的现状。目前阶段可形成专、本、硕联通机制。三是探索多渠道、多层次筹措学校第三方资金的良性及长久发展机制。四是寻找学校、企业与市场密切合作切入点，“建设一个以就业为导向的现代职业教育体系”。

我国体制有自身特色，如转型高校的师资选拔聘用，符合经济市场要求与发展的多学科及跨学科设置，加强与企业密切相关应用型人才培养、应用型科学研究，包括来自国家政府经费投入等机制，能做到总体规划，统筹安排。如能借鉴德国应用技术大学成功经验，定能发挥我国高等教育体系的自有优势，大力提升高等职业教育在我全民全社会中的地位，使其对我国大学生就业、经济发展及社会稳定等方面做出突出贡献，发挥重要作用。

德国一流高校眼中的中德高等教育交流与合作

——访谈亚琛工业大学国际交流处招办主任杨森博士

● 陆　霞

【摘　要】亚琛工业大学是德国最负盛名的工业大学之一，以其顶尖的教育科研水平吸引着国内的高校与学生前来合作与交流。本文以我国驻德国杜塞尔多夫总领馆教育组对亚琛工大国际处的书面访谈为基础，呈现德一流高校对中德高校校际交流与合作的评价、建议与期待等，供国内相关领域参考。

【关键词】亚琛工业大学；中国留学生；中国伙伴高校

Sino-German Higher Education Exchange and Cooperation in the Eyes of Germany's First-class Universities

—Interview with Dr. Yang Sen, Director of Admissions Office of International Exchange Office of RWTH Aachen University

● Lu Xia

Abstract: Aachen University of Technology is one of the most prestigious industrial universities in Germany. With leading education and research, it attracts Chinese universities and Chinese students. Based on the written interviews conducted by the Education Group of the Chinese Consulate General in Düsseldorf, Germany with the International Office of Aachen University of Technology, this article presents the evaluations, suggestions and expectations of top German universities on the exchanges and cooperation between Chinese and German universities for domestic references in related fields.

Keywords: RWTH Aachen University; Chinese students; Chinese partner universities

一、背景简介

（一）亚琛工大简况

1870 年成立的亚琛工业大学（RWTH Aachen University）位于德国北莱茵-威斯特法伦州，不仅是全德 11 所精英大学之一，而且是德国最负盛名的理工类大学，被誉为“欧洲的麻省理工”。该校的机械工程、经济工程、信息学位 2017 年德国高校排名第 1，电气工程、自然科学排名第 3；机械工程 2017 年 QS 世界大学学科排名第 12。其顶尖的教育科研水平也吸引了众多的世界知名企业共同合作、创新研发。目前，亚琛工业大学在校学生 42 000 余名，就读的外国学生及外国科研工作者 4000 余名。

（二）亚琛工大中国留学生简况

德意志学术交流中心与北威州创新、科学和研究部（负责高教）提供的数据显示，北威州高校 2015 年中国留学生注册总人数达 7615 名，是除土耳其籍留学生外最大的留学生群体。亚琛工业大学 2015 年中国留学生注册人数为 1 448 名，是该校最大的留学生群体。亚琛工业大学国际交流处提供的 2016/2017 年冬季学期的入学数据统计显示，中国留学生（包括本科、硕士和博士以及语言中心的在校生）总人数共计 1657 名，其中男生 1019 名，女生 638 名，公派留学人员 51 名，总体情况工科专业男生占比最大。亚琛工大中国留学生就读人数的排名前 10 专业依次为：电子技术信息技术学、机械制造、冶金工程、化学、汽车工程与运输、可持续能源供应、材料工程学、计算机科学、材料科学和经济工程学（机械制造方向）。

（三）亚琛工大与中方交流合作情况

① 亚琛工大与 14 所高校和国家留学基金管理委员会签订合作协定。14 所高校分别为：北京航空航天大学、北京理工大学、大连理工大学、华东理工大学、华中科技大学、宁波大学、北京大学、上海交通大学、东南大学、香港科技大学、同济大学、清华大学、西安交大、浙江大学。

② 亚琛工大下属 6 个院系与 8 所中国高校签订特别协定，详见下表：

中国大学	亚琛工业大学
中国矿业大学	地球资源与材料技术学院
哈尔滨工业大学	土木工程学院
南开大学	经济学院
西北工业大学	机械制造学院
山东建筑大学	文学院
中山大学	工程地质和水文地质系
北京科技大学	地球资源与材料技术学院
上海理工大学	地球资源与材料技术学院

③ 亚琛工大同中国两所中学签订协定，这两所中学为：华中师范大学第一附属中学、上海市曹杨第二中学。

④ 亚琛工大与中国大学的特别合作项目有：亚琛工大同清华大学的战略合作项目（机械制造硕士联合培养双学位项目）；亚琛工大同北京科技大学冶金工程专业长期校际合作项目（每年北科大派 30 名学生到亚琛学习）；亚琛工大与国家留学基金委签署谅解备忘录；北京理工大学与德国理工大学联盟 TU9 暑期学校。

二、与亚琛工业大学国际交流处招办主任杨森博士的访谈

我组于 2016 年 12 月至 2017 年 4 月向亚琛工业大学国际交流处进行了“有关中德高等教育交流合作情况”调查，国际处在集中了各部门意见后，由招办主任杨森博士总结回复调查结果。

（一）对中国留学生的评价

亚琛工大对中国留学生总体非常满意。为能拥有这么多学业成功的中国

毕业生感到非常骄傲，同时，也为积极努力丰富留学生高校生活的亚琛工大中国学生学者联合会（VCWSA）点赞。

中国留学生的基础教育通常比较好，本科阶段仅有极个别的学生在入学初期学习有问题。另外，尽管大多数中国留学生可以说非常漂亮的德语或是英语，但的确存在个别学生，他们掌握的语言知识不能应付大学学习。这些学生并不是不想学好外语，而是最初学习的目标是如何努力获得高校入学要求的外语水平证明，忽视了对外语的真正掌握。例如，个别学生在登记注册时，可以提供一份成绩优秀的外语水平考试成绩单，但并没有能力与学校工作人员进行沟通交流。

（二）对中国留学生的要求与建议

希望中国留学生除了大学专业学习，能多重视提高他们的外语水平。个别学生在学业上遭遇困难，根本原因就是语言不过关，并非专业知识有欠缺。希望中国留学生在出国前有更多学习语言机会和可能，特别是如何撰写学术文章、用德语或英语进行学术报告的训练等方面。中国国内语言培训班介绍的知识，多来源于日常生活场景，这些对于大学学习远远不够，培训班必须拓展学生的语言知识面，提高其语言水平，学生应有能力阅读理解较为复杂的文章，比如德文的学术文章。

特别需要指出一点，留学生初来乍到时，都习惯“泡”在老乡圈子里打发业余时间。这又导致他们语言能力得不到提高，融入高校生活变得较为困难。希望不仅仅是中国学生，还有外国留学生加强利用国际交流处专为留学生提供的“帮扶”服务，与交流处“接上头”，找到德国朋友，尽快适应在德高校学习与生活。

此外，希望来亚琛工大学习的中国留学生，对德国和中国高校体系有不同已做好思想准备，例如，亚琛工大的课程考试与中国高校的考试无论形式和内容肯定有差异。个别学生将学习初期阶段因未适应差异而出现的挂科看作个人的失败，特别沮丧。其实，最好的解决办法，是认识到这很正常，在适应另外一种体系的初期，难免会出现失败的结果。更为重要的是，出现挂科的学生应立刻利用高校提供的各种帮助。遗憾的是，还是有个别学生，不积极寻求帮助，反而采取封闭方式，不把问题解决在早期阶段。如果留学生在中国就能接受留学前准备，或许更有帮助。这种学前准备比如参加歌德学院在当地提供的专项培训班，甚至有条件的学生在中学阶段就可以进行，通过中学开设的德国国情概况课，有意识地做留学前准备。

（三）对中国伙伴高校的期望

亚琛工大与中国伙伴高校的合作卓有成效，关系非常融洽，中国伙伴高校总是友好热情，特别值得信赖。其中尤其值得一提的是与清华大学的合作，清华大学是工大的一个非常积极活跃的战略伙伴，工大对两校的交流合作高度评价和赞赏。

但是，工大期望伙伴高校能提供更多英语授课的课程，以便更多的亚琛工大学生有可能赴中国留学，并能受益于这宝贵的经历。另外，亚琛工大国际交流处在与曾来访的北京理工大学辅导员交谈中得知，有部分中国留学生并没有参加学校组织的为其在国外留学做准备的活动或讲座。在此希望，伙伴高校能加强对留学生的行前培训，便于他们来到亚琛工大后少走弯路。

此外，想在中国进行国外实习的亚琛工大学生越来越多，但因签证几乎不能成行。按 2013 年 7 月 1 日出台的新法规（《出境入境管理法》），一名外国留学生需在中国高校注册，才能获得中国实习签证。这对中国高校实际上只意味着工作量增加，因为亚琛工大留学生虽在伙伴高校注册，但并不在高校修课程，最终只是在中国的一家德资企业实习而已；且大多数中国高校对此并没做好相关准备。根据工大掌握的信息，大众汽车（北京）中心 2016 年本有 70 个实习岗位，后因德国学生的签证问题而空置。2021 年 3 月，工大在同北京奔驰汽车有限公司代表交谈中获知，奔驰公司同样对亚琛工大的实习生很感兴趣，但签证问题几乎是无法逾越的障碍。

简化签证手续是想在中国实习的德国留学生特别的渴望与诉求，不仅因为实习是亚琛工大工程师学科教学大纲要求必须完成的学业组成部分，从将来中德之间的经济交往合作来讲，德国留学生在中国实习期所获得的宝贵经验，将成为他们进入中德经济交往相关职场场景的助力，而他们也终将作为中德交流合作的“桥梁”发挥重要作用。

另外，由于某些中国留学生在国外无法顺利完成本科学习，如果能允许其凭高考成绩和在国外伙伴高校已取得的课程成绩进入中国伙伴高校高年级阶段继续学习，或许是解决这类学生完成学业的一个折中的办法。

结语

经向科隆大学、明斯特大学、杜伊斯堡-埃森大学华人教授和中国留学生调研后结果表明，亚琛工业大学国际交流处招生办主任杨森博士谈及的中德高等教育交流合作中存在的问题和对交流合作的期望比较中肯。

首先，对语言的掌握确实不为留学生所重视。随着德国“博洛尼亚进程”高等教育改革，德国高校设置了很多英语授课的专业，大部分中国留学生对自己在德国的发展不抱希望，通常考虑回国或去英语国家。他们大多由父母资助，最关心的是如何尽快完成学业，认为其他不涉及学习的活动都不重要，对德国社会不愿也的确不了解。再加上对前往的德国大学体系、课程设置、教学方式和考试要求等缺乏了解，所以来德后容易陷入困境。

留学生因语言问题和对留学国高校体系缺乏认知造成的学习困难，可以采纳亚琛工大国际交流处老师们的建议，中国伙伴高校可加强对留学生行前准备和培训工作。另外，鉴于中国留学生的特殊情况，可加强中国学生学者联合会的桥梁作用，通过微信等便捷的交流沟通平台传递留学高校相关信息，尤其是为外国留学生提供的服务信息，让留学生们积极参与各种活动，关心了解德国社会情况，及时获得帮助，最终达到平安留学、成功留学的目的。

其次，针对德国高等教育体系中好的方面，我高校值得引进、借鉴和学习，如德国高校的教学法。建议我国高校除引进科研型的专家学者外，可考虑引进授课型的优秀专家学者，加强引导本科生、研究生对学习方法的掌握。教师教授学生不要局限于如何解决单个具体问题，而是要培养、训练学生对解决问题的方法的掌握，即“授人以鱼不如授人以渔”。

习近平总书记出席"一带一路"高峰论坛开幕式讲话中指出，"开辟更多合作渠道，要推动教育合作，扩大互派留学生规模，提升合作办学水平"[①]。亚琛工大提及的来华留学生实习，或可理解为扩大来华留学生规模的一种途径。

① 央视网. 习近平在"一带一路"国际合作高峰论坛开幕式上的演讲[EB/OL].（2017-05-14）[2021-05-23].http://news.cctv.com/2017/05/14/ARTItSXe69X0e7BXQbRkU5xq170514.shtml.